LES TEMPLIERS

collection tempus

LAURENT DAILLIEZ

LES TEMPLIERS

Perrin

www.editions-perrin.fr

ISBN : 978-2-262-02006-4

tempus est une collection des éditions Perrin.

A ma femme,

mes enfants,

Hélène,

Bernard,

Frédéric,

Hugues,

François

A Jacques.

INTRODUCTION

Depuis près de deux siècles, les ouvrages consacrés aux Templiers abondent. Sans parler de ceux qui retracent l'histoire de l'Eglise, des Croisades et des principales institutions monastiques. Ils nous ont familiarisés avec cette époque dite obscure à laquelle s'attachèrent les romantiques. Cependant, ce livre n'est pas une gageure, ni le fruit d'une vaine témérité. Bien qu'il ait fait couler tant d'encre, l'Ordre du Temple reste inconnu. On peut même dire qu'il n'a jamais été aussi mystérieux que depuis sa disparition.

Dès le VIe siècle, les Musulmans prennent pied dans les territoires chrétiens et submergent l'Afrique et l'Espagne. Byzance se croit menacé. Dès le IXe siècle, après le Schisme d'Orient, naît avec les ordres militaires un autre type de vie religieuse.

Extraordinaire vocation que celle de ces ordres, où se mêlent la foi, le courage et l'héroïsme chrétien. Leur histoire, c'est d'abord l'affrontement de deux philosophies et de deux civilisations : celles des mondes chrétien et musulman. A l'origine de l'Ordre du Temple, de pauvres chevaliers qui vont bientôt développer leur observance et la couronner de gloire dans de magnifiques épopées. Et à leur suite, les Croisades et tous les peuples chrétiens déroulent leur histoire devant nos yeux.

Les Templiers réalisèrent l'idéal d'une double vocation, apparemment contradictoire, de moines et de soldats. Les ordres militaires répondirent ainsi à un besoin particulier, à une époque où l'Eglise s'efforçait d'humaniser la guerre et où la lutte des deux civilisations exigeait une élite.

Que n'a-t-on pas écrit sur les Templiers ? Pourtant, rien ne fut secret, bien au contraire. Les documents et les manuscrits existent : nous en avons colligé plus de 145 000. Aussi était-il nécessaire de remettre sérieusement en question le problème du Temple. De s'interroger sur son véritable aspect et sa véritable fonction, qui fut avant tout sociale et économique. Tout en examinant, parallèlement, son gouvernement synarchique, sa grandeur militaire, son influence internationale. Sans ignorer la partie exotérique que l'on retrouve dans les données architecturales ou dans les directives internes de l'Ordre.

Pourquoi avons-nous des actes des Chapitres généraux — récemment découverts d'ailleurs —, pourquoi avons-nous des lettres de Maîtres, si l'Ordre fut si ésotérique qu'on le prétend ? Il fallait revoir tout cela d'un regard neuf, en partant des documents.

Ce n'est pas une « réhabilitation » du Temple que nous entreprenons : il n'en a pas besoin. A travers les divers textes de la Règle, 1 705 bulles pontificales, 145 000 documents, dix-neuf manuscrits, trois bréviaires et un missel, l'Ordre du Temple a le droit, aujourd'hui, de s'expliquer. Et de se défendre des accusations portées contre lui : relations secrètes avec les Musulmans, pactes avec l'Infidèle contre les Croisés, trésors... Sur ces questions, les Chroniques des Croisades, qu'elles soient d'auteurs occidentaux, orientaux ou musulmans, apportent un témoignage essentiel.

Notre étude repose uniquement sur des documents du Temple. Si nous nous sommes servis des cartulaires édités, nous n'avons utilisé aucune source imprimée concernant le Procès, ne nous fiant qu'aux originaux de Paris, Florence, York, Salamanque, Medina del Campo, Lisbonne, Londres et Cologne.

CHAPITRE I

JÉRUSALEM ET TROYES

L'Ordre du Temple reçut le coup de grâce en 1317, quand le pape Jean XXII confirma l'Ordre de Montesa dans le royaume d'Aragon. Dans la bulle de création, le souverain pontife reprenait la sentence provisionnelle de son prédécesseur, Clément V. Le Temple était définitivement aboli. Durant près de deux siècles, les Templiers avaient été les conseillers, les diplomates, les banquiers, les artisans sociaux et économiques des papes, des empereurs, des rois et des seigneurs. Durant ce même temps, avec des constitutions synarchiques bien à eux et de puissants moyens financiers, ils avaient défendus les idéologies de l'Eglise.

La fondation de l'Ordre du Temple remonte aux premiers temps du royaume de Jérusalem. Le 27 novembre 1095, Urbain II, chassé d'Italie par l'antipape Guibert, convoqua devant le Concile réuni à Clermont, en Auvergne, la première assemblée de Croisade. Il y parla de la situation tragique de la chrétienté en Espagne et en Palestine, et il fut entendu. Un élan d'enthousiasme traversa la foule. Les armées se levèrent pour défendre la Croix.

Adhémar et Raymond de Saint-Gilles prirent la tête de la noblesse du Midi de la France. Hugues de Vermandois, frère du roi de France, le comte Etienne de Blois, Guillaume le Charpentier, Robert de Courteheuse suivirent l'exemple. Mais ce fut le duc de Basse-Lorraine, Godefroy de Bouillon, avec ses frères Baudoin et Eustache, comte de Boulogne, et les comtes de Hainaut et de Toul, qui dirigea le contingent le plus important.

Alexis Comnène se réjouit trop vite de l'arrivée des Croisés francs. Il croyait les transformer en simples auxiliaires de l'Empire Byzantin et leur faire comprendre que les territoires qu'ils traversaient, s'ils étaient aux mains des Turcs, avaient un maître en sa personne. Si le comte de Toulouse refusa de signer le serment à Alexis, tous les autres seigneurs le firent. Néanmoins, les troupes avancèrent vers Jérusalem. Les places turques tombèrent les unes après les autres : Iconum le 15 août 1097, Héraclée le 10 septembre, Césarée fin septembre. Après la chute de Marash, Antioche fut reprise en octobre 1097, alors que la Cilicie était entre les mains de Tancrède et de Baudoin. Le siège d'Antioche commença le 30 octobre 1097 et dura jusqu'au 3 juin 1098.

Malgré la prise du château de Harenc, la croisade piétina dans la région d'Antioche. Après une émeute, le 13 janvier 1099, les croisés, suivant la promesse de Raymond de Marra, levèrent le camp et partirent vers le Sud. Arrivé dans la principauté d'Antioche, Raymond, voyant la richesse des terres, les fit stationner à nouveau. Les détachements provençaux occupèrent Maraclée et Tortose. Godefroy de Bouillon, à la tête des troupes wallonnes et flamandes, assiégea Jabala. D'autres troupes se regroupèrent aux environs d'Acre (Ptolemaïs).

Les Turcs perdirent Jérusalem le 26 août 1098, laissant la Ville Sainte entre les mains des Egyptiens.

Ceux-ci, ne voulant pas abandonner cette conquête, proposèrent aux croisés d'accomplir leur pèlerinage en toute quiétude. L'offre fut refusée. Le 7 juin 1099, l'armée franque, avec ses 40 000 hommes, parmi lesquels il fallait compter 20 000 fantassins et seulement 1 500 cavaliers, commença un siège qui dura jusqu'au 14 juillet, date de l'assaut final. Le 15, Godefroy de Bouillon pénétrait dans la ville. Après cinq siècles d'occupation, la Ville Sainte était délivrée de l'emprise et du joug musulmans, et revenait, pour peu de temps d'ailleurs, entre les mains des chrétiens.

Bien qu'ayant refusé la couronne royale, Godefroy de Bouillon gouverna le nouveau royaume franc. Il fut remplacé par Baudouin Ier, comte d'Edesse, en 1100. Celui-ci reçut la couronne le jour de Noël 1100 des mains de Daimbert, patriarche de Jérusalem, à Bethléem. H. Claesener note que les rois de Jérusalem dateront leur règne du couronnement de Bethléem et non de celui de Jérusalem. Cette mention semble inconnue des historiens du Temple qui datent de 1118 la fondation de l'Ordre. Malgré le couronnement d'un roi, le territoire ne comprenait encore qu'une étroite bande de terre longeant la côte méditerranéenne d'Antioche jusqu'à Jaffa. Au nord, avait été formé le comté d'Edesse ; au sud, le royaume se terminait en pointe de lance par le château de Montréal.

Les pèlerins affluaient encore plus nombreux. Les colons, encouragés par la politique d'expansion du roi de Jérusalem, s'installaient sur les nouvelles terres. Foucher de Chartres, le chapelain royal, rappelle comment les occidentaux se placèrent en Orient :

« Considérez et réfléchissez à l'intérieur de vous-mêmes, comment, en notre temps, Dieu a transformé l'Occident en Orient. Nous qui étions des occidentaux, nous sommes devenus des orientaux ; celui qui était romain ou franc est devenu ici un Galiléen ou un habitant de la Palestine, et celui qui demeurait à

Chartres ou en Reims se voit citoyen de Tyr ou d'Antioche. Nous avons déjà oublié le lieu de notre naissance, déjà il est inconnu à plusieurs d'entre nous ou du moins nous n'en recevons plus de nouvelles. Tel d'entre nous possède déjà en ce pays des maisons et des serviteurs qui lui appartiennent par droit héréditaire, tel autre a épousé une femme qui n'est pas sa compatriote, une Syrienne, une Arménienne ou même une Sarrasine qui a reçu la grâce du baptême, tel autre a chez lui ou son gendre ou sa bru ou son beau-père ou son beau-fils ; celui-ci est entouré de ses neveux ou même de ses petits-neveux ; l'un cultive ses vignes, l'autre ses champs ; ils parlent diverses langues et sont déjà tous parvenus à s'entendre. Les idiomes les plus différents sont maintenant communs à l'une et à l'autre nation, et la confiance rapproche les races les plus éloignées. Il a été écrit, en effet : le lion et le bœuf mangeront au même ratelier. L'étranger est maintenant indigène, le pèlerin est devenu habitant. De jour en jour nos parents et nos proches nous viennent rejoindre ici, abandonnant les biens qu'ils possèdent en Occident. Ceux qui étaient pauvres dans leur pays, ici Dieu les a fait riches ; ceux qui n'avaient que peu d'écus possèdent ici un nombre infini de byzantins ; ceux qui n'avaient qu'une métairie, Dieu leur donne ici une ville. Pourquoi retournerait-il en Occident, celui qui trouve l'Orient si favorable ? »

La première croisade n'était plus qu'un souvenir. Si les colons étaient nombreux, les hommes d'armes étaient plus rares. Beaucoup avaient regagné leur pays ; les autres étaient vieux ou morts. La croisade de 1101 fut un désastre pour la Palestine. Plus de 100 000 immigrants furent massacrés ou faits prisonniers. Selon Jacques de Vitry, « personne ne pouvait aller tranquillement visiter les Lieux-Saints car les brigands et les voleurs infestaient les chemins, surprenaient les pèlerins, en détroussaient un grand nombre et en massacraient beaucoup. »

Ainsi naquit l'Ordre du Temple. Son but primitif fut de protéger les pèlerins sur les routes. Sous l'influence d'Hugues de Payens, d'origine champenoise, Geoffroy de Saint-Omer et quelques autres chevaliers bien intentionnés se réunirent en confrérie. Les documents antérieurs à l'Ordre permettent de dire que son fondateur était déjà d'un certain âge : à l'origine du Temple, il devait avoir 55 ans. Quant aux pauvres chevaliers du Christ, la tradition n'a pas retenu les noms des premiers d'entre eux. Ils vécurent presque dans l'oubli jusqu'en 1126, date où Hugues de Champagne vint grossir les rangs de la Milice. Cela fit grand bruit et provoqua même la colère de saint Bernard.

Néanmoins une question se pose. Quelle est la date exacte de la fondation du Temple ? Les textes sont trop clairs pour ne pas en faire état. La tradition attribue celle de 1118. Selon Guillaume de Tyr, l'Ordre fut fondé l'année où Baudouin devint roi. Cette précision est juste, car il fut couronné roi de Jérusalem en 1119, dans l'église de Bethléem. Les textes de la Règle du Temple en font état lorsqu'ils relatent le procès-verbal de l'assemblée : « par les prières de Maître Hugues de Payens, sous lequel ladite chevalerie prit son commencement par la grâce du Saint-Esprit, ils s'assemblèrent à Troyes... à la fête de Saint Hilaire en l'an de l'Incarnation de Jésus-Christ M et C et XXVIII, la neuvième année du début de ladite chevalerie. » Nous devons alors rétablir les faits. L'assemblée de Troyes eut lieu le 13 janvier 1128. Avec les textes diplomatiques et principalement l'acte de la donation du 1er octobre 1127, nous pouvons établir que l'Ordre du Temple fut fondé entre le 1er novembre 1119 et le 12 janvier 1120.

Le récit le plus complet, le plus objectif, que nous

ayons sur les débuts du Temple est celui de Jacques de Vitry, dans son histoire de la Terre Sainte : « Certains chevaliers, aimés de Dieu et ordonnés à Son service, renoncèrent au monde et se consacrèrent au Christ. Par des vœux solennels, prononcés devant le patriarche de Jérusalem, ils s'engagèrent à défendre les pèlerins contre les brigands et ravisseurs, à protéger les chemins et à servir de chevalerie au souverain roi. Ils observèrent la pauvreté, la chasteté et l'obéissance, selon la règle des chanoines réguliers. Leurs chefs étaient deux hommes vénérables, Hugues de Payens et Geoffroy de Saint-Omer. Au début, il n'y en avait que neuf qui prirent une décision si sainte et, pendant neuf ans, ils servirent en habits séculiers et se vêtirent de ce que les fidèles leur donnèrent en aumônes. Le roi, ses chevaliers et le seigneur Patriarche furent remplis de compassion pour ces nobles hommes qui avaient tout abandonné pour le Christ et leur donnèrent certaines propriétés et bénéfices pour subvenir à leurs besoins et pour les âmes des donateurs. Et, parce qu'ils n'avaient aucune église ou habitation qui leur appartînt. le roi les logea dans son palais, près du Temple du Seigneur. L'abbé et les chanoines réguliers du Temple leur donnèrent, pour les besoins de leur service, un terrain non loin du palais et, pour cette raison, on les appela, plus tard, les « Templiers ».

Le chroniqueur cardinal poursuit sa dissertation avec précision : « En l'an de grâce 1128, après avoir demeuré neuf ans dans le palais, vivant ensemble dans la sainte pauvreté, selon leur profession, ils reçurent une Règle par les soins du pape Honorius et d'Etienne, Patriarche de Jérusalem, et un habit blanc leur fut donné. Ceci fut fait au concile tenu à Troyes, sous la présidence du seigneur évêque d'Albano, légat apostolique, et en présence des archevêques de Reims et de Sens, des abbés de Cîteaux et de beaucoup d'autres prélats. Plus tard, au temps du pape Eugène, ils mirent la croix rouge sur leurs habits, portant le blanc comme emblème d'innocence et le rouge pour le martyre. »

Au moment du concile de Troyes, les chevaliers du Temple étaient plus nombreux qu'on ne l'a dit. Le recrutement se fit au long des années précédant la religieuse assemblée. Guillaume de Tyr note neuf chevaliers dont il nous donne certains noms. Il y joint André de Montbard, alors que celui-ci n'entre au Temple que vers 1140, et laisse de côté Hugues de Champagne, lequel était dans l'Ordre avant le concile. Durant la période du concile, nous avons quatre frères connus en Terre Sainte, mais il serait bizarre que Hugues de Payens n'ait laissé là-bas que trois ou quatre chevaliers. Cela se confirme par les mentions diverses de noms de Templiers durant cette époque. On en compte, selon les textes officiels, quinze. Il devait bien en rester d'autres !

Dès 1126, le fondateur vint en France. Pour recruter. Et pour donner à son institution une base solide, reconnue par l'autorité ecclésiastique, les princes et les seigneurs.

Le séjour en France d'Hugues et de ses compagnons doit se situer entre 1127 et 1130, période la plus inconnue de l'Ordre, ou tout au moins la plus délaissée dans les études. Cependant, grâce aux actes, elle permet de faire la liaison entre le concile de Troyes et le traité de saint Bernard. Jusqu'à la mort de Hugues de Payens, le 24 mai 1136, cette période semble favorable aux Templiers, malgré la nouveauté d'association entre la vie religieuse et la vie militaire. Assurément, et on le comprend, la fondation de l'Ordre n'était pas sans inquiéter les contemporains et saint Bernard lui-même. Cela défavorisa, avouons-le, du moins dans certaines régions, les débuts de l'institution.

Né vers 1092 au château de Fontaine-les-Dijon, Bernard se trouvait allié aux plus grandes familles de Bourgogne et de Champagne. Par sa mère Aleth, il descendait des anciens comtes de Bar-sur-Seine, et par son père il était parent des Grands de Bourgogne. Chez les chanoines de Châtillon, le jeune seigneur acquit les principales règles de la rhétorique en étudiant les auteurs classiques. En avril 1112, il entra au monastère de Cîteaux, fondé en 1098, avec une trentaine de compagnons, parents et amis. Sous la houlette d'Etienne Harding, le jeune moine se formera aux exigences de la vie monastique et, en 1115, il deviendra le premier abbé de la troisième fille de Cîteaux : Clairvaux. L'abbé donna un grand essor à son Ordre, dont il ne fut jamais le supérieur. A sa mort, Clairvaux avait fondé soixante et une abbayes.

Durant les trente-huit ans de son abbatiat, Bernard eut des contacts avec Cluny, les monastères bénédictins non clunisiens, les ermites et les groupements d'ermites, les chanoines réguliers, les prémontrés, la Société civile. A travers les croisades et les différends entre les rois et les empereurs, il eut aussi un rôle politique. Mais quels furent exactement ses rapports avec le Temple ?

Les chevaliers, sous la protection de Baudouin II, de Garimond patriarche de Jérusalem et de son successeur Etienne de la Ferté, vinrent en partie sur la terre de France pour y recruter. De la Palestine, il est fort probable que le Maître se rendit à Rome afin d'obtenir une entrevue avec le pape Honorius II. Cet entretien fut, sans aucun doute, à l'origine du concile de Troyes. Puis de Rome, Hugues de Payens rejoignit aussitôt son fils Thibaud. La chronique de Sainte Colombe précise cette généalogie : « Thibaud de Payens, fils d'Hugues, premier Maître du Temple à Jérusalem. »

Le Grand-Maître du Temple rencontra partout de

la sympathie et de l'admiration. Thibaud de Blois avait hérité des biens du comte de Champagne lorsque celui-ci était entré au Temple. Ce retournement du comte était dû à divers soupçons contre son épouse, accusée d'infidélité. De ce fait, Eudes de Champagne ne fut pas l'héritier légitime ; ce fut Thibaud, le neveu, le comte de Champagne ayant refusé de reconnaître son fils comme enfant légitime.

Le 13 janvier 1128, les chevaliers du Temple étaient à Troyes où s'ouvrait le concile qui allait examiner et confirmer la Règle de l'Ordre. Douze évêques, quatre abbés mitrés bénédictins, quatre cisterciens et quelques laïcs assistaient le légat.

Saint Bernard et les cisterciens ne semblent pas être pour beaucoup dans les débuts du Temple. Cela s'explique par l'inimitié de l'abbé de Clairvaux vis-à-vis du Temple.

L'opinion communément admise veut que ce soit l'abbé de Clairvaux lui-même qui ait écrit la Règle du Temple. Michelet, Dupuy, la Chronique de Belgique, Polydon Virgile, Guillaume de Tyr même, la lui attribuent.

Les manuscrits de la Règle du Temple, en liaison avec Jacques de Vitry, ne signalent aucunement la rédaction du texte par saint Bernard. La lettre d'Hugues de Payens, conservée à la Bibliothèque de Nîmes, n'est que le reflet de cette opinion. D'ailleurs, selon le texte lui-même, une fois qu'Hugues de Payens eut exposé les statuts, le but et la fin de son Ordre « les prélats approuvèrent de cette Règle ce qui leur semblait le plus sage et en retranchèrent ce qui leur semblait absurde, laissant à la discrétion du pape Honorius et d'Etienne de la Ferté, patriarche de Jérusalem, le soin d'achever cette œuvre incomplète. »

Après cette discussion, Jean Michel, « par l'ordre du concile et celui de saint Bernard à qui ce soin avait été confié — donc il refusa d'écrire la Règle —, mérita, par la grâce divine, d'en être l'humble écrivain. »

Que penser alors ?

Saint Bernard ne semble pas avoir eu à travailler sur le texte. C'était pour lui un cas de conscience. L'hésitation est sensible et ne se traduit que par une explication nette en vertu du droit canon et de la méconnaissance totale de l'Ordre pour lequel il doit écrire. Malgré l'incitation à la défense active de la Terre Sainte contre les ennemis de la foi, l'action de l'abbé fut pratiquement nulle. Il paraît impensable que saint Bernard ait écrit la règle d'un ordre dont il déclare lui-même ne pas connaître les principes de base. Et puis, il ne semble pas avoir éprouvé de sentiments particuliers envers les Templiers et les fondations religieuses de Palestine. Ne regrette-t-il pas l'entrée de son oncle, André, dans la Milice ? Dans une lettre au pape, demandant une bénédiction et datée de 1141, il déclare : « Il est mon parent, et, selon l'avis du prophète, je n'ai pas dû mépriser mon propre sang. » Mais quelle rancœur sentons-nous !

La première Règle du Temple relate surtout les observances religieuses, car les pauvres chevaliers du Christ avaient suivi la règle de saint Augustin. Celle élaborée du concile se rapproche de la règle bénédictine.

Elle s'ouvre sur le procès-verbal du concile. Soixante-douze articles, se subdivisant en plusieurs parties, font suite à ce prologue.

Les sept premiers ont trait à la vie religieuse de l'Ordre. Son rituel, dirions-nous. L'office était entendu debout ou à genoux, avec beaucoup de dévotion. Si les affaires de la maison les empêchaient d'y assister, ils devaient réciter pour matines treize *patenôtres*, pour vêpres neuf et pour les autres heures sept. Lorsqu'un frère mourait, un office et une messe solennelle étaient célébrés pour le repos de son âme ; chaque frère récitait cent oraisons dominicales et pendant quarante jours un pauvre devait être nourri à la place du défunt. Les chevaliers laïcs, servant Dieu et le Temple pendant un temps, participaient eux aussi aux privilèges spirituels de l'Ordre. A la mort de l'un d'eux, les frères devaient alors trente *patenôtres* et un pauvre devait être nourri pendant sept jours. Les chapelains qui servaient le Temple « ad tempus » avaient droit aux vêtements, aux vivres, mais ne pouvaient pas prélever sur les aumônes et les offrandes faites à l'Ordre. On remarque que le Temple n'a pas encore de chapelain à son service, les chapelains sont seulement à temps.

Les onze articles suivants concernent la vie quotidienne. Les frères prenaient leurs repas dans le réfectoire commun, en silence, écoutant une leçon généralement tirée de l'Ecriture Sainte. On servait de la viande trois fois par semaine, le mardi, le jeudi et le dimanche. Les frères chevaliers recevaient, ce jour-là, double part, tandis que les sergents et les écuyers se contentaient de la ration ordinaire. Seul le vin était servi en égalité. Les autres jours de la semaine, le menu comportait deux ou trois mets de légumes ou de purée. Le vendredi, du poisson. Le carême était observé de la Toussaint jusqu'à Pâques, excepté les jours de fêtes : Noël, les fêtes de Notre-Dame et des Apôtres. Après le repas, les frères rendaient grâce et le reste du pain était donné aux pauvres. Le soir, une collation était servie selon le jugement et la discrétion du Maître. Mais après les complies, le silence était de rigueur, sauf en cas de grande nécessité militaire ou pour les besoins urgents de la maison. Les frères fatigués étaient dispensés des matines, avec l'accord du Maître, mais devaient dans ce cas dire treize patenôtres dans leur lit (sic). La vie commune est obligatoire pour tous.

Le texte s'intéresse ensuite au vêtement. Les robes

seront d'une couleur identique, unie : blanc, noir ou brun. Dessus, les frères porteront un manteau blanc. Les pelisses, les fourrures sont bannies, sauf les peaux de moutons et d'agneaux. Les vêtements usagés seront donnés aux écuyers. Les frères porteront la barbe et la moustache et les souliers n'auront ni pointes ni lacets. Au dortoir, chacun aura son lit, avec une paillasse, un drap, un traversin et une couverture de laine. Le Templier se couchait vêtu d'une chemise et d'un caleçon ; une lumière devait brûler toute la nuit.

Avant d'aborder la discipline et les codes hiérarchiques, la Règle traite des chevaux et des armures. Le Templier pouvait avoir trois bêtes et un écuyer. La simplicité et la pauvreté étaient de rigueur : pas d'étriers et de mors en or ou en argent. Dans le cas d'un cadeau et que l'armure soit dorée, il fallait la peindre. Tout était étudié jusque dans les plus petits détails. Ainsi, dans le cas où un chevalier laïc s'engageait à temps, on notait le prix de son cheval afin de lui restituer la moitié de sa valeur à son départ ; pour leur part, les écuyers et les sergents étaient obligés de verser des arrhes pour le respect de leur engagement vis-à-vis de la maison.

L'obéissance au Maître était passive. Les frères se confessaient des fautes commises contre la Règle afin de recevoir une pénitence proportionnée à la gravité de l'acte. On remarquera, dans la transcription française de la Règle et de son complément, la sagesse des pénitences.

Les derniers articles sont très divers et ne comportent pas de suite. Les frères ne peuvent avoir en leur possession ni malles, ni sacs à serrure. Ils ne peuvent pas recevoir de lettres de leurs parents ni d'autres personnes sans permission ; dans ce dernier cas, elles seront lues devant le Maître. On demande ensuite la plus grande humilité, de ne pas se faire orgueil des péchés et des vaines folies faites alors que les frères étaient encore dans le siècle. Ils ne peuvent garder de cadeaux, même ceux de leurs parents. Ils sont dans l'obligation de les remettre au Maître ou au Sénéchal. La chasse est interdite sauf celle du lion. L'infirmier doit faire preuve de charité et d'égards pour les malades et les vieillards...

On se rend compte, à la lecture des articles de cette première Règle, que les frères acceptèrent, dès le début de l'Ordre, des chevaliers, des sergents et écuyers mariés, qu'ils associaient à la maison. Les frères « in tempore » ne recevaient pas l'habit blanc. S'ils mouraient avant leur femme, la moitié de leurs biens revenait à l'Ordre. Des sœurs ne pourront être reçues au Temple. Cette clause ne paraît nullement avoir été respectée ni prise à la lettre, car, tout au long de leur courte histoire, les Templiers acceptèrent des femmes en qualité d'oblates ou de données et même de véritables moniales comme nous le verrons en Espagne.

Les frères du Temple ne peuvent pas avoir de relations avec les excommuniés, mais, par contre, ils peuvent recevoir des aumônes de personnes interdites.

Les articles suivants règlent la vie gouvernementale de l'Ordre en général. Le Chapitre est l'autorité suprême de l'Ordre. Les frères qui y assistent doivent garder le secret sur ce qui est dit. Ne voit-on pas encore, de nos jours, les moines tenir des chapitres en dehors des religieux qui n'ont pas prononcés des vœux ? Celui qui désire devenir frère du Temple en fait la demande par devant le chapitre, sous la présidence du Maître. Après avoir entendu le texte de la Règle, le néophyte entre au noviciat dont la durée est fixée par le Maître lui-même, en général un an, suivant le code de Droit Canon.

La Règle du concile de Troyes, en dehors de quelques données militaires sans grande importance, est avant tout la législation d'une communauté religieuse. Les transformations futures, à partir de 1157, ne seront apportées qu'en vertu de l'expérience et de l'influence de l'Ordre. Le code disciplinaire sera modifié au XIIIe siècle et, dans les textes qui suivront, de nombreux exemples seront cités, exemples d'une grande importance qui permettront de mieux connaître le rôle de l'Ordre. L'expérience des Templiers se manifeste, néanmoins, dans la première Règle. Si les Pères du concile font état des chevaliers laïcs admis à partager leur vie avec les frères, et cela pendant un certain temps, c'est que sûrement il y eut des exemples. D'ailleurs, ne voyons-nous pas Foulques d'Anjou faire le pèlerinage en Terre Sainte où il servit comme «.confrère du Temple ».

Que dire du cas d'Alfonso I d'Aragon qui légua à chacun des trois Ordres — Temple, Saint-Jean de Jérusalem et Saint-Sépulcre — un tiers de son royaume, par un testament rédigé en 1131, moins de quatre ans après le concile.

Il en est de même du roi du Portugal, Alfonso Henriques qui se dit lui-même *frère du Temple*, de Raymond Bérenger IV d'Aragon et de bien d'autres seigneurs encore.

Toutefois on remarque déjà que l'autorité de l'Ordre n'est pas le Maître, mais le Chapitre. Dès les débuts, le Maître n'a qu'un pouvoir représentatif, toute l'autorité réside dans l'assemblée des frères.

Cette ordonnance n'est peut-être pas très explicite dans le texte latin, mais elle prendra une très grande importance dans la règle française.

Durant quelques années encore, les Templiers erreront dans les pays occidentaux, établissant des contacts, faisant connaître leur genre de vie et recueillant dons et aumônes pour l'œuvre de Terre Sainte.

CHAPITRE II

LE TEMPLE VAGABOND

AYANT approuvé la Règle, le concile de Troyes accorda par la même occasion le droit de porter le manteau blanc, de percevoir les dîmes, de posséder des terres et des vassaux. Ces clauses durent réjouir les frères : ils ne vivaient pratiquement que des maigres libéralités des chanoines du Temple et du roi de Jérusalem. Aussi, dès la clôture du concile, les voyons-nous partir, Maître en tête, à la recherche de donations et de nouveaux compagnons.

La Champagne eut le privilège initial de donner une partie de son sol aux premiers chevaliers du Christ. Parmi les personnages les plus illustres de la province, le comte Hugues de Troyes fut le grand bienfaiteur de l'Ordre naissant. Ce qui explique la sévérité de l'abbé de Clairvaux à son égard. L'attitude du comte alla jusqu'à l'hostilité et, malgré les supplications de Bernard, il entra dans l'Ordre du Temple au lieu de devenir cistercien.

Les premiers grands domaines s'établirent aux

environs des années 1126-1130. Sans contester, les patrimoines des premiers chevaliers furent à l'origine des premières commanderies templières. Les choses se passèrent très probablement ainsi : le Maître fondateur céda à son Ordre ses propres propriétés de Payens ; les coopérateurs directs, riches seigneurs eux aussi, l'imitèrent : Godefroy de Saint-Omer avec la maison d'Ypres et la commanderie de Fontaines, Payen de Montdidier avec la commanderie du même nom. Cela semble d'autant plus vrai que les premiers chevaliers, au moment de faire profession entre les mains du patriarche de Jérusalem, durent abandonner tout leur avoir à l'Ordre qu'ils fondaient, car « en la main du patriarche, ils vouèrent chasteté, obéissance et renoncèrent à toute propriété. » D'ailleurs, cela concorde parfaitement avec les premiers documents relatifs à ces commanderies.

Cette pauvreté monastique, ce désintéressement total à l'égard des biens, on les retrouve dans le document concernant la commanderie de Mont-de-Soissons, et provenant de Josselin, évêque de Soissons et père du concile de Troyes. Pour la défense du christianisme, note le prélat, les frères prodiguèrent non seulement leurs biens, mais également leur vie.

En dehors de ces premières donations, l'Ordre s'établit rapidement en France, Champagne, Bourgogne, Poitou, Belgique, dans les Flandres et la Péninsule Ibérique.

On ne sait pas quelles donations fit Hugues de Champagne lors de son entrée dans l'Ordre. Si le Temple naquit officiellement en 1128 par la confirmation et l'élaboration de sa Règle, il n'en fut pas de même dans le domaine temporel. L'éveil des sympathies envers les Templiers atteint son point culminant lors de la donation du 31 octobre 1127. Par cet acte, Thibaud de Champagne, comte de Blois, fit donation du domaine appelé Barbonne, entre Sézanne et Chantemerle, qu'il possédait à titre héréditaire. Cette donation, qui comprenait une maison, une grange, un pré et une terre, fut à l'origine de l'une des grandes commanderies de l'Ordre : Barbonne.

Hugues de Payens voulut intéresser les princes et les seigneurs occidentaux à son institution naissante. Guillaume de Tyr, ennemi acharné de l'Ordre du Temple dès ses débuts, affirme que le roi de Jérusalem avait donné des instructions au Maître du Temple au sujet des biens à acquérir. Comme dit l'archevêque, « il n'était pas facile d'allier les circonstances politiques de l'époque à une action commune entre les princes des royaumes d'Occident avec les peuples de l'Orient. »

Baudoin II, songeant à une reconquête de Damas et ayant décidé une nouvelle croisade, aurait envoyé en France le Maître des pauvres chevaliers du Christ pour provoquer l'élan de la chrétienté. A supposer que ce voyage ait eu lieu, il fut un échec. Hugues de Payens n'eut de succès — et pour son ordre uniquement — qu'en Anjou et en Angleterre.

En Anjou, les démarches aboutirent grâce à l'appui du comte de Foulques. Ce dernier était à Jérusalem durant les premières années du Temple. Son action dans la Ville Sainte fut importante : il entretint, à ses frais, cent hommes d'armes. Devant son courage, sa charité et sa générosité, Baudoin II songea à lui comme héritier, en lui faisant épouser sa propre fille, Mélisande.

Hugues de Payens, comme le confirme un acte de 1127, fut à l'origine de cette union. Veuf de sa première femme, Eremburge, depuis le 26 février 1126, Foulques fut désigné par Louis VI et plusieurs prélats comme futur roi de Jérusalem. En venant prendre sa part d'héritage, il consolida son influence féodale et politique dans la province d'Anjou en mariant son fils Geoffroy avec Mathilde d'Angleterre, fille d'Henri Ier. Leur union fut célébrée en grande pompe dans la cathédrale du Mans, au mois de juin 1129.

De l'Anjou, le Maître du Temple semble avoir voyagé jusqu'en Poitou. Du moins, certains fragments de chartes trouvés dans le cartulaire de la commanderie majeure de Coudrie le laissent penser. On ne peut dater avec précision le séjour d'Hugues de Payens dans cette dernière région : il se situe probablement dans le courant de l'année 1129.

Le recrutement se poursuivit dans les Flandres où le Maître fut accueilli avec enthousiasme. Les Flandres avaient non seulement donné plusieurs Croisés, c'était aussi le pays d'origine du premier compagnon d'Hugues : Geoffroy de Saint-Omer. Selon la chronique de Saint Bertin, le seigneur flamand fit transformer en maison de l'Ordre une demeure qu'il avait reçue en héritage de ses ancêtres, dans la ville d'Ypres. Cela se trouve fondé par le synode de Reims en 1131.

Le comte de Flandres, Guillaume, et les seigneurs du pays encouragèrent les pauvres chevaliers par d'importantes libéralités. Le 27 mai 1128, peu de temps avant sa mort, le comte abandonna aux Templiers tout ce qui relevait de lui dans ses fiefs. Le 13 septembre de la même année, Thierry, comte de Flandres et successeur de Guillaume, renouvela les libéralités par devant Jean, évêque de Thérouanne. Suivant l'exemple, ses barons cédèrent à leur tour les redevances de leurs fiefs. Cette donation se fit dans l'église Saint-Pierre de Cassel, en présence de Maître Hugues, de Geoffroy de Saint-Omer, de Payen de Montdidier et de plusieurs autres frères. Malheureusement, le texte ne cite aucun nom. Cependant, il semblerait déjà que plusieurs frères du Temple, des recrues, aient été présents.

On ne peut donner une vue juste des chevauchées d'Hugues de Payens en Angleterre en se bornant uniquement aux actes qui ont trait à l'Ordre dans les Iles britanniques. Les annales de l'abbaye de Wawerley indiquent qu'en 1128 Hugues de Payens se dirigea vers l'Angleterre en compagnie de deux chevaliers et de deux clercs, et qu'ils parcoururent le pays jusqu'en Ecosse. Toutefois, ce fait, mentionné par plusieurs chroniques anglaises, pose un problème qui ne peut pratiquement pas être élucidé.

Le voyage du Maître, s'il eut jamais lieu, a été relativement court. A l'Ascension 1129, il se trouvait au Mans, lors des préparatifs de départ du comte d'Anjou pour la Terre Sainte. Hugues regagna la Palestine en passant par la vallée du Rhône, en compagnie de plusieurs frères. Il s'arrêta dans la future ville pontificale d'Avignon où il reçut, en l'église Saint-Jean-Baptiste, une donation de Laugier et de son chapitre.

L'Ordre du Temple fut accueilli au Portugal l'année même où il reçut sa Règle, comme nous l'apprend une charte de la reine Thérèse. Le 19 mars, elle donna aux chevaliers du Temple de Salomon, la forteresse de Soure, sur le territoire de Coïmbra. L'acte fut passé entre les mains de Raymond-Bernard qui serait, croit-on, d'origine catalane, étant donné que son nom est mentionné de nombreuses fois dans les documents de cette région. Cependant, cette charte ne signifie aucunement l'entrée et l'installation de l'Ordre dans le royaume du Portugal.

Les premiers chevaliers n'ont pas eu, semble-t-il, un recrutement important dans cette partie de la péninsule ibérique, tout au moins au début. Cela, bien que dans l'acte du 14 mars 1129 une mention veuille faire de Don Alfonso Henriques un chevalier du Temple. Les donations d'aumônes continuèrent néanmoins. Le 26 février, Godina Soarit céda aux frères la troisième part de ses biens, meubles et immeubles, sans indication de lieu. Au Portugal, on trouve effectivement trace de l'Ordre entre 1138 et 1140.

Le 28 novembre 1129, Pierre Bernard et sa femme se donnèrent, avec leur « honneur », au Temple de Douzens, entre les mains d'Hugues Rigault et Raymond Bernard, tous deux chevaliers du Temple. Il est logique de penser que par cette entremise les Templiers s'infiltrèrent jusqu'en Espagne, par l'Aragon. Le père Cocheril dit qu'ils n'eurent aucune activité en Aragon et en Catalogne avant la prise de Monzon. Cette affirmation est un peu rapide. En effet, il s'avère que l'Aragon et la Catalogne accueillirent le Temple dès le 17 décembre 1129 à travers le diocèse d'Huesca. Les donations se poursuivirent et le roi encouragea lui-même ses seigneurs à recevoir favorablement les pauvres chevaliers du Christ, afin de dresser, face à la montée des Maures, une véritable frontière aux limites de la Castille. Le 14 juillet 1130, Raimond-Bérenger donna, entre les mains d'Hugues Rigault, le château-forteresse de Granena et celui de Barbera. Cette donation fut faite après le premier fait d'armes victorieux des chevaliers dans la Péninsule. Sur les marches sarrasines de l'Aragon, la nouvelle milice montrait très tôt de quoi elle était capable.

Un fait marquant durant cette période : les testaments de Raimond-Bérenger III, le 8 juillet 1131, et d'Alfonso le Batailleur, en octobre de la même année. Si le premier ne donne à l'Ordre que son cheval et son armure, il n'en est pas de même du second. Aux trois ordres du Saint-Sépulcre, de l'Hôpital des pauvres de Jérusalem et du Temple de Salomon, il concède tout son royaume. Le Temple, en outre, se voit attribuer son cheval et ses armes.

Quant à ses biens, ils seront divisés en trois parts égales.

En Aragon, l'Ordre fut connu très tôt. Il n'en sera pas ainsi en Castille. Malgré certaines possessions, il n'y eut pratiquement aucune influence, les ordres de Calatrava dans le Sud et de Santiago dans le Nord l'ayant supplanté.

Après l'approbation de la Règle par le concile de Troyes, l'Ordre du Temple prit un essor relativement rapide, et le recrutement des frères s'opéra avec originalité. Saint Bernard lui-même nous apprend comment étaient choisis les Templiers. On y trouvait tout d'abord des seigneurs pressés de mettre leur épée au service de Dieu. Des gens peu recommandables s'enrôlaient également dans la jeune milice : scélérats, impies, ravisseurs, sacrilèges, homicides, adultères. L'abbé de Clairvaux attribue au plus grand nombre d'entre eux des qualificatifs peu flatteurs. Dans le traité de la « Louange à la nouvelle milice », il peint l'ensemble des chevaliers sans faux idéalisme. Pour lui, l'institution a un double avantage : « Le départ de ces gens-là est une délivrance pour le pays et l'Orient se réjouira de leur arrivée, à cause des prompts services que la Palestine attend... C'est ainsi que le Christ sait tirer vengeance de ses ennemis, non seulement Il triomphe d'eux, mais Il s'assure, par eux, un triomphe sans précédent. Il change ceux qui depuis longtemps L'oppriment en défenseurs de Sa cause, d'un ennemi Il en fait un chevalier, comme jadis d'un Saul persécuteur Il en a fait un Paul apôtre... »

A la lecture de certains articles de la Règle et d'autres passages du traité de saint Bernard, on peut dire qu'aucune condition de naissance n'était exigée pour être admis dans l'Ordre. La Règle dit d'ailleurs : « Si un chevalier ou un autre homme veut s'en aller de la masse de perdition ou abandonner le siècle et élire notre vie commune, ne tardez pas trop à le recevoir. » Et saint Bernard ajoute : « Parmi eux aucune distinction de personne, on a égard à la vertu et non à la noblesse. Ils se préviennent d'honneur, ils portent mutuellement leurs fardeaux et accomplissent ainsi la loi de Jésus-Christ. »

Pour être admis dans l'Ordre à un titre quelconque, ils ne devront faire preuve de naissance qu'à partir du XIIIe siècle. On leur demandera alors de répondre à cette question du rituel : « Estes-vous chevalier et fils de chevalier ou êtes-vous sorti de chevalier par votre père de manière que vous deviez être et puissiez être chevalier ? Estes-vous de mariage légitime ? »

Cela laisse supposer que les débuts du Temple furent plus ou moins désastreux. Les fondateurs devaient faire face à une masse de postulants. Il n'était pas question de les emmener tous au combat : dans leur majorité, ils n'étaient guère exercés aux armes et auraient été de piètres auxiliaires. Leur service était plus utile en Occident. Nombre d'entre eux connaissaient l'agriculture et le commerce. Ils devenaient précieux pour l'exploitation des propriétés. C'est ainsi que s'établit, dès les débuts de l'Ordre, et même chez les auxiliaires, un principe hiérarchique.

Ceux qui pouvaient combattre allèrent en Terre Sainte, ou dans la péninsule ibérique, en compagnie des grands seigneurs féodaux. Les autres furent employés dans les granges et les maisons domaniales. Pour ces derniers, les Templiers réclamèrent des biens et des terres en friche, comme nous le signale l'acte de l'abbé de Saint-Pierre-le-Vif. L'abbé donna les terres de Serilly que les frères échangèrent, peu de temps après, avec l'abbé de l'abbaye cistercienne de Vauluisant.

On retrouve ce système dans toutes les premières donations. Près de Châlons-sur-Marne, les frères du Temple s'installèrent dans les plaines ; ils y créèrent un domaine qui donna naissance à Neuve-Ville, connue aujourd'hui sous le nom de Neuville-le-Temple. Autre donation du même type, celle que fit Josselin, évêque de Soissons, aux Templiers de Courtil-de-Sèches ; elle devint le siège de la commanderie de Mont-de-Soissons. Même situation encore au temple de Montdoubleau. A Coulours, dans l'Yonne, une convention fut passée entre l'abbé de Saint-Rémy de Sens et les Templiers, dans le même but qu'à la commanderie de Coudrie dont nous avons fait état lors du voyage d'Hugues de Payens dans le Poitou.

Malgré cette énumération de propriétés, tous les Templiers n'étaient pas des agriculteurs : seuls y étaient employés ceux qui ne pouvaient guerroyer. La hiérarchie primitive de l'Ordre prévoyait deux catégories de frères : les frères du couvent et les frères de métiers. Nombre de mentions leur sont consacrées : « Nul frère de couvent ne doit aller en ville... S'il est frère chevalier ou frère sergent du couvent, qu'il prenne garde de son équipement, et s'il est frère de métier qu'il prenne garde de son travail... »

Certes, il est impensable d'établir ce principe hiérarchique dès les toutes premières années de l'Ordre. Déjà cependant, une classification se dessine. Les chartes qui suivent l'approbation du Temple sont une confirmation de son développement temporel et, par conséquent, numéraire, ainsi que des possessions assurant un rapport sûr. Mansuet, l'érudit chanoine prémontré, écrit d'ailleurs : « A peine sept ou huit ans s'étaient écoulés depuis la confirmation de l'Ordre, qu'on le vit s'étendre prodigieusement... Les donations qu'on leur fit n'étaient pas des terrains incultes ou à défricher, comme ceux que recevaient les disciples de saint Norbert et de saint Bernard, c'étaient des châteaux, des fiefs, des bourgades avec leurs appartenances. »

Si elle fut un fait réel, l'approbation de l'œuvre d'Hugues de Payens ne suffit pas à certains prélats. Beaucoup aidèrent les premiers membres à survivre et aussi à s'enrichir. L'épiscopat, tant en France que dans les autres royaumes, avait une tâche très lourde : développer l'entreprise et intervenir en faveur des Templiers. Les évêques ne firent que s'associer aux seigneurs : à lire les textes, c'était un devoir auquel ils ne pouvaient se dérober. Un véritable courant de charité se dessina, tout d'abord en Champagne, et les prélats de la province en furent les propagateurs. En 1133, Josselin, évêque de Soissons, précisait son action, et le préambule de sa charte ne laisse aucun doute sur ses intentions : « Plus généreuse a été la charité avec laquelle frère Hugues, très cher dans le Christ, vous et vos frères, avez prodigué pour la défense du christianisme, non seulement vos biens mais encore vos vies, de plus, nous et ceux qui ont la charge de veiller sur les églises, nous devons pourvoir aux besoins nécessaires de votre milice. » Les évêques métropolitains s'engagèrent à soutenir la nouvelle milice. Le 19 octobre 1131, Renaud de Martigny, archevêque de Reims, prit l'initiative d'une quête générale en faveur des Templiers. Le synode étant réuni, tous les évêques et abbés de monastères l'approuvèrent. Il fut décidé que durant huit jours, à l'époque des rogations, des aumônes seraient faites en faveur de l'Ordre des Templiers, dans la chapelle d'Obstal à Ypres.

Il en fut de même en 1132. Lors d'une assemblée épiscopale, les prélats furent unanimes à recevoir les frères du Temple. Assistaient à cette réunion, Milon, évêque de Thérouanne, Alvis, évêque d'Arras, Rainaud ou Renaud, archevêque de Reims, Geoffroy, évêque de Chartres, Josselin, évêque de Soissons, Barthélemy, évêque de Laon, Elbert, évêque de Châlons, Bernard, abbé de Clairvaux. Les Templiers étaient déjà établis à Neuville-le-Temple lorsqu'en 1132, Elbert, évêque de Châlons, confirma et reconnut les terres que les frères pouvaient cultiver sur l'étendue de la paroisse. Par ce même acte, l'évêque affranchit les chevaliers de toute dîme.

Tous les évêques de la Picardie et du nord de la Champagne participèrent à cette propagation de l'Ordre. Barthélemy de Joux, ou de Vire, avait repris le diocèse de Laon dans un lamentable état de désastre et d'abandon. Désirant lui donner un nouvel élan de vie religieuse, il fit appel à plusieurs ordres. Il favorisa la fondation de l'ordre de Prémontré, développa Cîteaux et encouragea l'Ordre du Temple en lui donnant la résidence de Puisieux-sous-Laon ; au début de la même annnée, Louis VII confirma les possessions du Temple à Laon même.

Cet exemple fut suivi par les puissants seigneurs, les bourgeois, les autres personnes d'Eglise et toute la population foncière du diocèse. Une sorte de rivalité dans la générosité se fit jour : ce fut à qui ferait des donations. Cela se traduit dans l'acte de 1149 qui n'est autre qu'un mandement et un éloge pour les chevaliers du Temple. L'évêque de Laon ne cite pas moins de cinquante localités où l'Ordre possédait des biens et des revenus,

La participation des évêques champenois en faveur du développement et de l'établissement des maisons du Temple fut des plus importantes, du moins lors des premières années. En dehors des archevêques du nord de la province, l'évêque de Troyes, qui encouragea beaucoup les chevaliers, mérite une mention spéciale.

En Espagne, on rencontre le même mouvement, Les rois et les évêques de la Péninsule Ibérique virent dans la milice un secours fort utile contre l'invasion musulmane. Dans tous les actes, la diplomatique note ce fait.

La hiérarchie ecclésiastique est très souvent citée dans les actes de la Péninsule, même dans ceux qui émanent de simples seigneurs. Ainsi, dans une donation du 17 décembre 1129, faite par un certain Miro, trouvons-nous les évêques d'Huesca, de Tarazona et de Calahorra. Au mois de septembre 1137, ceux d'Huesca, Calahorra, Pamplona, Tarazona, Zaragoza, et ainsi de suite dans tous les actes. L'Eglise est toujours représentée. Comme nous le verrons, le Temple eut une croissance considérable dans la Péninsule. A la mort du fondateur, les chevaliers étaient bien implantés, tant en Aragon qu'en Catalogne.

Ce développement rapide s'explique uniquement par un intérêt politique : la défense des frontières contre les Maures. Les princes et les seigneurs ibériques ne pensaient qu'à leur défense. En France, comme dans les Iles Britanniques, le problème ne se posait pas de la même façon.

Dès la fin du concile de Troyes, on trouve, dans les actes relatifs aux premières donations, les noms de plusieurs chevaliers avec, déjà, quelques titres : Sénéchal, Maître de province, Procureur, Commandeur, Précepteur, etc.

Dans la Péninsule Ibérique et en Provence-Languedoc, deux noms reviennent assez souvent : Hugues Rigault et Raymond Bernard. A travers les documents, on peut facilement tracer leur itinéraire. Hugues Rigault apparaît pour la première fois en 1128, sans aucun titre. A mesure que l'Ordre évolue, il devient Maître en Provence. Le cas de Raymond Bernard est plus intéressant. De mars 1129 à novembre 1147, nous suivons sa trace dans les royaumes de Portugal, Castille, Aragon, dans les provinces du Languedoc et en Provence.

La situation est semblable dans les autres provinces, en Picardie, Champagne, Bourgogne. Durant les dix ans qui suivent l'approbation de la Règle, on rencontre les mêmes noms, instruments actifs de la propagande. Pour la partie de la France située entre le Rhône, les Vosges, les Ardennes et l'Ile de France, il s'agit de Payen de Montdidier, de Guillaume le Faucon et de Guillaume de Baudemont.

Payen de Montdidier est connu dans certains actes sous le nom de Nivard. Homme d'action de l'Ordre naissant, il exerça dans sa propre province une influence importante. Il en fit une terre privilégiée de recrutement. Quand Hugues de Payens retourna en Palestine, en 1130, il laissa à son compagnon la charge des aumônes. Nous retrouvons également sa trace en Angleterre, en 1139-1140, dans une donation faite par Alexandre, évêque de Lincoln, et en 1140-1144, dans un acte de l'abbé de Walden.

Si Payen de Montdidier se contenta du Beauvaisis, la Champagne eut comme recruteur Guillaume le Faucon. Chargé par le Chapitre de l'Ordre de recueillir les aumônes d'outre-mer, il voyagea, de ce fait, jusqu'à Nantes. C'est là que nous le trouvons avec le titre de Maître, en 1141, dans l'acte de Conan, duc de Bretagne. En 1144, il est signalé comme témoin en Palestine, dans un acte du roi Baudoin, en compagnie de Geoffroy, abbé du Temple, de l'abbé de N.-D. la Latine et de Pierre, prieur du Saint-Sépulcre.

Guillaume de Baudemont fut délégué en Bourgogne par Hugues de Payens lui-même. Il porta, lui aussi, le titre de Maître, et fut à l'origine de l'entrée de Guy de Til-le-Châtel au Temple. Un ami de Guy le suivit en Palestine, Guy de Bure qui, en 1133, abandonna sa terre aux pauvres chevaliers de la milice du Temple de Salomon ; elle deviendra le siège de la commanderie majeure de Bure-les-Templiers.

Le Temple ne reçut pas seulement des biens. Beaucoup de gens se placèrent sous sa protection. Chacun apportait son lopin de terre, ce qui permettait aux frères d'occuper les non-combattants. La Règle défendait de recevoir des sœurs, mais on se demande si cela fut vraiment observé. En effet, tout au long de sa brève existence, le Temple accepta des femmes. Cependant, peut-on affirmer qu'elles furent des religieuses à part entière ? Cela est en contradiction avec la vie du Temple dans son ensemble.

Nous connaissons, au moins, deux cas types de femmes qui prononcèrent des vœux. L'une en Angleterre, vers 1190, en la personne de Jeanne, épouse de Richard Chaldefelde. Elle promit, entre les mains d'Azo, archidiacre de Wiltshire, de vivre dans la chasteté, suivant la Règle du Temple, parce qu'elle avait passé l'époque des mauvais soupçons. Elle avait donc l'âge canonique. L'autre, Gilotte, femme de Robert d'Attichy, devint, en 1297, sœur du Temple — le mot est transcrit — dans la maison d'Arras. Il existe de nombreux autres cas, mais on peut se demander si ces femmes furent de véritables templières.

Sauf exception, ceux qui se donnaient ne prononçaient que très rarement des vœux. Ils se mettaient, avec leur famille et leurs biens, sous la protection de l'Ordre. On recherchait surtout à participer aux privilèges et aux bénéfices, temporels et spirituels, du Temple. Ces sortes de donations seront plus fréquentes lorsque le Temple aura obtenu l'exemption.

Les donations de corps, sans mention de profession religieuse, sont très reconnaissables dans les actes. Les signataires disent pratiquement la même formule : « Je me donne, ou je donne mon corps et mon âme à Dieu, Notre-Dame et aux frères de la milice du Temple, ainsi que mes biens, honneurs... » Tous ces « donats » ne devenaient pas des religieux. Nous sommes en présence d'une inféodation camouflée. En des temps si troublés, ils obtenaient des protections égales à celles des Templiers. Les bulles pontificales du XIIIe siècle ne font pas défaut. Personne ne devait s'opposer à l'entrée d'un homme ou d'une femme en confraternité. C'est ce que dit une bulle d'Innocent IV datée du 17 août 1245. Le 1er septembre de cette année, le pape notifie aux évêques et à tous les prélats que les frères de la milice du Temple, en vertu de leurs privilèges, pourront entrer une fois l'an dans les églises paroissiales pour leur confraternité et leur confrérie. Ceux qui refuseraient ce privilège devaient être excommuniés. Les évêques ne devaient également pas s'opposer à ce que les fidèles élisent leurs sépultures dans les cimetières templiers, sans s'acquitter du droit de paroisse réclamé par les curés. Ce souci d'être à l'abri de toutes les menaces fut à l'origine de la plupart des donations. Le 3 novembre 1249, Innocent IV, à la demande du Maître, prohiba à toutes personnes ecclésiastiques, légats ou laïcs, de nuire aux fiefs, possessions, maisons ou autres biens de la milice. Aucun prélat ne pouvait, sans permission expresse du pape, jeter l'interdit ou une peine d'excommunication à l'encontre des frères du Temple et de leurs hommes. Déjà, au XIIe siècle, Innocent II avait donné un texte semblable. Il fut renouvelé par Honorius III, Alexandre III et Alexandre IV. Les animaux eux-mêmes étaient protégés et devaient porter la croix du Temple cousue sur un morceau d'étoffe. Le pape Urbain IV évoqua cette croix dans une bulle adressée à l'Ordre de Calatrava. Il accorda les privilèges de protection aux animaux en ces termes : « Ils devront porter la croix de l'Ordre sur un tissu, comme ceux des frères de la Milice du Temple. »

La bulle la plus importante pour le Temple, et dont découleront toutes les autres, est celle accordée par Innocent II au Maître Robert de Craon, datée du Latran, le 29 mars 1139 : *Omne datum optimum.*

Par ce document, le Temple était officiellement reconnu. Le pape le prenait sous la protection du

Saint-Siège et de sa personne. Dix ans après avoir reçu sa Règle, le Temple devenait directement soumis au Saint-Siège. L'étude critique des premières bulles pontificales n'est pas notre propos. Cependant, les détails qu'apportent celle-ci sont si importants qu'il est nécessaire de s'y attarder afin de mieux comprendre la suite des événements. On peut déjà se rendre compte de l'amertume de Guillaume de Tyr : il reproche aux Templiers d'avoir été fondés par le patriarche et de s'être enlevés de sa houlette.

Le pape émancipe les Templiers de toute autorité ecclésiastique. Cela est très important. Par son Maître, et surtout par le chapitre, l'Ordre était responsable. Une indépendance tant temporelle que spirituelle. Cela suscita d'ailleurs quelques scandales. Robert de Craon, deuxième Maître, renchérit et demanda l'exemption totale, chose rarement accordée.

Le début de la bulle est des plus intéressant : « Nous vous exhortons de combattre avec ardeur les ennemis de la Croix, et en signe de récompense Nous vous permettons de garder pour vous tout le butin que vous prendrez aux Sarrasins, *sans que personne ait le droit de vous en réclamer une part* et [point important] Nous déclarons que votre maison, avec toutes ses possessions acquises par la libéralité des princes, des aumônes, ou de n'importe quelle autre manière, demeure sous la tutelle et la protection du Saint-Siège. »

Tous les frères doivent obéissance, et aucune maison, sauf celle où l'Ordre s'établit à l'origine, ne doit être la tête et la maîtresse. Le pape intervient alors dans le droit de l'Ordre, à propos de l'élection : « Nous ajoutons, en outre, qu'à votre décès, cher fils dans le Seigneur, Robert, ou à chacun de vos successeurs, nul ne peut être élu s'il ne soit de l'Ordre, qu'il soit de votre habit et de votre profession et que l'élu soit choisi par tous les frères ensemble ou aux plus sages d'entre eux. » Il n'est permis à aucune personne, ecclésiastique ou laïque, de modifier les observances. La Règle ne peut être changée que par le Maître, avec l'assentiment du Chapitre. « Nous prohibons, poursuit le pape, à toutes personnes d'exiger de vous des serments ou des hommages tels qu'ils se pratiquent parmi les gens du siècle. Nous défendons aussi, à vos frères, d'abandonner l'habit de votre maison, ou de se rendre dans un autre ordre sans la permission du Maître et du Chapitre. Personne ne peut vous forcer à payer les dîmes, mais nous vous confirmons la possession et la jouissance des dîmes qui vous auront été données avec l'assentiment des évêques. Afin que vous ayez la plénitude du salut et du soin de vos âmes, vous pouvez adjoindre à votre collège, des clercs et des prêtres, pour la célébration des offices divins et pour donner le sacrement ecclésiastique. Vous pourrez les recevoir sans l'assentiment des évêques du diocèse, mais par l'autorité de la Sainte Eglise de Rome. Avant d'entrer dans votre maison, les clercs devront faire un an de probation et, s'ils se montrent des fauteurs de troubles ou seulement inutiles à la maison, vous pouvez les renvoyer et en choisir de meilleurs. Ils ne devront pas se mêler du gouvernement de votre maison, si ce n'est de l'assentiment du Maître. Ils ont la charge du soin des âmes. Ils ne sont assujettis à personne, sinon au Chapitre. Ils te doivent obéissance, cher fils Robert, ainsi qu'à tes successeurs. En dehors des réserves que nous formulons aux droits des évêques, en ce qui concerne les dîmes, les offrandes et les sépultures, nous vous concédons la faculté de construire des oratoires dans tous les lieux rattachés au Temple, afin que vous et vos familiers puissiez entendre les offices et y être enterrés, car il est mauvais, pour votre conversion des mœurs, que les frères du peuple, en allant à l'église, se mêlent à la tourbe des pêcheurs et des fréquentateurs de femmes. »

Cette bulle sera suivie de beaucoup d'autres, rappelant ou développant certains points particuliers. Ainsi, en 1145, Eugène III reprendra, dans sa bulle « Militia Dei », le point des oratoires. Ce fut l'un des plus difficiles à obtenir de la part des Templiers. Les évêques n'admirent pas facilement cette clause, et il fut relativement difficile aux chevaliers d'imposer leur volonté, même avec l'approbation pontificale. Les luttes commencèrent surtout quand le Temple développa son système temporel. Les évêques profitèrent de leurs droits, oubliant complètement les prérogatives pontificales. Des legs furent à l'origine de nombreuses disputes, les prélats prenant le tiers des revenus lorsque des personnes se faisaient enterrer dans les cimetières de l'Ordre. Les papes reprendront maintes fois la bulle « Dilecti Filii » d'Alexandre III qui obligeait les prélats à ne rien exiger des aumônes faites aux Templiers par des personnes malades ou bien portantes, en cas de décès ou de rétablissement des donateurs. Ils ne pourront exiger que le quart des biens laissés par testament par ceux qui y avaient choisi leur sépulture. Urbain III développera ce thème dans la bulle « Sacra Templi Militia » du 30 juin 1186. Pour leur part, les papes juristes du XIIIe siècle reprendront complètement les lettres de leurs prédécesseurs.

Pour les constructions d'églises, les choses ne se passèrent pas si facilement qu'on peut le croire. Des interventions pontificales furent souvent nécessaires. Quelquefois pour empêcher les Templiers d'accepter des fidèles et d'exiger les dîmes paroissiales. Cependant les fidèles pouvaient aller écouter l'office des Templiers après la messe paroissiale et donner des aumônes à qui bon leur semblait. Alexandre III donnera ces préceptes dans la bulle « Quoniam Dilecti Filii » du 28 octobre 1187-1189.

Ce furent surtout les cas d'excommunication et d'interdit qui intéressèrent les Templiers. Luttant âprement pour leurs privilèges, ils obtinrent d'aller ouvrir l'église et célébrer la messe dans les villages interdits, et cela une fois l'an. Le fait le plus typique se situe en 1144.

Geoffroy de Mandeville avait été frappé d'interdit par le pape en raison de ses nombreux crimes. A sa mort, les Templiers le recouvrirent de leur manteau blanc à croix rouge : ainsi, il était reçu dans l'Ordre. Sans aucune cérémonie, il fut enterré dans le vieux Temple de Londres, en attendant l'absolution du pape. Quand ce fut fait, on exhuma son corps pour l'enterrer cette fois avec toute la pompe ecclésiastique dans le Temple neuf.

Tout au long du XIIIe siècle, les papes rappelleront les évêques au respect des droits des chevaliers. Néanmoins, il faudra attendre une bulle de Grégoire IX pour défendre officiellement à quiconque de pénétrer dans les commanderies de l'Ordre sans autorisation des précepteurs. De ce fait, les autels pouvaient être consacrés par n'importe quel prélat.

Ainsi, l'étude du fonctionnement du droit templier montre combien jalousement les frères du Temple, toujours prêts à s'assurer des appuis en cour de Rome, veillèrent sur leurs privilèges.

CHAPITRE III

LES GRANDS MAITRES

APRÈS avoir traité des origines de l'Ordre du Temple et avant d'entreprendre l'étude approfondie de son histoire, il est utile de connaître les noms des différents Maîtres. Ils font partie intégrante de la vie de la Milice et nous allons les rencontrer à chaque page.

1 — *HUGUES DE PAYENS*. 1119 - 24 mai 1136.

Fondateur et premier Maître de l'Ordre, Hugues de Payens apparaît dans un document que signale Guillaume de Tyr, concernant une donation faite aux Vénitiens par le roi Baudoin II. Venu en France solliciter des secours, il reçut, dès 1127, les dons de divers seigneurs ou personnalités régnantes. Dans le courant de l'année 1127-1128, Foulques, comte d'Anjou, partagea plusieurs biens entre Geoffroy évêque de Chartres, Geoffroy abbé de la Trinité de Vendôme, Hugues de Payens chevalier du Temple de Jérusalem et actuellement Maître et Pétronille de Chemillé première abbesse de Fontevrault.

Durant l'année qui suivit la confirmation de la Règle, le Maître voyagea dans diverses provinces. Nous le retrouvons, en sa qualité, dans de nombreux actes de donations à la Milice. Vers le 31 mai 1128, plusieurs dons furent faits dans le Poitou entre les mains de Maître Hugues, du Temple de Jérusalem. Le 13 septembre 1128, dans un acte du roi Louis VI, Jean évêque de Thérouanne, fait une donation au Temple en présence de Maître Hugues et des frères Geoffroy et Payèn.

La bibliothèque municipale de Carpentras conserve un manuscrit rapportant un don du 29 janvier 1130, de Laugier, évêque d'Avignon. A cette occasion, Hugues de Payens est signalé comme originaire de Viviers, dans l'Ardèche. On ne voit pas la raison de cette mention. En 1130-1131, un acte, signé et daté de Noyon, concernant les prébendes données aux frères du Temple, fut passé en présence de plusieurs prélats et de Nivard, autre nom de Payen de Montdidier, chevalier du Temple, envoyé par Hugues, Maître de la Milice. Ce document laisse à penser que le Maître n'était plus en France. Il était retourné en Terre Sainte, suite à la lettre des chevaliers qui n'étaient pas venus au Concile et dont l'état de découragement était plutôt alarmant. Le dernier acte où figure Hugues, est daté de 1133-1134. Il émane de l'évêque de Soissons et concerne la Commanderie de Mont-de-Soissons.

Hugues de Payens mourut le 24 mai 1136, d'après les Chroniques. Cela nous paraît fort plausible, étant donné ce que nous savons de son successeur.

2 — *ROBERT DE CRAON*. Juin 1136 - début 1147.

Au mois de juin 1136, un acte passé en faveur de la Commanderie de Richerenches cite Robert de Craon en qualité de Maître de l'Ordre. Les documents se rapportant à l'activité intensive du deuxième Maître sont beaucoup plus complets et rapprochés. En réalité, c'est lui le véritable législateur du Temple. Il donna sa forme à l'Ordre, forme qui ne fera qu'évoluer par la suite. Son rôle, à l'intérieur du Temple, fut des plus importants. Il fut un administrateur de premier plan et un juriste éclairé.

Son influence fut grande tant sur les chevaliers que sur l'entourage immédiat des prélats, seigneurs et même des rois.

Pour nous en tenir aux dates extrêmes de son magistère, en dehors de la bulle de confirmation de l'Ordre, Innocent II lui adressa la bulle « Ecclesiasticis utilitatibus », datée du Latran, qui confirmait certaines possessions. Il est mentionné pour la dernière fois en 1146 à l'occasion d'une donation faite en Navarre. Guillaume de Tyr le cite en 1148 comme faisant partie des chevaliers qui se joignirent à l'armée de Louis VII. Cette affirmation est un peu hasardeuse, puisqu'au mois d'avril 1147 son successeur était en place.

L'obituaire de Reims signale sa mort le jour des ides de janvier, soit le 13. Selon l'acte, confirmé par Garcia, comte d'Aragon, ce ne peut être qu'en 1147.

3 — *EVRARD DES BARRES*. Mars 1147 - avril-mai 1151.

Elu Maître de l'Ordre alors qu'il était encore Précepteur de France, il apparaît avec ce titre, pour la première fois, dans une donation d'Achier de Paris, comprenant un moulin situé sous le Grand-Pont de la Seine. Le 14 mai 1150, il tint un chapitre général dans la capitale de la France. Du Cange, dans son étude sur les familles d'Outre-Mer, ne dit rien sur la fin de ce troisième Maître du Temple, pas plus que l'obituaire de Reims. Les actes se taisent à partir de 1150. Nous le retrouvons comme moine de Clairvaux, où il mourut, suivant le ménologue de l'abbaye, le 25 novembre 1174.

4 — *BERNARD DE TREMBLAY*. Juin 1151 - 16 août 1153.

Bourguignon de naissance et ancien commandeur de Dôle, dans la Franche-Comté, il semblerait avoir succédé à un Maître appelé Hugues, dont l'existence est fort douteuse et que seul Du Cange cite. Suivant les chroniqueurs des croisades, Bernard de Tremblay aurait rebâti la ville de Gaza. Il serait mort lors de la bataille d'Ascalon, avec tous les Templiers qui étaient sous ses ordres, à l'avant-dernier assaut du 14 août 1153. L'obituaire de Reims signale sa mort le 17 des calendes de septembre, soit le 16 août. Cela correspond aux dates des chroniques, puisqu'Ascalon tomba entre les mains de Baudoin III, le 19 août de cette même année.

5 — *EVRARD*. Septembre 1153 - fin 1154.

Ce grand Maître du Temple n'est cité par aucune chronologie de l'Ordre et encore moins par les ordres de pseudo-templiers, néo-templiers, etc.

Il aurait succédé à un Maître du nom de Guillaume de Chamaleilles dont l'existence paraît très incertaine. Le cinquième Maître du Temple n'eut pas un magistère bien long. Il nous est connu seulement par un acte du 20 avril 1154, comme témoin, avec André de Montbard, lors d'une confirmation faite par le roi Baudoin III des biens de l'abbaye de Notre-Dame de Josaphat.

6 — *ANDRE DE MONTBARD*. Fin 1154 - 17 octobre 1156.

Oncle de saint Bernard, il fut Sénéchal de l'Ordre de 1148 à 1151, selon les cartulaires du Saint-Sépulcre et de saint Lazare.

Il figure pour la première fois comme Maître du Temple, le 27 mai 1155, dans un acte de Baudoin III, roi de Jérusalem, et dans un acte identique daté du 27 juin 1155 concernant une confirmation d'échange avec la reine Mélisande. Le 3 juillet de la même année, il est cité dans un acte d'Amaury, comte d'Ascalon. L'obituaire de Bonlieu date sa mort du 17 octobre. L'année ne peut être que 1156 puisqu'à la fin de cette année son successeur apparaît déjà.

7 — *BERTRAND DE BLANQUEFORT*. 1156 - 2 janvier 1169.

Originaire de Guyenne, le septième Maître est mentionné pour la première fois le 2 novembre 1156 lorsqu'il souscrit au traité de paix du roi Baudoin IV avec les Pisans.

Le 19 juin de l'année suivante, lors de la bataille du lac Méron, il fut fait prisonnier avec plusieurs barons et seigneurs du royaume. Il fut avec Boëmond, prince d'Antioche, et Raymond, comte de Tripoli et autres barons à la défaite d'Harenc par Noradin en 1165 où soixante chevaliers du Temple perdirent la vie.

D'après les actes de Louis VII, c'est lui qui annonça au roi de France, en 1167, la prise de Paneas par Mouddedin. Le 19 mai 1168, il figure dans la souscription d'une charte du roi Amaury accordant des avantages commerciaux à la république de Pise. L'obituaire de Reims fixe sa mort au III des nones de janvier, soit le 2 janvier 1169.

8 — *PHILIPPE DE MILLY ou DE NAPLOUSE.* Janvier 1169 - 3 avril 1170.

Originaire de Picardie, le nouveau Maître naquit à Naplouse en Terre Sainte, dont il échangea la seigneurerie contre celle de Montréal avec le roi Baudoin III. Entré assez tardivement dans l'Ordre, il fut élu Maître après la mort de Bertrand de Blanquefort, puisque cette même année il signe un titre du roi Amaury en faveur des Pisans. C'est tout ce que nous savons sur ce magistère. Il se démit de ses fonctions en 1170, sans autre précision, pendant le voyage qu'il effectua avec le roi de Jérusalem à Constantinople.

9 — *EUDES DE SAINT-AMAND.* 1170 - 19 octobre 1180.

D'origine limousine, Eudes de Saint-Amand avait été maréchal du royaume avant de devenir vicomte de Jérusalem, comme le signale Du Cange. On ne peut pas avancer qu'Eudes de Saint-Amand fut choisi par Philippe de Naplouse pour lui succéder ; c'était contraire aux règles juridiques de l'Ordre, et surtout, rien ne nous le prouve. Quoi qu'il en soit, en 1172, lorsque Gautier de Mesnil, chevalier du Temple, se fit le meurtrier des envoyés du prince des Bathéniens, Eudes était Grand-Maître. Le 18 avril 1174, il souscrit à la confirmation du roi Amaury d'une rente donnée à l'Hôpital de Saint-Jean. Le 13 septembre de la même année, il est cité dans un acte de Baudoin V. En 1176, il est à nouveau témoin de la confirmation de la vente du Casal de Beit Daras. Les musulmans ayant engagé de nouveaux combats, Eudes de Saint-Amand assista, en 1177, à la bataille de Mongesirat. Malgré ce que l'on a pu raconter sur l'emprisonnement du Maître du Temple, la célèbre phrase contre la liberté de Saladin, la mort d'Eudes dans les fers, il est à peu près impossible de dater cette affaire, étant donné la succession des actes où le Maître figure comme témoin ou signataire. Ainsi, en 1178, il reçoit en donation de Renaud, seigneur de Margat, la moitié de Brahim et la moitié du Casal Albot et du Casal de Talaore. Au mois de février 1179, le Maître conclut un accord avec Roger de Molins, Maître de Saint-Jean de Jérusalem. C'est le dernier acte connu sous ce magistère. La lecture des actes permet de dater exactement la mort d'Eudes de Saint-Amand. Guillaume de Tyr dit le 10 juin, lors de la bataille du Gué de Jacob. Nous rejetons cette date ainsi que celle du 30 août, prise du château du Gué de Jacob. Si Eudes de Saint-Amand mourut au Gué de Jacob, ce n'est pas à une de ces dates, car les événements cités sont postérieurs à la bataille du Gué. Deux bulles d'Alexandre III, l'une du 26 février 1180 et l'autre du 12 avril 1180, prouvent ce que nous avançons, et les Templiers, dans leur obituaire de Reims, nous donnent la date exacte de cette mort, le VII des ides d'octobre, soit le 19 octobre 1180.

10 — *ARNAUD DE LA TOUR ROUGE, ou de TOROGE (?).* — 30 septembre 1184.

Il est difficile de dater l'élection de ce Maître du Temple. Arnaud de la Tour Rouge était encore Maître en Provence et en Espagne le 26 novembre 1180, dans un acte où il accordait aux habitants de Miravete le privilège de ne pas payer les péages ni les usages par mer et par terre. D'après Guillaume de Tyr, le nouveau Maître fut revêtu de sa dignité en 1181 sans précision de mois. A moins de prendre en considération la mention de l'auteur de la vie des archevêques de Bourges signalant qu'un Eudes de Saint-Amand, oncle de l'archevêque de Bourges, le Bienheureux Philippe Berruyer, fut Grand-Maître. Ce dont nous n'avons aucune confirmation par les actes. Néanmoins, il fut élu au tout début de l'année : au mois de mars, le roi Alfonso II d'Aragon fait une donation au Grand Maître, (Magister Mayor), Arnault de la Tour Rouge, et à Bérenger d'Avignon, Maître en Provence et en Espagne, de la ville de Tortosa et des châteaux d'Azcon et de Ribarroya.

Nous le retrouvons en 1183, dans un acte d'Héraclius, patriarche de Jérusalem, constatant l'accord intervenu entre les frères du Temple et l'Abbaye de Notre-Dame de Josaphat, au sujet du Casal de Maseraz. Le 5 janvier 1182, le pape Lucius III, tout en complétant les données par la mention : Dilectus filius Arnaldus, renouvelait les dispositions de la bulle de son prédécesseur Alexandre III.

Grand voyageur, Arnaud de la Tour Rouge mourut à Vérone, le 30 septembre 1184, lors d'un voyage en France où il allait solliciter du secours pour la Terre Sainte.

Cette date est confirmée par l'obituaire de Reims.

11 — *GERARD DE RIDEFORT*. Octobre 1184 - 1er octobre 1189.

Sénéchal du Temple en 1183, lors de l'accord avec l'abbaye de Notre-Dame de Josaphat, il figure, en 1184, comme Maître du Temple, dans un acte de donation à Funes en Aragon. Cet acte n'indiquant pas le mois, l'élection eut certainement lieu dans l'intervalle réglementaire édicté par les retraits du Temple. Suivant les chroniques, et principalement Guillaume de Tyr, il était investi de sa dignité en 1185.

Originaire des Flandres, il assista à la mort du maréchal du Temple, lors de la bataille d'Acre, entre les troupes de Saladin et celles de Guy de Lusignan. Il aurait succédé à un Maître appelé Thierry, qu'il paraît difficile de situer parmi les supérieurs du Temple. En effet, cette mention proviendrait d'une erreur de lecture : Thierry ou Terric fut Maître de l'Ordre, mais de la maison du Temple de Jérusalem. D'ailleurs, pendant la bataille de Tibériade, le Maître du Temple fut fait prisonnier et Thierry, dans une lettre au pape Urbain III, dit qu'il a réussi à s'échapper avec quelques chevaliers. Au début de l'année 1188, il adresse une autre lettre au roi d'Angleterre, pour lui annoncer la prise de Jérusalem par les musulmans et le siège de Tyr. Or, dans ces deux écrits, il ne s'intitule pas Maître du Temple, mais bien *Grand Précepteur de la maison du Temple à Jérusalem.*

On ne peut pas dire si le onzième Maître du Temple eut une influence importante en Terre Sainte. Guillaume de Tyr, ennemi juré des templiers, en fait un arrogant, responsable de la perte d'influence de l'Ordre vis-à-vis des puissances séculières en Palestine, et ce, durant tout son magistère.

En 1186, il aida au coup d'état de Guy de Lusignan avec lequel il fut fait prisonnier. Auparavant, il déclencha, avec 140 chevaliers du Temple, une attaque contre 7 000 musulmans qui aboutit à la bataille de Casal Robert, le 1er mai 1187. Le Maître échappa de justesse à cette folle bataille au cours de laquelle le Maître des Hospitaliers fut tué et la population de Nazareth faite, presque entièrement, prisonnière.

Peu de temps après, le Maître du Temple leva une armée grâce aux richesses de son Ordre. Elle se concentra à Saphonie, non loin de Nazareth, mais, le manque de connaissances militaires de Guy de Lusignan et l'amour de la guerre du Grand-Maître, conduisirent au désastre. Aux 60 000 soldats de Saladin s'opposèrent 30 000 chrétiens, dont 1 200 chevaliers du Temple et 4 000 turcopoles. Girard de Ridefort fit capituler Gaza et les forteresses voisines, mais fut fait prisonnier avec Guy de Lusignan. Il ne dut sa délivrance, ainsi que celle de nombreux chrétiens, qu'à une forte rançon.

En 1189, il assista encore, en qualité de Grand-Maître, au début du siège d'Acre. Il y perdit la vie, le 1er octobre, dans un combat livré aux pieds du Toron.

La maîtrise de Girard de Ridefort fut un désastre pour l'Ordre du Temple. Inconscient, il est à l'origine des premiers reproches adressés aux frères. Après sa mort, le chapitre général réforma certains points de la Règle, touchant principalement aux mesures disciplinaires à prendre quand le Maître manque à son sens moral et à sa responsabilité.

12 — *ROBERT DE SABLE ou de SABLOIL.* Fin 1189 - 13 janvier 1193.

Le continuateur de la chronique de Guillaume de Tyr fixe l'élection de Robert de Sablé au début de l'année 1190, devant la ville d'Acre. Cette mention est reprise par les auteurs de « l'Art de vérifier les dates ». Ils précisent que l'élection eut lieu à l'arrivée de Richard, roi d'Angleterre. Or, lorsque le souverain débarqua en Palestine, le Temple avait un Maître, ce qui permet de situer l'élection fin 1189.

On le trouve en 1192, le 10 février, en qualité de témoin de la donation faite par Guy de Lusignan à l'hôpital de Notre-Dame des Allemands à Acre.

Ami de Richard Cœur de lion, il souscrivit, le 13 octobre 1192, à une charte en faveur des Pisans.

Il mourut le 13 janvier 1193, selon l'indication de l'obituaire de Reims.

13 — *GILBERT ARAIL ou HORAL.* Février 1193 - 20 décembre 1200.

Grand Commandeur de l'Ordre, Gilbert Arail fut élu Maître du Temple au mois de février 1193. Le

26 mai 1194, le pape Célestin lui adresse une confirmation de la bulle « Omne datum optimum » dans laquelle il prend l'Ordre sous sa protection et confirme les biens et les privilèges accordés par ses prédécesseurs. En 1196, par contre, Innocent III lui reprochera la trêve de cinq ans qu'il encouragea, entre le roi d'Angleterre et Saladin.

Le 8 décembre 1198, le Maître scelle un accord entre les Hospitaliers de Saint-Jean et les Templiers, au sujet de différents griefs concernant des biens qu'ils possédaient dans le comté de Tripoli.

Au début de l'année 1200, Gilbert Arail est cité comme témoin dans une charte de Chypre. C'est le dernier acte signalant ce Maître.

L'obituaire de Reims indique sa mort le 20 décembre. Ce ne peut être qu'en 1200, puisqu'au mois d'avril 1201 son successeur était déjà élu.

14 — *PHILIPPE DU PLAISSIEZ ou DU PLAISSIS.* Début 1201 - 12 novembre 1209.

L'élection de Philippe du Plaissis ne put avoir lieu que dans les trois premiers mois de l'année 1201, puisque le 17 avril il passa un accord avec le Maître de l'Hôpital portant sur une prise d'eau pour arroser les terres et pour l'usage des moulins des deux ordres dans le comté de Tripoli. Le 1er février 1205, le pape Innocent III lui renouvela la bulle d'Anastase IV « Omne datum optimum ».

En 1208, il proposa au Maître des Hospitaliers, de Saint-Lazare et de Sainte-Marie des Allemands, une nouvelle trêve avec les musulmans, ce à quoi les prélats de la Terre Sainte s'opposèrent.

Nous trouvons trace de Maître Philippe, premier de la milice du Temple, dans une confirmation d'échange entre les frères de Saint-Lazare et le roi d'Angleterre, datée de mai 1209.

L'obituaire de Reims fixant sa mort au II des ides de novembre, il est facile d'admettre que Philippe du Plaissis décéda le 12 novembre 1209.

15 — *GUILLAUME DE CHARTRES*. 1210 - 26 août 1218.

On sait peu de choses de ce Grand-Maître du Temple, sinon qu'il assista, en qualité de *Magister Templi*, au couronnement de Jean de Brienne en 1210.

En 1211, il arbitra un conflit entre les Templiers et le roi d'Arménie au sujet du château de Gastein enlevé par les Sarrasins en 1190 et repris par le roi d'Arménie qui refusait de le rendre.

En 1217, d'après Jacques de Vitry, il se rendit à l'assemblée des grands feudataires et des prélats du royaume, à Acre.

Il mourut en Egypte, le dimanche 26 août 1218, de la fièvre épidémique qui ravageait l'armée.

16 — *PIERRE DE MONTAIGU*. 1219 - 1232.

Le continuateur de la chronique de Guillaume de Tyr situe l'élection du Maître du Temple pendant le siège de Damiette, ce qui put avoir lieu à la fin de l'année 1218.

Mais le nouveau Maître en fut informé assez tard : en novembre de cette même année, il signe encore en sa qualité de Précepteur de Provence et d'Espagne.

Selon les chroniques, il était brave et habile au combat.

De nombreux actes jalonnent son magistère, entre autre la sentence rendue au mois d'août 1222 par Pélage, évêque d'Albano et légat du Saint-Siège, au sujet des biens situés sur le territoire de Tyr, matière à procès entre les chanoines du Saint-Sépulcre et la maison de l'Hôpital.

En 1229, il refusa d'accompagner Frédéric II d'Allemagne, souverain excommunié.

Pierre de Montaigu mourut en 1232. L'empereur d'Allemagne, devenu roi de Jérusalem, venait de s'allier avec les musulmans en la personne d'Al-Kâmil.

17 — *ARMAND DE PERIGORD.* 1232 - 17/20 octobre 1244.

Précepteur du Temple en Sicile et en Calabre, il succéda à Pierre de Montaigu en 1232. Le grand cartulaire de Nicosie le signale dès le mois d'août 1232 dans l'acte de restitution de Baruth à Jean d'Ibelin par Richard Filangieri. Le 4 octobre de la même année, à Chypre, il arbitra entre le clergé et les barons de l'île, au sujet de dîmes dues par ces derniers.

Le 25 juillet 1233, près d'Acre, une concorde fut signée par les deux Maîtres, Armand de Périgord, Maître de la maison du Temple, et Guérin, Maître de la maison de l'Hôpital, concernant les eaux et les moulins d'Acre.

En novembre 1240, le Maître du Temple, avec le consentement de plusieurs dignitaires, donna aux Maître et religieux de l'ordre de Saint-Lazare, un terrain situé à Acre, dans le Montsumard, dans le quartier dit des Anglais.

Le 17 octobre 1244, ce fut le désastre de Forbie, près de Gaza. Les pertes de l'armée franque furent très importantes, d'après le patriarche lui-même. Le Temple, à lui seul, se vit amputer de trois cent douze chevaliers sur trois cent quarante-huit et de trois cent vingt-quatre turcopoles. Pendant cette bataille, le Grand Maître fut blessé et fait prisonnier. Il mourut peu de temps après dans sa prison.

18 — *GUILLAUME DE SONNAC.* 1245 - 3 juillet 1250.

Certaines listes chronologiques des Maîtres du Temple donnent Richard de Bures comme successeur d'Armand de Périgord. Or, Richard de Bures était châtelain de Chastel Blanc lorsqu'il fut élu Grand Commandeur de l'Ordre. Il ne fut jamais Maître de l'Ordre. La mort de Maître Armand ayant été apprise longtemps après la date réelle, on a cité Richard comme supérieur des Templiers. D'après la Règle, une fois le Maître décédé, on devait procéder à l'élection. Il faut croire qu'en attendant la libération ou la mort du prisonnier des Kharismiens, un Grand Commandeur fut élu.

Guillaume de Sonnac apparaît au début de l'année 1245 dans un acte concernant l'ordre de Saint-Thomas d'Acre. Cet acte, daté, dans la copie du XIVe siècle, du mois de février, permet de dire que l'élection dut se dérouler au début de cette même année.

Son magistère est surtout connu grâce aux chroniques de Joinville. Nous savons qu'il défendit le roi de France, et qu'en voulant le protéger, il fut mortellement blessé à la bataille de Mansourah, le 3 juillet 1250.

19 — *RENAUD DE VICHIER.* 1250 - 19 janvier 1252.

Avant d'être élu Maître du Temple, Renaud Vichier fut commandeur du Temple dans la ville d'Acre en 1240, puis Maître du Temple en France, où nous le trouvons dès le 19 août 1246.

Devenu maréchal de l'Ordre, il assista à la bataille de Mansourah. Il fut élu Maître de l'Ordre à la mort de Guillaume de Sonnac.

Selon Joinville, il fut choisi sous l'influence du roi de France. Ce dernier ayant été fait prisonnier, il refusa à Joinville la quote-part de l'Ordre du Temple pour payer la rançon, ce qui n'empêcha pas Saint Louis d'aimer le Maître pour sa loyauté et son courage. Il en fit d'ailleurs le parrain de son fils Jean-Tristan, en 1250.

Contrairement à ce que dit le continuateur de la Chronique de Guillaume de Tyr, Renaud de Vichier n'est pas mort en 1257, puisqu'en octobre 1252 il était déjà remplacé. Il mourut, en effet, le 19 janvier de cette année, à en croire l'obituaire de Reims.

20 — *THOMAS BERAUD ou BERARD*. Début 1252 - 25 mars 1273.

Nous ne pouvons prendre la date de 1256, ou de 1257, pour l'élection de Thomas Béraud comme Maître du Temple, étant donné qu'en octobre 1252, il apparaît avec ce titre dans un sauf-conduit accordé à plusieurs personnes devant se rendre à Tripoli.

Il eut un magistère très agité. En avril 1257, Jean de Montfort ratifia les donations faites par son père à Renaud Vichier, Maître du Temple, son prédécesseur. Le 9 octobre 1258, un accord fut passé entre Thomas Béraud, Maître du Temple, Hugues Revel, Maître des Hospitaliers et le Maître des Teutoniques, concernant les contestations qui pourraient être faites sur les biens divers dans les royaumes de Jérusalem, de Chypre, d'Arménie, dans la principauté d'Antioche et le comté de Tripoli.

Ce magistère est marqué par la fin des Croisés en Terre Sainte. Sous sa maîtrise les Templiers acquirent la place de Sajette, le château de Beaufort en 1260, et, en 1262, la place d'Arsuf. Ces possessions défensives seront reprises par les musulmans de Bendochar : Beaufort en 1268 et Arsuf en 1264. Néanmoins, le

27 mai 1262, un compromis fut signé entre frère Thomas Bérard, Maître du Temple et frère Hugues de Revel Maître de l'Hòpital, dans lequel les deux Maîtres donnaient tous pouvoirs à Thomas, évèque de Bethléem, légat du Saint-Siège, à frère Hermann Heldcrong Grand Commandeur du Temple, Geoffroy de Sergines, sénéchal et bailli du royaume de Jérusalem et Guillaume Botron, connétable du royaume, pour mettre un terme aux différents entre les deux ordres. Il en fut de même le 21 mai et le 9 juillet 1262. Thomas Bérard est cité en outre le 31 mai 1270 et le 30 septembre 1264 dans le cartulaire de Nicosie ; en 1270, il souscrit à la révocation de l'accord conclu le 27 mai 1262.

Le continuateur de la chronique de Guillaume de Tyr signale sa mort le 25 mars 1273. Cette date se trouve confirmée par la lettre du 17 mai de cette même année, écrite par Hugues de Revel, Maître de l'Hôpital, à Guy de Dampierre, comte des Flandres.

21 — *GUILLAUME DE BEAUJEU*. 13 mai 1273 - 18 mai 1291.

Originaire de la célèbre famille du Forez, et non de Bourgogne ou de Franche-Comté comme on l'a cru, Guillaume de Beaujeu fut le dernier Maître à siéger en Terre Sainte durant toute sa maîtrise.

En 1271, commandeur du Temple dans le comté de Tripoli, il était au moment de son élection, commandeur des Pouilles. Elu le 13 mai 1273, il résidait à Acre. Avant de rejoindre la Terre Sainte, il assista, en mai 1274, au concile de Lyon dont le premier objectif fut la réunion des Eglises d'Orient et d'Occident, et le deuxième la convocation d'une nouvelle croisade.

Les Gestes des Chypriotes précisent qu'entre 1275 et 1282, il arbitra, avec charité et libéralité, les différents entre le Temple et le comté de Tripoli. Le 27 juin, il souscrivit à l'offre faite par Henri de Lusignan à la garnison française du Château d'Acre. Respectueux des trêves signées avec les musulmans, il fut un véritable chef de guerre. Sous son magistère, le pape entama des conversations d'unification avec les deux grands ordres de Palestine : Temple et Saint-Jean. L'aboutissement de toutes les rancunes, préparé par les habiles légistes de Philippe le Bel, entre autres les cyniques Pierre Dubois, Nogaret et Enguerrand de Marigny, se cristallisera dans un ignoble procès contre l'Ordre, accusé d'avoir trahi la chrétienté.

Sous la maîtrise de Guillaume de Beaujeu se joua la dernière carte de la Terre Sainte royaume latin. Les musulmans résistèrent, malgré une nouvelle menace, plus angoissante, du côté français. Le sultan du Caire Kalaoun Malek al Mansour s'empara successivement de Margat, de Laodicée, de Sidon, de Tyr. Son fils, Kabid-Achraf continua la lutte et vint menacer Acre.

Dès le début du mois de mars 1291, les habitants d'Acre se préparèrent au combat et se répartirent en quatre divisions : Le première sous les ordres de Jean de Grailly et d'Othon de Granson ; la seconde obéissant au chef du contingent des Chypriotes et au Lieutenant des Teutoniques ; la troisième aux Maîtres de Saint-Jean et de Saint-Thomas ; la quatrième aux Maîtres du Temple et de Saint-Lazare.

Plusieurs ordres militaires s'étaient joints aux diverses divisions : les Chevaliers de l'Epée, ceux de Saint-Laurent, ceux de Saint-Martin des Bretons, ceux du Saint-Esprit.

Le 18 mai, Guillaume de Beaujeu, mortellement blessé, fut transporté, par une des poternes du rempart du Montmusard, dans un logis du quartier, près de la porte Saint-Antoine. Le reste des troupes se retira sur les vaisseaux pour gagner Chypre. Le patriarche de Jérusalem, Nicolas de Hanappe, et le

Maître de l'Hôpital périrent noyés, tandis que le lieutenant de Saint-Lazare était tué.

22 — *THIBAUD GAUDIN*. Août 1291 - 16 avril 1292.

Grand Commandeur du Temple au moment de la mort de Guillaume de Beaujeu, il prit le commandement des troupes restantes et se retira à Sidon. Ne voyant aucune issue, il s'embarqua avec ce qui restait des frères de l'Ordre, les archives et les vases sacrés, et se retira au château de Sagette où il fut élu Grand Maître au mois d'août 1291.

Son magistère fut de courte durée puisqu'en 1293 il était déjà remplacé par Jacques de Molay.

L'obituaire de Reims signale sa mort au 16 avril. Jacques de Molay étant mentionné dès le mois de janvier 1293 comme Grand Maître, c'est en 1292 que Thibaud Gaudin mourut.

23 — *JACQUES DE MOLAY*. Fin 1292 - 11 mars 1314.

Membre de la famille de Longwy-Rohan, originaire de Franche-Comté, Jacques de Molay fut élu Maître du Temple à la fin de 1292. En janvier 1293, il figure à ce titre dans un acte concernant l'île de Chypre. Donc, la date, toujours avancée, de 1298, est fausse. En 1293, avant juin, il écrivit à Edouard d'Angleterre pour lui annoncer la nomination de Guy de Foresta comme visiteur de l'Ordre dans les Iles Britanniques. Nous n'allons pas épiloguer sur le dernier Grand Maître de l'Ordre du Temple, puisque l'étude du procès en fera largement état. Il mourut sur le bûcher de l'île aux Juifs, le 11 mars 1314, après avoir passé plusieurs années en prison et enduré les plus horribles souffrances.

Quoi qu'il en soit de cette suite de Grands Maîtres,

tous les actes se complètent les uns les autres pour donner une liste juste et exhaustive des Supérieurs du Temple. Quant aux listes des pseudo-templiers, elles sont complètement erronées, et nous répétons ce que nous avons déjà dit dans divers articles : la liste de succession de Jacques de Molay est un faux.

Cela se trouve confirmé par la chronologie de la Charte dite de Transmission, qui reprend textuellement la chronologie de Du Cange. Il aurait été facile, tout au moins, à l'auteur de la Succession de fournir la date exacte de la nomination de Jacques de Molay, puisqu'il hérita de son « testament ». Encore une supercherie à laquelle personne ne peut adhérer.

CHAPITRE IV

LA JURIDICTION

Quoi que l'on ait dit, écrit ou inventé, les textes de la Règle du Temple ne sont pas rares. Avec la transcription de M. de Curzon, nous connaissons trois règles françaises et une latine : Paris (Bibliothèque Nationale), Rome (Bibliothèque Lincey), Dijon (Bibliothèque Municipale). Depuis ce dernier travail, plusieurs autres manuscrits ont été découverts : deux en France et un en Espagne. Il s'agit des manuscrits de la Bibliothèque Sainte-Geneviève à Paris, de la Bibiliothèque de Nîmes et en Espagne, de la traduction catalane de la fin du XIIIe siècle, conservée aux archives de la Couronne d'Aragon à Barcelone. Un autre texte se trouve à la Bibliothèque de Munich. Nous sommes loin des manuscrits de la Règle de l'Ordre de Saint-Jean de Jérusalem dont on ne connaît que deux exemplaires.

Certes, on peut s'interroger sur les prétendues règles secrètes, inventées de toutes pièces par les élucubrations imaginaires de pseudo-ésotériques. La plus ancienne est un faux, écrit au XVIe siècle et qui était conservé à la Bibliothèque de Hambourg.

La confrontation de tous ces manuscrits permet, en liaison avec les bulles pontificales, de connaître la vie interne et intime de l'Ordre du Temple.

Néanmoins, il existe des variantes entre chacun des textes. Certains points des articles ne sont pas disposés de la même façon ; chaque transcription suit, en général, le thème initial, et développe, simplement par quelques exemples, certains détails disciplinaires.

La première traduction de la Règle peut être datée sans difficulté des environs de 1140, pour plusieurs raisons. La première vient de sa corrélation avec la bulle « Omne datum optimum », qui est la confirmation officielle de l'Ordre par la papauté. La seconde est que la traduction primitive ne peut avoir été faite après 1147, date du Chapitre Général auquel assista le pape Eugène III. C'est en effet la bulle pontificale qui octroie à l'Ordre des chapelains dépendant directement du Saint-Siège. La règle latine les ignore, mais la règle française les connaît et les signale. D'autre part, la traduction fut exécutée avant 1147 parce que, cette année-là, le pape Eugène III (1145-1153), assistant au Ier Chapitre Général du Temple, en compagnie du roi de France et de soixante-dix chevaliers environ, donna à l'Ordre la croix rouge patée. La traduction ne la mentionne pas, or les versions postérieures en feront état.

La version française de la Règle du Temple, contrairement au texte latin, plus suivi, énumère des articles sans aucun ordre logique.

Avant de comparer les deux versions, il est utile de savoir si la Règle du Temple fut inspirée par une autre observance.

On y trouve les grandes directives de la Règle de saint Augustin et, si le texte du Temple prévoit certains points particuliers, il ne s'en réfère pas moins à l'évêque d'Hippone. L'intention des premiers frères était de vivre en communauté dans un but déterminé, tout comme saint Augustin le désirait pour ses clercs. Ce point commun, qui est d'ailleurs la base de toute la vie monastique occidentale, et qui figure aussi dans la Règle de saint Benoît, s'explique par le fait que la vie de communauté était considérée comme l'école de la charité. Les Templiers seront, à ce sujet, d'une très grande sévérité. Dès le prologue de la Règle, saint Augustin fait de la charité un fondement. C'est l'amitié totale et permanente de sentiment, de pensée et d'adoration. Dès les débuts de l'Ordre, le frère du Temple perd sa qualification de riche ou de pauvre. On remet dans la caisse commune ce que l'on possède. Les richesses des uns deviennent le bien de l'ensemble. La vie de chacun est assurée par le dépouillement de tous. Ainsi, les barrières tombent, les préjugés sont anéantis, les masques jaloux, arrogants, hypocrites et usurpateurs sont arrachés.

Dès la fin du XIIe siècle, les Templiers ajoutent à la Règle primitive, ce code juridique et disciplinaire à la fois, rude mais épris de paix, de charité, à la lumière des grands législateurs et principalement de saint Augustin et de saint Benoît. Si l'évêque d'Hippone s'adresse uniquement à des clercs, le législateur templier s'adresse à tous. Les pauvres chevaliers du Christ s'installent dans une période de l'histoire couronnée par le triple fleuron ecclésiastique des abbayes, des cathédrales et des croisades. Saint Augustin fait œuvre de clerc ; les Templiers, œuvre de laïcs. Là est l'important, et il en sera ainsi jusqu'à leur dissolution. Pas question de Règle secrète ou d'initiation stupide. Guillaume de Beaujeu le dit lui-même dans une lettre adressée au roi d'Angleterre, et Jacques de Molay le laisse sous-entendre dans la lettre adressée à Edouard d'Angleterre : il est soumis au Chapitre Général de son Ordre et celui-ci se réunit à Montpellier. Le procès-verbal nous en est conservé.

Néanmoins, malgré certains traits caractéristiques

des deux législateurs, la Règle du Temple est beaucoup plus près de celle de saint Benoît. Les journées y sont ordonnancées avec autant de précision. Seule différence, le législateur des bénédictins s'appuie sur des préceptes contemplatifs tandis que le Temple, équilibrant la contemplation et l'action, se montre beaucoup moins liturgique, tout en conservant, à l'intérieur même des maisons, une observance monastique.

Cet ensemble de règles prouve que les Templiers étaient des religieux à part entière. Au cours de sa brève histoire, l'Ordre du Temple, comme le dira Don Dinis, roi de Portugal, servira Dieu et la foi chrétienne.

Le frère du Temple est donc, en premier lieu, un moine. Ensuite, un soldat qui sanctifie l'ordre militaire dont il garde et conserve le souvenir.

Dans cette Règle, on ne retrouve pas l'inspiration des grands recueils des spiritualités d'Orient ou d'Occident. Les connaissances érudites font défaut. Le code disciplinaire est le reflet du moment, de l'époque.

Malgré une grande abondance de détails, la Règle du Temple a une importante vertu : la discrétion. Dans tous les cas, elle reste humaine et modérée. Le bon sens, la douceur donnent le sentiment qu'aucune austérité extraordinaire ne vient troubler la vie du Templier. Tout est prévu, le nécessaire du corps, une nourriture et un sommeil suffisants, compte tenu du rôle actif des frères. La Règle n'est pas conçue pour des champions de l'austérité et encore moins pour une élite intellectuelle. Le Maître doit, avant toute chose, tenir compte de la faiblesse humaine. Il dispose des frères, certes, mais il doit les traiter avec charité. D'ailleurs, le texte de la Règle ne dit-il pas : *« Mais le Maître qui doit tenir dans sa main le bâton et la verge — le bâton pour soutenir les faiblesses et les forces des autres, la verge de laquelle il doit corriger les vices de ceux qui fauteront — pour l'amour du droit, étudier la chose qu'il doit faire.* »

La sagesse condamne donc l'exclusive et les rigueurs. Le Templier devra persévérer dans son ordre : « *Et aucun de nos frères ne pourra entrer dans l'Ordre de saint Benoît ou de saint Augustin et il ne doit entrer en aucun autre ordre.* » Et plus loin, la Règle précise : « *Et nul frère ne doit laisser la maison pour entrer dans un autre ordre sans permission.* »

Toute sa vie, gardé par son Ordre et préservé par son habit, le Templier s'adonnera à ses œuvres. Il ne changera d'Ordre que s'il devient lépreux. Le jour de sa réception, il consignera cela par écrit, s'attachant ainsi à une famille religieuse déterminée, à son Ordre. Par lui, chaque commanderie, forteresse, chaque maison, sera liée aux autres, car tous les membres d'une maison sont du Temple et de lui seul. Les Templiers, au contraire des autres législateurs, ne reconnaissent pas la pleine puissance aux supérieurs. La latitude laissée au Maître est faible. Il doit seulement commenter la Règle, l'interpréter, et non la contredire, ni, encore moins, la violer. Il en est le gardien. D'ailleurs, dans les réformes qui furent opérées, le texte en lui-même n'a jamais changé. Quelques détails seulement furent ajoutés. Tous les conseils de la législation sont une mise en garde contre l'imprévoyance, le caprice, la jalousie, les soupçons excessifs, les passions et surtout contre la folle autorité du Maître. Enfin, contre tout ce qui est susceptible de troubler la paix des frères. Elle redresse les défaillances et les consciences s'éclairent. Le Templier doit honorer tous les hommes et le Maître n'avoir aucune préférence.

Si la papauté exempta très tôt l'Ordre du Temple de la juridiction épiscopale, elle s'attacha surtout à établir et à confirmer les pouvoirs hiérarchiques. Pour certains de ceux-ci, les papes les étendirent si loin que les Templiers eurent rapidement une indépendance d'action très importante. Aussi, avant d'aller plus avant, devons-nous connaître la hiérarchie de l'Ordre.

L'autorité suprême de l'Ordre était le Chapitre. Les Chapitres étaient de trois sortes. Les Chapitres ordinaires se réunissaient toutes les semaines, « *partout où il y aurait quatre frères ou plus ensemble* », afin de juger des défauts commis contre la Règle et décider des gestions de la maison. Le Chapitre provincial, que certains textes appellent la Chambre prieurale, se réunissait toutes les fois que des litiges importants, concernant la vie de l'Ordre dans la Province ou la Langue, étaient signalés par les visiteurs ou les commandeurs. Le plus important des Chapitres était le Chapitre général. Il se composait du couvent, c'est-à-dire du conseil du Maître, des baillis ou chefs de Langue, des sous-baillis, des commandeurs de toute sorte et d'un certain nombre de chevaliers élus par les autres. Le principe de gouvernement synarchique se retrouve dans ce système. Ainsi, on discutait de l'administration interne de l'Ordre. C'est encore là que l'on ajoutait des articles ou des codes à la Règle sans strictement rien changer à son esprit. Et, fait plus important, c'est le Chapitre général qui procédait à la nomination des visiteurs, des officiers de l'Ordre. Ainsi, au début du mois de juin 1293, Jacques de Molay écrivit au roi Edouard d'Angleterre qu'il nommait Guy de Foresta visiteur d'Angleterre en attendant que le Chapitre général se réunisse pour le confirmer ou le changer. Il le nomme provisoirement à cause de sa prudence, de sa justice et par nécessité en accord avec les frères de sa maison — donc de son conseil — mais il devra recevoir cette provision par le Chapitre général « que nous allons célébrer ». Le Chapitre se réunira en effet à Montpellier le 10 août 1297.

D'autres tâches attendaient le Chapitre général. Il

servait de cour d'appel pour les cas litigieux, tant temporels que spirituels. Nous avons l'exemple de la commanderie de Peirasson, où un litige de propriété sera réglé. Pour ce qui touchait le spirituel, souvent le Chapitre renvoyait l'affaire directement au pape, afin de donner plus de poids aux décisions. Ainsi, en 1242, des contestations s'élevèrent entre les Templiers et les évêques d'Espagne au sujet des aumônes et de certaines fonctions ecclésiastiques des chapelains de l'Ordre. Le Chapitre provincial de Belchite renvoya cette affaire devant le Chapitre général qui se réunit à Tortosa en juillet 1243. Il faut croire que les dignitaires ne donnèrent aucune réponse. Le 17 août 1245, dans une bulle datée de Lyon, Innocent IV s'adressait aux archevêques, évêques, abbés, prieurs, doyens, archidiacres et autres prélats d'Espagne : les prêtres de leurs diocèses et territoires, sous peine de privation d'offices et de bénéfices, devaient laisser les chapelains du Temple et les frères dudit Ordre recouvrer les aumônes et prêcher l'indulgence de la croisade. Le pape demandait également qu'il n'y ait aucune rétention quand les fidèles faisaient leur testament en faveur des frères.

Les cas qui ne pouvaient attendre la convocation du Chapitre étaient souvent réglés par la Chambre prieurale ou Conseil privé, composé du couvent, des baillis et de quelques chevaliers choisis pour leur sagesse.

Le gouvernement de l'Ordre, s'il réside dans le Chapitre général, est présidé par le Maître qui représente tous les frères en dehors des sessions. Il est au sommet d'une hiérarchie solidement enracinée dans un système gouvernemental très spécial.

Malgré sa souveraineté puissante, le Maître reste soumis aux décisions du Chapitre dans lequel il n'a qu'une voix. D'ailleurs, le Maître du Temple n'est jamais souverain. C'est l'Ordre lui-même et le Chapitre.

Le Maître du Temple est élu par un Chapitre restreint, formé de chevaliers, de frères sergents et de chapelains. On remarque déjà que les Templiers sont les seuls à accepter les frères sergents — équivalents des frères convers — pour l'élection du Maître.

Comment est élu le Maître ? A la mort du Supérieur, le maréchal de l'Ordre le remplace pour un certain temps. Il lui incombe de réunir les baillis, le couvent les commandeurs de Province. Assemblés en Chapitre, ils élisent le Grand Commandeur. Son rôle est de liquider les affaires courantes et urgentes, et de convoquer le Chapitre général d'élection. Dans le cas où le Maréchal se trouve hors du royaume, de la terre de Tripoli ou d'Antioche, et que le Maître meurt en ces lieux, les fonctions de réunir et de convoquer les dignitaires, reviennent à l'un ou à l'autre des commandeurs de ces provinces. Il arriva ainsi que le Maître mourut dans la terre de Jérusalem en l'absence du Maréchal ; ce fut le Commandeur du Royaume qui convoqua les dignitaires. Mais tous doivent le faire savoir, en premier lieu, au Maréchal.

Le Grand Commandeur, c'est le titre donné par la Règle, est élu par tous les frères réunis. La phase d'élection magistrale commence alors. Le Grand Commandeur, le Sénéchal, le Maréchal, les commandeurs des trois provinces — Tripoli, Antioche et Jérusalem —, en compagnie des baillis et des frères jugés prud'hommes, se réunissent et prennent conseil les uns des autres. On constate que les frères se trouvant hors de la Terre Sainte ne participent pas aux élections. Le jour ayant été fixé, le Chapitre nomme un frère appelé le Commandeur de l'élection. Il doit être informé de toutes les affaires de l'Ordre et des besoins de chaque Province. Cette fonction revenait souvent au Sénéchal ou au Maréchal. Ainsi, André de Montbard et Gérard de Ridefort furent commandeurs de l'élection, et Thibaud Gaudin fut, à la fois, Grand Commandeur et Commandeur de l'élection.

Le Commandeur de l'élection et le Maréchal élisent : « *deux frères et ils seront quatre. Et ces quatre élisent deux autres frères et ils seront six, et ces six frères doivent élire deux autres frères et ils seront huit ; et ces huit frères doivent élire deux autres frères et ils seront dix et ces dix frères doivent élire deux autres frères et ils seront douze en l'honneur des apôtres. Et les douze frères doivent élire ensemble le frère chapelain pour tenir la place de Jésus-Christ.* » Le texte de la Règle précise ensuite que les treize frères doivent être choisis parmi tous les membres de l'Ordre ; ce Conseil comprendra huit frères chevaliers, les quatre frères sergents et le frère chapelain.

Ces treize frères doivent alors choisir le futur Maître, d'abord parmi les baillis ou commandeurs des terres d'Orient. Si le choix ne peut être fait sur un de ces personnages, on se tourne vers les autres terres, ce qui arrive assez souvent d'ailleurs.

Lorsqu'un frère est désigné, le Commandeur de l'élection lui demande de prêter obédience. Le Grand Commandeur lui dit : « *Si Dieu et nous t'avons élu pour Maître du Temple, promets-tu d'être obéissant tous les jours de ta vie au couvent, à tenir les bonnes coutumes de la maison et les bons usages ?* » Le nouveau Maître donne son accord. Une fois cette cérémonie terminée, le Commandeur de l'élection annonce au reste du Chapitre le résultat et le nom du nouvel élu. Les frères chapelains chantent alors le Te Deum, et le Maître, « *porté entre les bras des frères* », est conduit à la chapelle « *pour être présenté à Dieu* ».

Malgré sa souveraineté, le Maître n'a aucun pouvoir absolu. Son rôle est faible et son pouvoir se limite à présider les Chapitres et à ratifier les décisions prises par l'ensemble. Si l'autorité suprême de l'Ordre est le Chapitre général, les décisions de moindre importance sont prises uniquement suivant l'avis du conseil. Seul, le Maître ne peut rien. Il ne peut prendre aucune directive sans avertir ou consulter tel ou tel dignitaire.

Souverain puissant, il ne l'est qu'en sa qualité de représentant de l'Ordre. Il ne dispose de rien, pas même des avoirs de la maison. Il ne peut prêter plus de 1000 besans, sans l'autorisation de la communauté. Il ne peut donner une terre, ni l'aliéner ni prendre un château sans l'avis du Chapitre. Il en est de même pour la guerre ou la trêve.

En ce qui concerne le gouvernement, la Règle le restreint encore. Aucun dignitaire, ni Commandeur de Province ne peut être nommé directement par lui. Il est seulement autorisé à désigner, sans l'assentiment du Chapitre, les officiers inférieurs. Mais là encore, dit la Règle : *« il nommera sans Chapitre, mais suivant le conseil d'une partie des prud'hommes de la maison. »* De même pour la révocation : il ne peut rappeler aucun dignitaire.

Lorsque des dons sont effectués, il les dépose dans le « coffre de l'Ordre », en présence du commandeur de Jérusalem qui en fait l'inventaire. Il y a un va-et-vient continuel entre la Terre Sainte et l'Europe, la terre d'Outre-mer pour les Templiers. Toutes sortes de richesses, or, argent, tissus, vêtements, armures, harnais, chevaux, tout le nécessaire, voyagent sur les navires du Temple.

Les attributs du Maître sont la *Bulle* et la *Bourse*. La Bulle n'est autre que le sceau, seul signe de son autorité. On connaît environ une soixantaine de sceaux du Temple représentant les quatre effigies traditionnelles : le Temple surmonté d'un dôme, le plus ancien ; les deux chevaliers montés sur un cheval, la lance en arrêt ; le plus courant est la croix patée à pied fiché, le moins courant étant l'Agnus Dei.

Lors des réceptions, le Maître est obligé d'obtenir l'autorisation du Chapitre. Lors d'une réception *ad mortem*, s'il n'y a pas de Chapitre, le Maître doit, tout de même, prendre avis et conseil des frères présents.

Pour terminer, la Règle signale certains détails domestiques concernant le Maître. Ainsi, il ne peut manger dans sa chambre que lorsqu'il vient de chevaucher, après la saignée ou lorsqu'il invite des chevaliers ou autres personnages. Quand il est malade, il peut être couché dans sa chambre au lieu de l'infirmerie. Les robes que le Maître ne met plus doivent être données aux lépreux où elles seront le mieux employées. S'il donne une robe à un frère, il devra, néanmoins, en donner une supplémentaire aux lépreux. Les règlements ou statuts concernant le Maître se terminent par une phrase des plus importantes : *« Tous les frères doivent être obéissants au Maître, et aussi le Maître doit obéir à son Chapitre. »* Nous avons là le résumé des rapports entre les deux autorités.

Le deuxième personnage de l'Ordre, suivant directement le Maître, est le Sénéchal. C'est le plus inconnu des dignitaires de l'Ordre. Effacé entre le Maître et le Maréchal, on peut se demander quel est son rôle. Bien souvent, c'est lui qui, aux élections, est élu pour succéder au défunt. Le Sénéchal le plus connu fut André de Montbard.

Comme le Maître, il a droit à quatre montures, avec un palefroi au lieu d'un mulet. Sa maison se compose de deux écuyers, un diacre-écrivain pour réciter les heures, un écrivain sarrasin, deux garçons à pied, un frère sergent et un turcopole. Il a aussi, comme le Maître, un compagnon de rang qui le suit partout et en toutes circonstances.

Remplaçant le Maître en tous lieux où il est absent, le Sénéchal peut sceller les actes avec une bulle identique. Au camp, il loge dans une tente ronde, arbore le gonfanon, le fameux étendard argent et sable.

Parlant de Baussant, nous devons donner une explication.

La bannière du Temple n'est pas un mystère. Elle ne possède rien de caché et sa symbolique est des plus simples. Le mot « Baussant » signifie : bi-partie, à deux couleurs. D'ailleurs, la Règle dit toujours le gonfanon baussant. Les Templiers avaient le noir et le blanc, comme aujourd'hui le Vatican emploie le jaune et le blanc, Monaco le rouge et le blanc, et la Pologne le blanc et le rouge. On ne dit pas le Baucéant mais Baussant. C'est Jacques de Vitry qui nous parle du pavillon du Temple en écrivant dans sa chronique que les « *Templiers portent une bannière noire et blanche, qu'ils appellent Baucent, pour signifier qu'ils sont francs et bienveillants pour leurs amis, noirs et terribles pour leurs ennemis. Des lions en guerre, des agneaux en paix.* »

Comme le Maître, le Sénéchal peut offrir des cadeaux : un palefroi ou un mulet, une selle de guerre, une coupe d'argent ou une robe de vair ou d'écarlate. Là encore, le Sénéchal devra demander conseil. Déjà la hiérarchie est marquée : le Maître peut donner une coupe d'or ou 100 byzantins.

Le troisième personnage de l'Ordre a une tâche des plus importantes, car il occupe plusieurs fonctions. Il s'agit du Maréchal. Il est responsable de la discipline. Il fait lui-même l'appel des chevaliers réunis pour la messe, pour les heures des offices ou au combat. Il distribue le travail de la journée, même en présence du Maître. Les Retraits du Maréchal sont des plus complets. En temps de guerre, il commande le couvent sous les ordres suprêmes du Maître. Portant lui-même le gonfanon baussant, en signe de ralliement, pendant le combat, il fournit la pointe lorsque la charge s'affaiblit.

Son rôle militaire, en temps de paix comme en temps de guerre, l'oblige à veiller à l'entretien des chevaux et autres bêtes de selle ou de somme du couvent ou de la caravane. Les armes, armures et harnais prêtés aux frères ou même en dépôt, sont sous sa garde. Comme le Sénéchal, il a droit à quatre chevaux dont un turcoman. Il a deux écuyers et se fait suivre par un sergent et un turcopole. Dans les caravanes ou sur les champs de bataille, on le reconnaît à sa tente. Elle n'est pas ronde et elle porte le nom « d'aiguiller », sorte de pavillon auquel est accolée la « grebeleure », petite tente ronde pour ses écuyers.

Toutes les armes, achetées ou données, sont à sa charge et « *tout le butin ayant rapport aux armes, même s'il est acheté aux enchères doit aller en la main du Maréchal.* » S'il est utile d'acheter des chevaux ou des mulets, il le fait savoir au Maître qui lui donne l'argent nécessaire.

Mais la valeur des cadeaux diminue : il ne peut offrir qu'une selle qui ait déjà servi et « *aussi d'autres menus harnais.* »

Le Marèchal peut tenir le Chapitre lorsque le Maître et le Sénéchal sont absents et que le Grand Commandeur n'a pas été désigné. Il nomme, après avis des prud'hommes, le Gonfanonier et le Sous-Maréchal qui sont toujours des frères sergents. En temps de guerre il réunit la troupe de chaque lieu ; les commandeurs lui doivent obéissance et se chargent de rassembler leurs bestiaux, pendant que les frères sergents se mettent sous les ordres du turcopolier. Tous les combattants sont aux ordres du Maréchal.

Le commandeur de la Terre de Jérusalem est le trésorier de l'Ordre, et non pas le commandeur de la ville de Jérusalem, comme il a été dit improprement. C'est lui qui recueille tous les avoirs, tant d'Europe que des terres d'Orient. Il a la garde du trésor et ne peut disposer des réceptions financières tant que le Maître ne les a pas comptées. Il fournit le nécessaire à la draperie. Aux grands donateurs de la maison, il peut offrir un palefroi, un mulet ou une coupe d'argent, une robe de vair ou de brunette, ou encore une toile de Reims.

Les commandeurs des autres maisons doivent obligatoirement verser au trésor tous les revenus de 100 byzantins et plus. Les revenus inférieurs sont affectés aux besoins de la maison. Lorsqu'un legs est fait en mer, de grand ou de petit avoir, il est versé au trésor.

Après une bataille, le butin, comprenant bêtes de somme, esclaves et le bétail gagné par les maisons du royaume, est mis à la disposition du commandeur de la Terre. Les bêtes de selles, les armes et les armures, à celle de la Maréchaussée.

La marine est sous les ordres du commandeur de la Terre et du commandeur de la voûte d'Acre, qui a titre d'Amiral de la Flotte. Toutes les cargaisons appartiennent au commandeur de la Terre.

A la lecture de la Règle, on imagine mal l'importance des Retraits. Ils règlent toute la vie de l'Ordre au travers des dignitaires. Assurément, la majeure partie de ce code juridique concerne la Terre Sainte. S'il est généralement discret, il s'y trouve aussi quelques points particuliers, comme l'article terminant les retraits du commandeur de la Terre : « *Si le Commandeur veut faire garnir une selle dans la Maréchaussée, ou pour son corps ou pour un ami de la maison, il peut le faire, mais pas trop souvent. Le Commandeur du Royaume ne doit pas faire de grandes invitations ou cadeaux aux gens du siècle, ni aux chevaliers, si le Maître est présent, à moins que ce ne soit à des amis de la maison, en privé. Mais en l'absence du Maître il peut le faire.* » Ce texte prouve encore la restriction apportée à chaque charge des dignitaires. Cependant, le législateur reconnaît les fonctions de chacun. Pour les quartiers d'hiver, le Maréchal prend conseil du commandeur de la Terre, afin de placer les hommes. Ceci uniquement parce que le commandeur connaît les ressources de chaque maison. De même, les commandeurs des Terres de Tripoli et d'Antioche ont, en dehors du rôle de trésorier, les même prérogatives que celui de la Terre de Jérusalem. Chacun de ces commandeurs se doit, lorsque le Maréchal est sur ses terres, de mettre à sa disposition les bêtes de somme nécessaires à transporter son aiguiller, son orge ou son chaudron.

La fonction de Drapier n'est pas réservée à un commandeur. Nommé par le Chapitre, il fournit aux frères les vêtements, la literie, tout ce qui est utile à l'habillement, jusqu'aux chaussures. A lui d'ouvrir les envois des maisons d'Europe en tissus ou en robes. Il reçoit aussi les cadeaux adressés aux frères. Toujours à son propos, on trouve dans les Retraits un passage assez curieux : *« il doit prendre garde que tous les frères aient les cheveux coupés. Dans le cas où un frère ne serait pas coiffé comme il faudrait, le Drapier pouvait lui ordonner d'aller au tailleur de cheveux, le frère doit alors lui obéir. Car après le Maître et le Maréchal c'est au Drapier qu'ils sont le plus tenus d'obéir. »*

Le Drapier assiste aux réceptions des frères, car c'est lui qui prépare la robe et le manteau pour la cérémonie ; il doit recevoir les habits séculiers, sauf ceux de vair ou d'écarlate. Si le nouveau frère possède de l'argent, le Drapier garde une somme égale à 10 byzantins et remet le reste au Trésorier.

Nous avons dit que la règle française dut être élaborée au milieu du XIIe siècle. Cela est prouvé par le fait que nous trouvons dans les retraits le commandeur de la Ville de Jérusalem. Or, Jérusalem fut reprise aux chrétiens en 1187 et la fonction dut cesser en tant que telle, et non pas dans le rôle d'hospitalier qui lui revenait de droit. Nous retrouvons là le rôle primitif des Templiers : protéger et aider les pèlerins se rendant dans les lieux de pèlerinage de Terre Sainte. Le commandeur de la Ville a dix frères chevaliers sous ses ordres pour conduire les pèlerins sur les rives du Jourdain.

On peut se demander pourquoi la Règle du Temple cite la garde des routes qui vont au Jourdain. Il s'avère que les lieux de pèlerinage se situent sur le fleuve qui marque la frontière entre le royaume franc et les musulmans. Après la perte de Jérusalem, les pèlerins n'iront plus se baigner à l'emplacement où le Christ fit étape. Ils se contenteront de la côte méditerranéenne et des sites de la Galilée avec Nazareth.

Directement sous les ordres de l'Hospitalier, se place le commandeur des Chevaliers. Il a le privilège de garder la Croix. La Règle dit que le commandeur de Jérusalem et ses dix chevaliers, lorsqu'ils sont en chevauchée, doivent garder, nuit et jour, la Vraie Croix. La nuit surtout, deux frères doivent veiller particulièrement sur elle. La règle catalane parle alors de cette Vraie Croix. A la veille de la bataille désastreuse et décisive de Hattin, « un frère chevalier chargé de la garde, ensevelit la relique dans le sable afin que les musulmans ne puissent s'en emparer. La bataille se déroula et l'on ne pensa plus à la Vraie Croix. Longtemps après, ce même chevalier, qui avait échappé au massacre de son couvent, se présenta au roi de Jérusalem, Henri, et demanda un guide, car il pouvait retrouver la relique sur le champ de bataille, l'ayant enfouie lui-même dans le sable. Ayant fait appel à un sergent, qui était né dans le pays, il partit, de nuit, pour ne pas être surpris par les Sarrasins, et ils cherchèrent. Cela se fit pendant trois nuits, en vain.

Les Turcs, ayant appris cette recherche, se vantèrent ensuite de posséder la « relique ». Le copiste ou narrateur continue son récit, en doutant de l'affirmation des Turcs : la relique resta dans les sables où le Templier l'avait enterrée. La règle catalane confirme ainsi les données de Calvin au sujet de la Vraie Croix.

Le commandeur de la Ville peut faire des cadeaux aux frères de la cité comme aux séculiers. Aux frères, il peut donner chevaux et mulets, et aux séculiers une selle turque. Pour le butin, il a droit à la moitié, uniquement lorsque la guerre a lieu au-delà du Jourdain ; sinon, il ne reçoit rien. Tout revient au commandeur de la Terre. Ses pouvoirs juridiques se limitent à la Cité, et seulement en l'absence du Maréchal. Les pouvoirs des chapelains et des commandeurs des maisons, ne dépassent pas les limites de leurs maisons, châteaux, forteresses ou commanderies. Aucune construction ne peut être entreprise de leur propre chef, sans autorisation soit du Maître et de son conseil, soit des commandeurs de province dans les terres d'Europe. Seule leur est permise la réparation ou la réfection des bâtiments ; et encore, si cela demande une dépense importante, une décision doit être prise par le conseil du bailli ou du chapitre de province. C'est ce que nous pouvons lire au travers des actes concernant la commanderie de Coulommiers, de Vaour ou de certaines maisons de la Péninsule Ibérique. Il en est de même lors de la reconstruction de la forteresse de Saphet, totalement prise en charge par Benoît, évêque de Marseille, alors en pèlerinage en Terre Sainte. Le Maître lui répondit qu'il ne pouvait accepter sans avoir pris conseil du Chapitre, ce qui fut fait d'ailleurs.

Viennent ensuite les commandeurs des chevaliers. Jusqu'à présent, on a toujours cru qu'il n'y avait qu'un seul commandeur des chevaliers. Or, il s'avère, d'après le texte de la Règle et certains actes de Terre Sainte, que lesdits commandeurs étaient les lieutenants du Maréchal et se trouvaient à la tête de dix chevaliers.

Leur équipement est le même que celui des chevaliers. Seule différence, ils peuvent tenir chapitre. Puis, la Règle aborde les statuts des frères chevaliers et des frères sergents, les plus intéressants par leurs détails. Les traductions françaises sont très confuses. Le texte catalan est plus clair et ordonné. Aussi avons-nous choisi ce dernier texte qui n'altère en rien les précédents.

Chaque frère chevalier a droit à trois montures et à un écuyer, avec un quatrième cheval et un second écuyer par faveur du Maître. L'habillement, en campagne, se compose du haubert et de chausses, le tout fait de mailles entrelacées sur des lanières de cuir tressées. Ils se coiffent soit du heaume, soit du « chapeau de fer ». La Règle note l'archaïsme du heaume qui n'a pas encore de visière mobile. Le « chapeau de fer » est plat, en général, et laisse le visage découvert, tandis que le heaume le protège par deux lames de métal. On a souvent cité, dans la tenue du Temple, la coiffe de mailles. Or, cette coiffe n'est autre que ce que la Règle appelle le « capuce de guerre ». Elle s'ajoute à la panoplie combattante du Templier et se place sous le casque ou le chapeau de fer. Elle est souvent fixée à une calotte ronde, en cuir.

En dehors de ces protections de la tête, les chevaliers endossent les espalières, sorte de jaquette rembourrée et placée sous la cotte de mailles. Le mot dit bien ce qu'il veut dire : c'est la protection des épaules. Les Gestes chypriotes laissent entrevoir qu'au combat les Templiers sont vêtus d'un manteau et d'espalières. Cependant les divers articles des retraits ayant des rapports avec l'habillement, nous décrivent le « trousseau ». La cotte de mailles avec coiffe enveloppe la tête. Les jambes sont protégées par des « chausses à mailles ». Ces deux termes sont les premiers employés. Le harnachement se complète par divers instruments que nous décrivons à partir des exemplaires conservés dans certains musées ou quelques collections particulières, principalement en Espagne :

— L'épée : droite et à deux tranchants ; à pointe arrondie et permettant de frapper uniquement de taille.

— L'écu : bouclier triangulaire à deux côtés, légèrement courbés, en bois et couvert de cuir.

— La lance : composée de la hauste en bois et du fer au bout.

— La masse turque : tête de fer à côtés saillants, fixée au bout d'un manche en bois très long.

— L'armure : composée du « jupon d'armer » qui n'est autre que la cotte d'arme recouvrant l'armure, l'espalière pour les épaules et les souliers d'armes.

— trois couteaux : un d'arme qui n'est autre que la dague portée du côté droit de la ceinture.

un pour le pain, le petit couteau appelé « tranche-pain ».

un canif, petit morceau à lame droite.

En dehors de ces ustensiles, le chevalier templier a des couvertures pour chevaux que l'on met sous la selle afin de ne pas blesser la monture, deux chemises en fil qui ont la forme d'une tunique courte, deux braies, caleçon flottant retenu par une ceinture de toile, deux paires de chaussures dont une au moins avec semelle de cuir. L'habillement proprement dit se compose d'un justaucorps à deux pans, comme on le voit dans diverses pièces des collections d'Espagne. Par-dessus, le chevalier se reconnaît à son grand manteau blanc. En dehors de cette tenue de campagne, le templier a une tenue de la maison : le grand manteau enveloppant tout le corps et rattaché sur la poitrine par une agrafe ou une bride et une tunique à manches étroites.

La literie du frère se compose de la paillasse, d'un drap, d'une couverture de laine légère et d'une autre plus épaisse en laine aussi. Cette dernière est appelée « carpite » ; c'est la grande couverture musulmane qui sert contre le froid, la pluie, le soleil, et protège même les chevaux.

En déplacement, cet attirail est contenu dans deux sacs : un pour la literie et le linge de rechange, l'autre pour les espalières, la cotte d'armes. Un autre sac, fait de maille de fer, sert à transporter l'armure.

Comme autre linge, le chevalier a une « toile » pour manger et une autre pour se laver. Une carpite pour cribler l'orge. Il peut en plus avoir une « chemise » pour son cheval, servant uniquement à arrêter les rayons du soleil et à tamiser la chaleur. La batterie de cuisine se compose d'un chaudron pour cuisiner, d'un bassin pour mesurer l'orge. On peut lui permettre d'avoir aussi une hache et une râpe. On doit, en outre, ajouter deux hanaps — la large coupe du Moyen Age —, deux flacons-bouteilles plats et évasés que l'on porte à l'aide de courroies, une louche et une cuiller, une longe, deux cingles dont une se termine par une boucle, un chapeau de coton et un autre de feutre, trois paires de besaces, une pour lui et deux pour ses écuyers, une grebeleure ou petite tente avec le chevalet, outil nécessaire pour enfoncer les piquets. Le tout entassé, avec un soin rigoureux, sur le dos de la bête de somme.

Les frères sergents n'ont qu'un cheval ; sauf la tente et le chaudron, ils ont le même équipement que les frères chevaliers. Néanmoins, quand ils ne chevauchent pas, le haubert est plus léger et est remplacé par ce que la Règle appelle « l'Hauberjon sans manicles », c'est-à-dire sans manches, et leurs souliers ne sont autres que les chausses.

Après cette énumération, les retraits apportent des détails de moindre importance, d'ordre pratique et domestique. Un frère du couvent pourra donner une tenue qu'il aura portée au moins un an ; une cotte, un vieux jupon, une chemise, des braies et des bottes courtes, une lanterne si c'est lui qui l'a faite, un cuir de daim et un manteau en peau de chèvre.

Quant aux interdictions, aucun frère ne peut se baigner, ni se saigner, ni prendre médecine, ni aller en ville, ni galoper avec son cheval sans permission. Et là où il n'est autorisé à se rendre il ne peut envoyer ni son écuyer, ni son cheval. Au dortoir, il ne peut se reposer ailleurs qu'à sa place. Lorsqu'il est en chevauchée, il est obligé d'être à sa tente, sauf autorisation. La permission est obligatoire pour aller dans les quartiers où logent les gens du siècle. La seule chose permise est de dresser les tentes à plusieurs, les pans relevés, pour avoir plus de place.

Les frères sergents n'étaient pas si détestés qu'on a voulu le faire croire. Parmi eux cinq occupaient des dignités : le Sous-Maréchal, le Gonfanonier, le Frère Queue du couvent, le Maréchal-Ferrant et le Commandeur de la Voûte d'Acre. Ce dernier était l'Amiral de la Flotte. Chacun peut avoir deux bêtes et un écuyer, et la Règle précise bien qu'ils peuvent ensuite être commandeur d'une maison.

Le Turcopolier, lui, a la charge des cavaliers indigènes, avec ou sans armes. Les frères sergents sont placés sous son autorité. Chef des éclaireurs, il est accompagné d'une escorte de chevaliers. Au combat, il est soumis directement aux ordres du Maître ou du Maréchal avant de lancer ses escadrons. Il ne peut ni charger, ni attaquer sans les commandements des deux chefs de combat.

La règle catalane, si bavarde, nous apprend qu'un Turcopole est engagé à trois byzantins annuellement. Le Turcopolier lui fournit en hiver le nécessaire pour se couvrir, mais en été il peut aussi lui faire la charité. S'il est engagé uniquement à solde, il fournit son harnais. Quelquefois, il arrive aussi qu'il s'engage avec son cheval. Dans ce cas, il touche le sou et le restou, espèce de solde donnée au cheval, mais qui ne doit pas dépasser la valeur du cheval.

Les directives pour l'établissement du camp sont des plus intéressantes. Avant toute chose, on choisit le lieu où sera érigée la chapelle. Tous les frères doivent s'installer autour. A côté, se dresse la tente ronde du Maître, avec les aiguillers du Maréchal, du commandeur de la Terre et du commandeur de la Viande, c'est-à-dire de l'Intendance. Au cri de « Hébergez-vous, seigneurs frères, de par Dieu », chaque frère monte sa petite tente.

Une fois le camp dressé, le Maréchal donne les ordres pour le fourrage et le bois. Chaque cavalier envoie un écuyer avec sa monture, après avoir pris soin de recouvrir la selle d'un grand manteau velu pour éviter le craquèlement des cuirs ; la selle de guerre ne peut être utilisée sans permission. Les corvées terminées, et au cri de « Aux livraisons », les frères agrafent leur manteau et vont, l'un après l'autre, chercher ce que *« de par Dieu on voudra leur donner. »*

Pour les repas, le commandeur de la Viande fait savoir au sergent du Maître que les frères peuvent manger. Le Maître est servi en premier et *« l'on doit lui donner ce qu'il y aura de plus beau.* » Les frères devront recevoir des rations égales. Il est défendu de se procurer des vivres, sauf les poissons, « *les oiseaux et les bêtes sauvages, s'ils savent les prendre sans chasser, car la chasse est défendue.* »

Lorsque le camp est levé, personne ne doit seller les chevaux, ni monter, ni quitter sa place tant que le Maréchal n'en a pas donné l'ordre. Les ustensiles sont mis au bât des bêtes de somme : chevilles des tentes, flacons vides, haches, corde, seau. Si un frère veut parler au Maréchal, il y va à pied. Une fois l'ordre donné de monter les chevaux, les frères doivent regarder s'ils n'oublient rien. Lorsque la troupe est enfin engagée, chaque frère chevauche derrière son écuyer et son équipement. Quant aux chevaliers laïcs, — est-ce pour une plus grande surveillance — la coutume voulait que l'écuyer marchât derrière son seigneur.

Si la chevauchée a lieu de nuit, comme au couvent, le silence est de rigueur, cela jusqu'après l'office de Prime du lendemain, sauf en cas de nécessité. Pendant la journée, si deux frères veulent se parler, celui qui est en avant vient à l'arrière. Si un frère chevauche à côté de la troupe, il doit se déplacer sous le vent, afin que la poussière ne dérange l'assemblée.

Aucun frère ne peut s'éloigner de la route, pour abreuver sa monture ou pour toute autre raison, sans permission. S'ils passent une rivière, les frères peuvent faire boire leurs bêtes, en prenant garde de ne pas boucher le gué au reste de la troupe. En temps de guerre, ils ne doivent pas s'arrêter, sauf si le Gonfanonier en a donné l'ordre. Si le cri de guerre retentit pendant une chevauchée, les frères les plus près montent leurs chevaux de combat, prennent leurs écus et leurs lances, et se tiennent prêts, en attendant les ordres du Maréchal.

Les tactiques de guerre des Templiers sont quelquefois citées dans la Règle. Ainsi, toute les routes de la Palestine étaient jalonnées en étapes d'une journée de cheval. Chaque étape se terminait par une commanderie, un casal, un terrain de bivouac. Cela était nécessaire aux patrouilles de l'Ordre qui parcouraient la région située entre Gaza et les monts d'Arménie.

Le Sous-maréchal a la garde du Gonfanon, à côté du Maréchal, jusqu'à l'attaque. Au moment de charger. le Maréchal prend l'étendard. N'étant plus en état de défense, il s'entoure de cinq ou six chevaliers — il peut en demander dix. Il nomme alors un commandeur des chevaliers, lequel porte enroulé autour de sa lance un deuxième gonfanon, dans le cas où le premier serait enlevé ou déchiré par l'ennemi. Si le Maréchal est blessé, c'est le commandeur qui se fait protéger et fournit alors la pointe.

Il est strictement interdit d'abaisser l'étendard et de s'en servir comme lance ; la Règle est très sévère à ce sujet. Le mal est si grand que le coupable sera mis aux fers ; il ne pourra plus porter le gonfanon baussant, ni être commandeur des chevaliers ou commandeur de maison. Ce geste signifierait en effet pour les combattants éloignés que les Turcs ou les ennemis se sont emparés de l'étendard, et les frères quitteraient le champ de bataille. Or, personne n'en peut partir tant qu'il aperçoit le gonfanon ; s'il partait, il serait déchu pour toujours. Et la Règle va plus loin, elle interdit à tout chevalier d'abandonner un champ de bataille tant qu'il y a un gonfanon chrétien.

S'il advient qu'un frère se trouve séparé des siens et qu'il ne puisse rejoindre son gonfanon, il doit rallier la première bannière chrétienne, de préférence celle de l'Hôpital. Au cas où le combat tourne « à la déconfiture », aucun frère ne doit quitter le champ de bataille pour retrouver sa garnison tant qu'il y a un étendard chrétien « déployé ». Lorsque le dernier aura été abaissé, à ce moment seulement, il « *pourra tourner sa bride et pourra se réfugier où Dieu le conseillera.* »

Ainsi se termine cette partie de la Règle traitant des retraits et pouvoirs des dignitaires et des chevaliers, en un mot, des obligations de chacun.

CHAPITRE V

LA VIE DU TEMPLIER

La Règle du Temple subit plusieurs retouches au cours de l'existence, relativement brève, de l'Ordre : des changements de forme, des ajouts, au fur et à mesure de l'évolution du droit et de l'observance du Gouvernement.

Le rédacteur de la Règle, en dehors des retraits et de la traduction de la Règle primitive, s'exprime sur un ton familier, tout en restant effacé, employant le « nous » au lieu du « je ». Il retrace la vie quotidienne du couvent, depuis les Vigiles — Matines — jusqu'au coucher. Il énumère les offices religieux. Pour les frères dans les territoires de combats, il précise quelques données sur la vie militaire.

Pour les commanderies situées hors des pays de conquête, nous avons la chance d'avoir des textes qui racontent la vie du templier. Quelquefois, certaines entorses à la Règle, permettent de juger d'une relative indépendance des commanderies, sans toutefois être hors de la légitimité.

En dehors de la vie conventuelle, le rédacteur traite

de la tenue ordinaire des Chapitres et des peines infligées aux fautes contre la Règle. Cet ensemble, malgré sa composition, paraît avoir été jeté sur le parchemin à la suite, sans classement.

Le traité de la vie conventuelle est suivi des Egards, ou code pénitenciel, traduisant les divers jugements donnés dans les chapitres. Cette partie ne put être ajoutée qu'en 1221, au Chapitre Général d'Acre, après une série de chapitres provinciaux, ainsi qu'en témoignent les textes : 1217, Tomar, Lisbonne, Zamora ; 1218, La Rochelle, Ponthieu, Monzon : 1219, Paris, Londres, Carlat, Montpellier, Mas Deu, Monzon, Calatayud, Alberstadt.

La dernière compilation d'articles dut être effectuée entre 1257, année de l'invasion tartare, et 1267, perte définitive de Gastein. Ce qui nous permet d'établir ces dates approximatives est que le texte ne parle aucunement de la prise du Château d'Arménie, alors que la règle catalane, écrite plus tard, l'évoque longuement. Celle-ci dut être composée au chapitre de Barcelone en 1287, car elle signale des faits qui se passèrent en 1273-1278.

Les statuts conventuels sont-ils plus anciens que les Egards ? Il le semblerait. Ils dateraient de la réforme entamée par Philippe du Plessis après la révolte interne de certains dignitaires. Les retraits paraissent beaucoup plus récents et nous pourrions les dater du Chapitre général de 1247, donc durant les années de trêve qui suivirent la croisade allemande de Frédéric II.

Cette période fut aussi celle de la réforme liturgique de l'Ordre. Le Santoral fut complètement bouleversé. Saint Hilaire conserve son rite de fête, saint Bernard passe d'un rite simple à un rite supérieur, sans être une grande fête. De cette époque date également les enluminures du bréviaire de l'Ordre et de la transcription du psautier de Trèves.

Les deux parties de la Règle qui nous intéressent maintenant, si elles se ressemblent par le style, sont différentes de ton. Le rédacteur des Egards, partie la plus récente, parle avec autorité et n'hésite pas à donner sa propre opinion, disant « je » là où le rédacteur des statuts dirait « nous ».

La journée du Templier commence par les matines. Quand la cloche sonne, chaque frère doit aussitôt se lever, « se chausser et revêtir son manteau et aller au moustier pour entendre le service. » Comme il a été déjà dit, les frères fatigués peuvent, avec la permission du Maître, « ou celui qui tient sa place », rester couchés et dire un certain nombre de patenôtres. A quelle heure se célèbrent les matines ? Selon les actes de la Commanderie du Bayle en Provence, à minuit, les Templiers se rendent à la chapelle habillés et non en chemise. Cette précision laisse penser que le cas dut se présenter. Ils doivent chausser les souliers, porter l'aumusse, sorte de coiffe liturgique, et être recouverts de leur manteau. Les frères devront toujours être vêtus de cette manière et porter les habits suivant la saison.

Bien sûr, les matines sont chantées par les chapelains dans les grandes maisons ; dans les petites, elles sont seulement récitées. Pendant ce temps, les frères qui ne connaissent pas le latin, chose courante à l'époque, récitent treize patenôtres en l'honneur de Notre Dame et treize pour le jour. Ils peuvent ne pas les dire puisqu'ils écoutent l'office des chapelains, « mais la plus belle chose est qu'il les dise. »

Lorsque « les frères partent de matines, chacun doit aller regarder ses bêtes et son harnais ; s'il est dans un lieu où il puisse aller et s'il y a quelque chose à redresser, il doit le redresser ou le faire redresser. Et s'il a besoin pour parler à son écuyer, il doit lui parler bellement, et après il peut aller se coucher. Quand il sera couché, il devra dire une patenôtre. »

Nous constatons que le texte de la Règle est en accord parfait avec le texte de la commanderie cité plus haut. Aussi pouvons-nous condamner les hypothèses selon lesquelles les Templiers se levaient vers quatre heures du matin et ne se recouchaient plus, comme chez les cisterciens, puisqu'ils en suivaient la Règle. Cela est complètement inexact. Et nous voyons, encore une fois, le parallèle minutieux qui existe non pas avec les observances de Cîteaux, mais avec la règle de saint Benoît.

Une constatation, dès ce premier article : la pratique religieuse est étroitement liée à la vie guerrière du chevalier, comme en témoigne la minutie avec laquelle tout est ordonné, cette discrétion dans la discipline. Tout doit être digne, bien fait, et selon l'expression que l'on rencontre trois cent quatre-vingt-douze fois dans le texte : « bellement et en paix. » Les frères doivent parler, faire telle chose, écouter, recevoir « bellement et en paix. » Courtoisie et élégance morale sont aussi l'enseignement de la Règle lorsqu'elle leur laisse la liberté de conduite, ce qui n'est pas rare.

Quand la cloche de prime sonne, les frères doivent se lever rapidement, s'habiller et se chausser, et aller à l'église pour entendre l'office de prime, la messe, les deux offices de tierce et l'heure de midi qui n'est autre que sexte.

Le second lever — le premier étant celui des matines — a lieu à cinq heures du matin l'été et à six heures l'hiver. Vers huit heures, les offices terminés, les Templiers des maisons de combat qui n'ont reçu aucun ordre ou n'ont pas de service, vont réparer et appareiller leurs armures et leurs harnais, ou couper les pieux et piquets de tentes. Les frères ne doivent pas rester inoccupés, de peur que l'ennemi (Satan) ne les assaille et leur donne de mauvais désirs, de vaines pensées. Dans les maisons situées en lieu de paix, ils vaquent aux besoins administratifs et temporels.

A l'heure du déjeuner, le premier repas de la journée, les chevaliers mangent à la première table, une seconde étant réservée aux sergents. Mais les frères ne peuvent venir au réfectoire que s'ils ont entendu les offices et dit les soixante patenôtres obligatoires : trente pour les bienfaiteurs vivants, et trente pour les morts.

Une fois à leur place, ils doivent attendre que toute la commanderie soit là et regarder s'il ne manque rien : pain, vin, eau et ce qui est prévu « au menu ». Le prêtre chapelain, s'il y en a un, donne la bénédiction, tandis que chaque frère dit, debout, une patenôtre. Ce rite terminé, il peut s'asseoir et commencer à manger.

Pendant le repas, un frère fait la lecture, afin que les autres soient nourris matériellement et spirituellement. Le silence doit être observé, même s'il y a des personnes séculières invitées.

Les frères mangent ce qui est servi à la communauté, mais il y a toujours un choix dans les mets. Le jour où la viande est permise, le Maître ou le Commandeur met à part ceux qui ne mangent pas de bœuf, afin qu'on lèur donne du mouton, et vice-versa. En général, on donne « deux sortes de viande à tous les frères pour que ceux qui ne mangent pas de l'une mangent de l'autre ». La Règle pense que si les maisons en ont en abondance, on peut servir trois sortes de viande.

Les frères peuvent aussi demander la viande des serviteurs, mais cela ne doit pas se faire trop souvent ; si l'on mange de ce mets, on ne doit pas en demander d'autre. La Règle est explicite : « Quand les frères mangent au couvent, nul ne doit donner de la viande qui est devant lui, ni pain, ni autre chose, à aucun homme ni à aucun oiseau ni à nulle autre bête. » De même pour la boisson. Les seules personnes autorisées à boire dans la coupe d'un frère doivent être dignes de manger au couvent.

Après le repas, le clerc dit : « Tu autem Domine ». Personne ne doit rester au réfectoire. Une fois la patenôtre traditionnelle récitée, les frères se rendent à la chapelle pour les grâces.

Les grâces terminées, les frères vaquent à leurs occupations, mais doivent répondre à chaque tintement de cloche. L'après-midi est coupé par les offices de none et de vêpres. Tous les frères sont dans l'obligation d'assister à vêpres. La Règle prévoit trois cas d'absence : le boulanger « s'il a la main dans la pâte », le forgeron s'il a un « fer bouillant au feu », et le maréchal ferrant « s'il ferre un cheval ». Mais, dès leur travail terminé, ils doivent se rendre au moutier « ou là où l'on chante les heures ».

Après les vêpres se place le souper, les jours où il y a deux repas ; pendant les jours de jeûnes, un seul repas est prévu après cet office.

Quand sonne la cloche des complies, tous les frères, cette fois sans exception, doivent se rassembler. Si le Maître l'a accordé, ils peuvent boire et manger du vin et du pain trempé. De même, si c'est une coutume de la maison. Après cela, tous doivent entendre l'office. Les complies chantées, les frères vont voir une dernière fois leurs bêtes et leurs armements. S'ils doivent dire quelque chose à leurs écuyers, ils le feront « bellement » et avec discrétion. Puis, ils peuvent aller se coucher. Le silence est recommandé jusqu'à l'office de prime.

Les Templiers jeûnent tous les vendredis, de la fête de la Toussaint à Pâques. Si la fête de Noël tombe un vendredi, ils pourront manger de la viande en honneur de ce jour. Le jeûne est aboli aussi le jour de l'Epiphanie, de la Chandeleur, et de saint Mathias l'apôtre.

Le jeûne est obligatoire, en dehors des vendredis,

durant les « deux grands carêmes ». Le premier, du lundi d'avant la Saint-Martin, jusqu'à la veille de Noël, le second du Mercredi des Cendres à la veille de Pâques. Chaque frère est tenu de jeûner aussi à la veille de certaines fêtes et pour les quatre-temps. En dehors des jours prescrits par la Règle, il est strictement interdit de jeûner sans autorisation.

Durant ces périodes, la viande est remplacée par le poisson frais ou salé, les dimanches, mardis et jeudis. Les autres jours de la semaine sont maigres. Mais, si le commandeur achète du poisson de sa bourse pour les lundis ou mercredis, il n'y a qu'un seul plat, le second étant remplacé par l'achat. Le vendredi sont servis un plat cuit et un plat d'herbes crues.

La surveillance du réfectoire incombe au commandeur du palais. Il surveille les écuyers servants et veille à ce que toutes les portions soient égales. Au contraire des moines, le templier peut offrir de son écuelle à ses voisins « tant qu'il peut étendre son bras. » Seul le Maître, ou celui qui le remplace, peut donner de son repas à qui il veut, même aux frères en pénitence qui mangent à terre. Souvent c'est le moins privé, car, faisant l'aumône de son repas, il lui arrive d'avoir trois ou quatre fois plus que les autres. Il devra alors laisser les portions qu'il ne veut pas entières, afin de pouvoir les donner aux pauvres.

Personne ne doit se lever de table, sauf celui qui « saigne du nez », ou si dans les maisons de combat, l'on crie « aux armes », « au feu », ou encore si les étalons se battent à l'écurie.

Après les étapes de la journée, le rédacteur traite de divers détails. Les Templiers n'étaient jamais inactifs. Chacun avait son rôle bien établi pour la bonne marche de la maison.

On a vu que, pour l'office de vêpres, trois frères pouvaient ne pas venir au son de la cloche. Cependant, les statuts précisent que tout le monde doit être présent à la fin des heures, puisque c'est le moment où l'on fait l'appel et où l'on donne les ordres. Un frère peut s'absenter, avec la permission de son commandeur ; mais si le supérieur d'une maison voit qu'un frère fuit un peu trop souvent les offices, « il devra l'admonester de conserver la Règle. »

Comme on peut le remarquer déjà, les Templiers ont une très grande responsabilité envers leurs chevaux, leurs armes et tout ce qui concerne les intérêts de la maison.

Le vœu de pauvreté prend sa valeur complète. Les Templiers ne possèdent rien en propre. Toutes les choses de la maison sont communes, même les habits. Il n'est pas question de posséder de l'argent. Si un frère meurt et que l'on trouve de l'argent sur lui, on ne l'enterrera pas dans une terre bénite, les frères ne feront pas les prières prévues par la Règle et ils devront le faire enterrer comme un esclave.

Il en est de même pour les jeux. On peut organiser des concours de tir à l'arc ou à l'arbalète. Les paris ne pourront se faire qu'avec de petites choses « qui n'auront rien couté à personne en argent. » Plusieurs jeux étaient permis dans l'Ordre : jeu des chevilles, de marelle et de ferbot mais, là alors, les paris étaient interdits. D'autres divertissements étaient bannis : échecs, dames, tric-trac.

La Règle permet de boire du vin avec les archevêques, les évêques et chez les chevaliers de Saint-Jean de Jérusalem, c'est tout.

Aucun frère ne doit tenir la Règle et les retraits, sans la permission du couvent. Cette mention a son importance et les statuts nous expliquent, curieusement d'ailleurs, la raison de cette interdiction : « cela a été défendu par le couvent parce que les écuyers les trouvèrent quelquefois et les lurent. Ils firent découvrir nos établissements aux gens du siècle, laquelle chose peut être d'un grand dommage à notre religion. Afin que cette chose ne puisse advenir, le couvent établit que nul frère ne les tiendrait s'il ne fût bailli ou qu'il pût les tenir par son office. » Cette défense se rencontre aussi dans tous les monastères de l'époque où les frères convers étaient séparés des religieux de chœur. Cette restriction, tout en étant naturelle, causa énormément de mal à l'Ordre. Les écuyers créèrent un mystère là où il n'y avait rien à cacher. La même chose arrivera à propos des chapitres, ces fameux chapitres sur lesquels on a tant brodé et qui n'étaient que des réunions disciplinaires, mais où l'imagination maladive de certains auteurs accoucha des orgies les plus sordides et honteuses.

Au sujet de l'argent, les statuts sont pratiquement muets. Rien ne laisse soupçonner la puissance financière du Temple. Quelques articles, seulement, permettent aux commandeurs et baillis de garder les fonds nécessaires à la communauté.

Cette partie des statuts réglant la vie conventuelle se termine par un ensemble de détails sans ordre mais dont chacun est utile. Ainsi, le frère qui a la charge des prisonniers ne peut battre un esclave sans permission, même s'il a menti, il ne doit pas le mettre au gibet, le percer de son épée, etc. Aucun frère, s'il n'est fils de chevalier ou de fils de chevalier, ne peut porter le manteau blanc. Ces règlements s'achèvent sur la défense faite aux vieillards de garder inutilement leurs équipement et armes.

A travers tous les articles, les qualités les plus appréciées sont la courtoisie, « bellement », la bienséance. Où sont les pauvres chevaliers du Christ d'antan « jamais lavés, puants la sueur et maculés de sang » ?

Toutefois, l'esprit monastique subsiste et la Règle le prouve. L'Ordre du Temple a été régi jusqu'à la fin, même dans les geôles du lâche Philippe le Bel, par des lois irréprochables, monastiques et souvent très sévères.

Du point de vue liturgique, les Templiers suivaient les rites de l'église latine de Jérusalem. Dans le Bréviaire du Temple, on trouve les mêmes fêtes célébrées par les chanoines du Saint-Sépulcre, dont certains saints se rattachent à la Terre Sainte : Abraham, Isaac, Jacob, et des saints particuliers au Temple que l'on ne trouve pas dans les bréviaires de l'Eglise de Jérusalem : saint Thomas de Cantorbery, sainte Marie-Magdeleine, saint Grégoire le Grand, sainte Catherine, saint Denis, saint Bernard, et surtout le fête de saint Hylaire, en commémoration du concile de Troyes.

Le texte des statuts se poursuit par les prescriptions du service religieux, en mélangeant des détails plus humains. Ceux qui sont trop vieux ou blessés ne peuvent faire les génuflexions prévues par le rituel, « ils se tiennent au fond de la chapelle », ainsi que ceux pour qui la station debout est pénible. Les frères communient trois fois l'an : Noël, Pâques et Pentecôte.

Jusqu'à présent, le texte nous a montré le bon côté de la vie du Templier. Aussi avons-nous gardé les retraits de l'infirmerie pour maintenant. Le frère qui est chargé de l'infirmerie doit être plein de prévenance pour les frères malades. Tous les frères blessés, faibles, relevant de maladie, doivent prendre leurs repas à l'infirmerie où il semble que la cuisine soit plus soignée : « ni lentilles, ni fèves à l'écorce, ni chou s'il n'est fleuri, ni d'anguilles ne doivent être servis à la table de l'infirmerie. » On peut se demander ce qu'il restait.

L'infirmier doit demander aux malades ce qu'ils désirent manger, et le commandeur de la maison mettre au service de l'infirmerie, la cave, la grande cuisine, le four, la porcherie, le poulailler et le jardin, avec toute la discrétion que cela comporte.

Pour les soins, la même charité était appliquée. Le service médical, tout en étant des plus frustes, connaissait les grandes fièvres tierce et quarte, plus connues, actuellement, sous le nom de paludisme, et la dysenterie, que l'on appelait « menaison ». Les statuts possédaient des notions sur l'épilepsie considérée, à juste titre, comme une maladie. Mais, à l'infirmerie, on trouvait aussi des frères blessés, atteints de vomissements. Il n'y a aucun détail sur les remèdes employés. Le Commandeur doit trouver les médecins ou donner l'argent nécessaire à l'achat des drogues et sirops utiles.

Les articles les plus pénibles se rapportent aux soins donnés aux lépreux. On remarquera avec quelle charité ces infortunés sont traités par les Templiers. Jamais de cruauté, bien au contraire : « s'il advenait à un frère que, par la volonté de Notre Seigneur, il devint lépreux, et la chose est prouvée, les prud'hommes de la maison doivent l'admonester et le prier de demander congé de la maison et se rendre à Saint-Lazare », et, « le frère malade, s'il est homme de bien, doit obéir et ce serait plus belle chose s'il avait requis ledit congé de lui-même avant que l'on en eût prié. Et si le frère requiert ledit congé, le Maître ou celui à qui il a affaire, doit lui donner le congé, mais il doit le faire en égards aux frères. Et après, le Maître et les prud'hommes de la maison doivent l'aider pour que l'habit de Saint-Lazare lui soit donné. Et ils doivent prendre garde avec attention comment il sera traité à Saint-Lazare. »

L'article suivant est encore plus touchant de fraternité et de charité : « Mais toutefois, sachez que si pour le frère qui est devenu lépreux ce soit une chose dure pour lui de demander congé de la maison, on ne doit, ni peut le jeter dehors, ni lui ôter son habit, mais, comme il est dit par les frères malades, on doit le mettre à part de la compagnie des frères et, en cette place, lui donner la souvenance. »

En général, les articles de la Règle furent écrits pour l'Orient. En Occident, les frères atteints de cette maladie étaient gardés soit dans la maison, soit dans une léproserie proche. De nombreuses léproseries furent établies non loin des maisons du Temple, multipliant les liens de charité entre les deux communautés.

Cette partie de la Règle est la plus monastique. Sur les six cent quatre-vingt-six articles du texte, près de cinq cents dressent le Templier à l'école monastique tout en conservant le caractère religieux de l'entreprise. Aussi l'indiscipline est corrigée, l'obéissance renforcée par les dangers courus par les frères et qu'ignorent les moines à l'abri des cloîtres. Afin de pallier tous les imprévus, les templiers se rassemblent en chapitre. Toute réunion de chevaliers pour discuter de problèmes temporels, disciplinaires ou religieux est un chapitre, mais les plus importants sont le Chapitre général et le Chapitre hebdomadaire. Le Chapitre général est l'autorité suprême de l'Ordre. Les questions de politique intérieure ou extérieure de l'Ordre y sont débattues. Il sert aussi de cour d'appel pour les cas disciplinaires, et c'est lui qui tranche les cas importants ayant trait aux honneurs de la maison. Le Chapitre hebdomadaire, tenu en général le dimanche, était obligatoire dans toutes les maisons groupant au moins quatre frères.

C'est par les chapitres que se réglait la justice de l'Ordre. Aucune distinction n'est faite entre les frères chevaliers et les frères sergents : tous sont soumis à la même discipline. Les décisions sont rendues par les chevalier, seuls à être consultés par le commandeur. A partir de 1293, le Chapitre général de Montpellier autorisera les sergents à donner leur avis.

Il est rare de rencontrer dans les maisons de l'Ordre une salle réservée au chapitre. Les grandes maisons exceptées, ces réunions se tenaient soit dans la chapelle après la messe, soit dans la grande salle commune.

En entrant au chapitre, « chaque frère doit ôter son chapeau et sa coiffe, à moins qu'il ne soit chauve », auquel cas il peut rester couvert. Ils doivent être vêtus de leur manteau, et prendre garde que personne, s'il n'est frère du Temple, ne puisse entendre ce qui va se dire.

Le commandeur ou le Maître ouvre le chapitre par une exhortation. A la fin du sermon « chaque frère qui croit avoir faibli, doit se lever, ôter son chapeau et sa coiffe et doit venir devant celui qui tient le chapitre et doit s'agenouiller une fois ou deux au plus et doit se tenir humblement comme celui qui se confesse et doit dire de telle manière : « Beau sire, je demande miséricorde à Dieu et à Notre Dame et à vous et aux frères de ce que j'ai failli en telle manière. » Et il raconte sa faute « en entier et en vérité, comme cela aura été, sans mentir, ni par honte, ni par peur de la justice de la maison, car s'il mentait, ce ne serait pas une confession ».

Le frère s'étant accusé, le Maître le fait sortir et le frère doit aller en un lieu où il ne puisse entendre ce que les autres disent. Le commandeur, reprenant les faits « sans rien changer », prend conseil des frères sur la peine à infliger au coupable. Le commandeur rappelle le frère et « il doit lui faire voir sa faute et exposer combien elle est grande et comment les frères le tiennent d'avoir failli. Il doit lui commander ce que les frères ont décidé et lui répéter la décision. Mais il ne doit pas dire, tel frère fit tel égard ou s'accorde à ceci, car il aurait découvert son chapitre ».

Le secret des chapitres du Temple doit même être tenu entre les membres de l'Ordre, et cela s'explique très bien. Imaginons un seul instant qu'un supérieur dise à un frère accusé : tel ou tel a réclamé cette peine pour vous. Ce serait la guerre interne si les jugements de leurs pairs eussent été connus des accusés. Le secret et le silence furent imposés uniquement pour cette raison. Les seuls noms cités, comme nous le verrons plus loin, sont ceux des frères morts.

La proclamation — fait d'accuser un autre frère — est entourée de charité. Lorsqu'un Templier sait qu'un frère a fait ou dit quelque chose, il doit le lui dire en présence de deux ou trois, en ces termes : « Beau frère, souvenez-vous de telle chose et faites amende au premier chapitre où vous assisterez... » Cette dénonciation d'un frère coupable n'est pas templière, toutes les observances monastiques l'adoptèrent. Mais, si dans certains ordres on n'avertissait personne, la Règle du Temple demande de le faire, après un ou deux avertissements, « car ce serait plus belle chose ».

Avant d'accuser quelqu'un en Chapitre, un Templier demande toujours à celui qui préside : « Beau sire, donnez-moi la permission de parler à tel frère. » Lorsque la permission lui est donnée, il peut se lever et doit appeler, par son nom, le frère qu'il veut reprendre. « Celui-ci doit se lever et doit ôter son chapeau et sa coiffe et doit venir devant celui qui tient le Chapitre. Alors, celui qui reproche doit lui montrer bellement et en paix la chose de laquelle il sait qu'il a fauté. » S'il est coupable, il doit l'avouer en demandant miséricorde. Dans le cas contraire, il peut dire : « Messire, non, qu'il plaise à Dieu que je ne fisse cette chose », ou « Sire, la chose est autrement ». Et il doit dire la chose entièrement, car, ainsi qu'il est dit, il ne doit pas mentir en Chapitre. »

En cas de besoin, des témoins peuvent être appelés. Mais, si par hasard « un frère disait en Chapitre à un autre : « Beau frère, vous fîtes telle faute à Château-Pèlerin, dimanche, demandez miséricorde », et le frère de répondre : « Non, plaise à Dieu, car dimanche j'étais à Baruth », et qu'il puisse le prouver, il serait acquitté et son accusateur atteint de mensonge ».

L'accusation en Chapitre ne peut être faite que par un Templier. Mais si un prud'homme du siècle ou d'un ordre religieux, digne d'être cru ou même confrère de la maison, signale au Maître tel ou tel frère qui déshonore la maison, il peut « travailler ce frère » et le réprimander sans consulter le Chapitre.

Toutes ces discussions sont suivies d'un nouveau sermon, rappelant les us et coutumes de l'Ordre et donnant des conseils de conduite. Les frères sont alors mis en pénitence. Puis, le commandeur ayant repris la parole termine la séance par des prières pour la maison, les frères, les bienfaiteurs et les défunts. Enfin, le chapelain donne une bénédiction et une absolution.

Le code pénal ou disciplinaire du Temple comporte une dizaine de catégories de pénitence, avec les suspensions de jugement et l'acquittement. Tout est prévu. La liste des fautes n'a pas varié ; elle n'a qu'augmenté au fur et à mesure des rédactions. Seule la nature des peines est restée fixe. La plus grave est de perdre la maison, c'est-à-dire l'expulsion. Elle s'obtient de neuf manières : simonie, dire ce qui s'est passé dans le Chapitre à quiconque même à un frère, avoir tué un chrétien ou une chrétienne, sodomie, faire « commune » contre un autre frère, fuir le champ de bataille de peur des Sarrasins, être contre les articles de la foi enseignés par l'Eglise de Rome, quitter la maison pour passer chez les Sarrasins, larcins contre la maison.

Le frère qui a perdu l'habit du Temple doit entrer dans l'ordre de Saint-Benoît ou de Saint-Augustin. Il ne pourra aller chez les frères de l'Hôpital de Saint-Jean à cause « d'un accord entre les frères du Temple et ceux de l'Hôpital. Ni en l'ordre de Saint-Lazare, aucun frère du Temple ne peut entrer, si ce n'est parce qu'il est devenu lépreux ».

Le seconde pénitence est la perte de l'habit, infligée à ceux qui font courroux aux chrétiens, qui ont eu des rapports avec les femmes, qui mentent, qui accusent sans preuve des frères pour lesquels la perte de la maison aurait pu être infligée, qui tuent ou perdent un esclave, tuent une bête de somme par colère, etc.

Les bêtes de somme dont il est question devaient être des ânes ou des mulets. La perte de l'habit est imposée pour un temps plus ou moins long qui ne devait pas dépasser un an et un jour. Le frère puni ne portait plus le manteau de l'Ordre qui lui avait été enlevé au Chapitre. On le revêtait d'une chape noire sans croix ; il logeait à l'aumônerie, ne participait à aucun exercice de la communauté, mangeait par terre et labourait les champs avec les esclaves. Tous les dimanches, il recevait la discipline publique, dans la chapelle, après l'évangile.

La troisième faute entraînait la perte de l'habit pour Dieu. Cela consistait, par faveur exceptionnelle du Chapitre, à imposer au fauteur une peine non « infamante » là où, normalement, il aurait dû perdre l'habit. Il devait jeûner trois jours par semaine jusqu'à ce que « les frères lui fassent miséricorde et le relâchent d'un jour, et ce frère doit être mis en sa pénitence sans répit, mener l'âne ou faire aucun autre des plus vils services de la maison, qui est de laver les écuelles de la cuisine, peler les aulx et les oignons ou faire le feu. Il doit porter son manteau lacé très étroit et il doit aller au plus humble qu'il pourra ».

La quatrième pénitence consistait en deux jours de jeûne par semaine. Un troisième jour fut ajouté, par la suite, « à cause de l'augmentation des mauvais frères ». Ce troisième se faisait le jour anniversaire de la faute, sauf si elle avait été commise un dimanche ; dans ce cas, on jeûnait le lundi.

Les autres pénitences sont de moindre importance. La cinquième, deux jours de jeûne plus les corvées, mener l'âne et faire les plus vils services ; la sixième, un jour de jeûne sans corvée ; la septième et dernière, un seul jour de jeûne, le vendredi.

Quand le Chapitre considère que la faute ressemble plutôt à un péché, le frère est envoyé au chapelain ou mis en « Répit » pour être jugé au Chapitre provincial ou quelquefois au Chapitre général.

Ces fautes n'étaient pas toutes jugées dans les maisons du Temple. Un commandeur qui ne pouvait donner l'habit ne pouvait pas le retirer. Aussi renvoyait-il son cas à l'autorité supérieure. Ainsi, le commandeur d'Aimont, qui ne recevait aucun frère, renvoya un cas grave à son commandeur juridique.

La Règle permet, ensuite, de faire appel. Pour une peine grave, c'est le Chapitre général qui tranche ; dans d'autres cas, ce sont les commandeurs juridiques. Le texte de la règle catalane, un des plus intéressants, signale plusieurs exemples de frères envoyés d'Espagne à Acre s'expliquer devant le Maître ou le Chapitre général.

En ce qui concerne les chapitres de l'Ordre et le rôle des commandeurs, nous réfutons totalement ce qui a été dit : les supérieurs ne donnèrent jamais l'absolution. Ils avaient le pouvoir, comme dans tous les ordres monastiques, d'absoudre les fautes contre la Règle, ce qui fut admis par les Dominicains. Les séances de Chapitre se terminaient par un pardon qui n'avait strictement rien à voir avec l'absolution sacramentelle. Dans le même ordre d'idées, saint François d'Assise tout en n'étant pas prêtre, donnait aussi le pardon à ses frères pour les manquements contre la Règle.

Les exemples de fautes et de pénitences ne manquent pas. Nous sommes au Moyen Age et dans une communauté religieuse où les querelles de clocher ne faisaient pas défaut. Les chevaliers du Temple, comme toute autre personne, s'intéressaient à la politique, principalement à celle de l'Ordre. Si la contestation n'était pas de coutume, il existait une passion intérieure concernant la politique temporelle ou internationale de l'Ordre. Certaines discussions duraient quelquefois longtemps, et cela est le seul côté néfaste que nous connaissions dans l'organisation interne de l'Ordre. Chose que l'on ne montrait pas hors de la maison.

Il est nécessaire de citer quelques exemples. Certains Templiers ne furent pas si saints qu'on le croit. Le Temple n'a jamais caché que, parmi les siens, il y eut des têtes dures.

Les Egards rapportent le cas de frère Paris et de deux autres frères qui tuèrent un marchand chrétien d'Antioche. Le chapitre du couvent les jugea et ils furent condamnés à être fouettés à travers les villes d'Antioche, de Tripoli, de Tyr et d'Acre. A mesure qu'on les fouettait, on criait : « Voyez ici la justice que pratique la maison sur ces mauvais hommes. » Ils furent condamnés à la prison perpétuelle à Château-Pèlerin où ils moururent.

Autre exemple, cité par la règle catalane. Un frère s'esquiva d'une commanderie française « par-dessus la muraille ». Il fut accusé et un sursis de jugement lui fut accordé. Le Maître en France de l'époque était de Basainville (1244). Celui-ci se rendit en Syrie afin de demander au Maître, Renaud Vichier, qui se trouvait à Césarée avec saint Louis, si une fugue méritait le même châtiment en pays chrétien que sur les marches sarrasines. Le Maître répondit que tout frère qui veut sortir doit passer par la porte droite. Ainsi le frère perdit la maison. Il n'y avait aucune différence entre les frères de Palestine et ceux des pays qui n'étaient pas en guerre.

Voici un cas plus particulier de conspiration. En Catalogne, il arriva qu'un Templier fabriqua de fausses lettres émanant du cardinal grand pénitencier. Il les montra à plusieurs confrères, en exigeant le secret. Il fut blâmé, mais personne ne le dénonça. Le faussaire présenta ces bulles devant le Chapitre provincial. Découverte, la supercherie souleva un tollé général. Les frères qui en avaient eu connaissance furent obligés de demander miséricorde. On les « mit au répit » pour être jugés par le Grand Maître et le couvent d'Outre-mer. Le faussaire put s'enfuir. Les autres, amenés à Acre par leur commandeur, comparurent devant le Maître du Temple, Thomas Béraud. Ils furent acquittés du crime de conspiration, mais le Chapitre les condamna à la perte de l'habit en signalant qu'ils ne pourraient jamais remplir de fonctions dans la Terre d'Aragon.

Cet exemple apprend beaucoup. Juridiquement, le Chapitre provincial d'Aragon ne peut trancher un cas aussi grave. Les prévenus sont présentés, non pas au Chapitre général, mais au Chapitre du couvent, qui n'est autre que le grand conseil du Maître.

D'autre part, ne suggère-t-il pas que les frères qui s'évadent, par peur du châtiment, sont à l'origine des accusations contre les Templiers ?

La règle catalane est très instructive sur le respect que les Templiers avaient pour leurs institutions, les coutumes et leur vie religieuse. Les deux transcriptions citent vingt-sept exemples de fautes entraînant la perte de l'habit. Souvent les frères sont pardonnés.

Le gaspillage ne pouvait être supporté, malgré la richesse de l'Ordre. Les frères faisaient vœu de pauvreté. Il ne leur manquait rien, mais personne ne devait dépenser au hasard.

Frère Hugues, qui était à la cordonnerie de Saphet, alors que Guillaume de Chartres était commandeur, fut aux prises avec un sergent venu lui demander une paire de souliers. Sans autorisation, le cordonnier ne voulut rien donner. Le frère réclama les clefs de l'armoire, ce qui lui fut, à nouveau, refusé. Le frère « brisa l'armoire, prit les souliers et les donna au sergent ». Le commandeur reprit le frère qui demanda miséricorde. Il fut condamné à la perte de l'habit. La Règle ajoute que, si les souliers avaient été destinés à des personnes hors de la maison, il aurait été condamné à la perte de la maison, car cela aurait été un larcin.

Un jour que le couvent était à Casal Brahim et que les frères allaient se promener, « un frère prit sa masse et la jeta après un oiseau qui était sur la rive de l'eau : la masse tomba dans l'eau et fut perdue ». L'habit lui fut laissé pour Dieu.

Devant tous ces faits, nous devons tirer une conclusion. L'Ordre du Temple était régi par un ensemble de règles strictes et sévères, et jusqu'à la fin, les frères du Temple conservèrent leur intégrité, leur foi, leur courage. La fin tragique d'Acre, le courage sous la torture de l'Inquisition française en sont les plus flagrants exemples.

CHAPITRE VI

TERRE SAINTE ET RELATIONS

La maison du Temple de Jérusalem n'est pas décrite dans les actes, mais dans un vieux récit de voyage, transcrit dans la Patrologie latine de Migne, au tome 155. Il s'agit du séjour effectué au Temple de Salomon par un pèlerin allemand, Maître Jean de Wirtzbourg. Ce carnet de voyage, en liaison étroite avec quelques autres chroniques, permet de situer l'emplacement de la maison magistrale de l'Ordre du Temple.

Les voyageurs débarquaient soit à Jaffa, soit à Acre. Par Jaffa, ils se rendaient directement à la Ville Sainte, en passant par la forteresse templière de Toron. S'ils arrivaient par Acre, deux chemins s'offraient à eux. Le plus court passait par les couvents-châteaux du Temple de Château-Pèlerin, Césarée et Jaffa. Le second empruntait la grande route de pèlerinage sur laquelle se dressait la possession teutonique de Beaufort, avant de rejoindre les trois grandes forteresses du Temple : La Fève, Les Plains et Caco.

Avant d'arriver à Jérusalem, le pèlerin rencontrait

les couvents de Sébaste et de Naplouse. Une fois en vue de la Ville Sainte, il apercevait les deux coupoles dominant la cité : à l'est, celle du Temple du Seigneur, l'ancienne mosquée transformée en église, et à l'ouest la rotonde du Saint-Sépulcre. Une chapelle, au-dessus de laquelle s'élevait le beffroi de l'Hôpital, surmontait le rocher du Golgotha. Ces trois points de repère servaient de décor à une foule de tourelles, créneaux, clochers, terrasses, d'où se dégageaient les quatre tours maîtresses de la ville, celle de Saint-Etienne, celle de Sion, celle de David et celle de la Tannerie. Elles divisaient la ville en quatre quartiers bien distincts dont celui de la Juiverie, le plus important, au nord.

Quatre grandes rues joignaient les tours. Les deux axes nord-sud se nommaient rue Saint-Etienne et rue de Sion. Elles partaient, toutes deux, de la porte Saint-Etienne et se dirigeaient, l'une vers le Temple et vers la porte de la Tannerie, l'autre vers la porte de Sion. Les deux rues transversales étaient celle du Temple, au nord, qui rejoignait le Temple au Saint-Sépulcre, et la rue de David qui permettait d'accéder de la porte du même nom à l'esplanade par l'église Saint-Gilles. De nombreuses églises, plusieurs monastères faisaient corps avec les habitations grouillantes des ruelles étroites formant l'ensemble des quartiers.

La grande porte de la Cité, celle de Saint-Etienne, s'ouvrait sur le camp des Croisés. Les Chroniques qui décrivent la ville, nous font toutes partir de cette porte. A l'intérieur des murailles, les itinéraires sont identiques.

Après avoir dépassé le Saint-Sépulcre, premier lieu de la visite, le pèlerin se dirigeait vers la rue des Herbes où l'on trouvait les marchands d'épices et de fruits. Venait ensuite la rue de la Draperie où les étalages de tissus faisaient beaucoup d'envieux. Dans la rue du Temple, les visiteurs pouvaient acheter la coquille et la palme du pèlerin. C'est par cette rue que l'on aboutissait sur le pavement, terrain baillé aux pauvres chevaliers du Christ au début de leur fondation, par les chanoines du Temple.

Si nous suivons le pèlerin, nous aboutirons à la maison des Templiers. Encore faut-il être prudent, car, comme il dit : « Entre les murs de la cité et la porte se trouve le Temple. La distance est de plus d'un trait de flèche en longueur, et, en largeur il est séparé d'un jet de pierre. De là, on arrive au Temple. A gauche, en face du portail, on trouve le Temple de Salomon, demeure des Templiers. » Or, la maison des Templiers ne fut jamais l'esplanade du Temple, et encore moins la mosquée d'Omar. Cette dernière n'était autre que l'église Saint-Jacques le Mineur. La maison des Templiers était bien l'ancien Temple de Salomon, mais seulement dans ses parties basses, situées au sud de l'esplanade, à l'opposé du pinacle. Et Jean de Wirtzbourg dit vrai : aujourd'hui encore, lorsque l'on visite les écuries, dites du Temple, on retrouve de nombreux anneaux qui servaient à attacher les montures des chevaliers. « A la droite, vers le méridien, se situe le palais bâti par Salomon à ce que l'on dit. Dans cet édifice, on voit une écurie d'une contenance si admirable et si grande, qu'elle peut loger plus de deux mille chevaux ou encore mille cinq cents chameaux. Les chevaliers du Temple ont beaucoup de bâtiments touchant le palais, larges et grands, avec une nouvelle et belle église qui n'était pas terminée lorsque je la visitai. » Comme la plupart des églises du Temple, celle-ci était dédiée à Notre Dame. Nous disons bien la plupart, car beaucoup de chapelles templières ne furent pas dédiées à Notre Dame ; celle de Jérusalem s'appelait Notre-Dame des Latins, aux dires de notre voyageur. En dehors de l'église, dont il évoque la construction, il nous peint le réfectoire que les chevaliers ont toujours appelé le Palais, en Terre Sainte. C'était une vaste salle voûtée avec une épine de colonnes. « Aux murs étaient accrochés des trophées d'armes, des épées, des boucliers peints, des cottes de mailles, le tout venant des butins pris à l'ennemi. »

Comment était meublé le réfectoire ? Selon la Règle, les tables étaient rangées suivant les dispositions communes des monastères réguliers, avec cette différence que les frères étaient l'un en face de l'autre. Seuls le Maître et le Chapelain avaient une table spéciale. Au cours des repas, des aumônes étaient prévues.

Quoi qu'on puisse dire, les Templiers ont pratiqué la charité avec largesse. Lorsqu'un frère entame une pièce de viande ou de fromage, dit la Règle, il doit toujours la tailler avec soin « *afin qu'elle soit honorable pour donner à un pauvre* ». Tous les restes de la table étaient distribués aux pauvres et, dans toutes les maisons de l'Ordre, quatre pauvres étaient nourris quotidiennement par les chevaliers et, là où le Maître se trouvait, « *un cinquième recevait l'aumône* » car le Maître recevait double part.

En dehors des mendiants, un nombre important d'hôtes mangeait avec les frères, invités par le Maître ou par les grands baillis. En plus des amis de la maison, les chevaliers comme les frères sergents, pouvaient convier leurs amis, mais chacun à leur place, c'est-à-dire que les chevaliers étaient assis avec les chevaliers et les hommes d'armes avec les frères sergents.

A Jérusalem, le dortoir des chevaliers était situé entre le réfectoire et l'église. C'était une grande salle entrecoupée d'alcôves, donnant dans un couloir central, chacune meublée d'un lit, d'une table, de chaises et d'une huche-coffre. La literie a déjà été décrite. Le Maître et les commandeurs disposaient chacun d'une chambre plus vaste et mieux meublée dans laquelle se trouvait un bahut qui fermait à clé. Les sergents logeaient dans une grande salle commune sans séparation.

Comme les moines, les chevaliers et les sergents pouvaient se rendre directement du dortoir à l'église, souvent par une galerie couverte, si l'on en juge par les divers plans de commanderies et même de forteresses. Près de l'église se trouvaient aussi l'infirmerie et les appartements des commandeurs et des baillis qui venaient à la maison générale pour les chapitres. Ces appartements, les textes les nomment « Hostels ».

A Jérusalem, comme dans la plupart des grandes maisons d'Orient, la majeure partie des bâtiments, que l'on a baptisés souvent du nom de « magasins », n'étaient autres que les constructions de la maréchaussée. Situées hors des parties purement conventuelles, mais toujours à l'intérieur de l'enceinte, elles abritaient les armes, les armures, le menu harnais. Il y avait la forge où l'on réparait et fabriquait les hauberts, les heaumes, les cottes de mailles, la ferrerie où l'on ferrait les chevaux, la chavestrerie où l'on fabriquait les selles et les courroies, et enfin la bourrellerie.

Les magasins comprenaient aussi la draperie et la parementerie. La Règle ne dit rien sur ces deux services. Nous devons nous reporter aux chroniques afin d'en connaître la destination. La draperie était uniquement l'entrepôt des tissus à l'usage de l'Ordre : bure, velours, toile de Reims, trentenaire de laine, tandis que la parementerie était l'atelier de confection des robes et des manteaux. C'était le domaine du commandeur de la draperie ou du drapier du couvent. Il avait sous sa juridiction la cordonnerie où se fabriquait, outre les chaussures, les courroies, ceintures, baudriers, enfin tout ce qui ne servait pas directement pour la guerre et qui était en cuir.

Une autre partie des magasins avait son importance, c'était celle qui avait à sa tête le commandeur de la viande. Elle comprenait la cuisine, la cave ou boutellerie pour le vin, les fours pour cuire le pain. Ledit commandeur dirigeait aussi les porcheries, les poulaillers, les bergeries et les jardins potagers dans lesquels poussaient lentilles, fèves, choux, oignons, vesces nécessaires à la nourriture des frères. Les textes signalent que, dans certaines maisons d'Orient, il y avait des ruches et des moulins.

En dehors du nécessaire pour les hommes, il existait des silos pour le fourrage, l'orge et le blé. Ces greniers à provisions se voient, encore de nos jours, à Jérusalem. Creusés à même le rocher, ils forment un réseau de souterrains, entrecoupés de citernes relativement profondes pour recueillir les eaux. Néanmoins, les Templiers n'avaient aucune bête dans leur maison de Jérusalem, sinon le strict nécessaire. Les actes de Terre Sainte indiquent que les chevaux, les bœufs et les moutons, étaient parqués près de la terre du patriarche.

La maison-mère du Temple ne groupait pas moins de trois cents chevaliers et un nombre indéfini de sergents. C'était le couvent. Il formait la force militaire disponible et mobile de première urgence. On remarquera d'ailleurs qu'au cours des grandes batailles, lorsqu'il est question du couvent, le nombre des chevaliers ne dépassera pas quatre cents membres. En campagne, souvent, ce nombre de chevaliers sera largement dépassé ; il faudra alors entendre : le couvent plus les garnisons des autres maisons, forteresses et commanderies. Le désastre, causé par Armand de Périgord, fut la perte des chevaliers du couvent au nombre de trois cent douze.

On ne peut pas savoir le nombre exact de Templiers hébergés ensemble dans la maison de Jérusalem. Les textes ne donnent pas de chiffre, même approximatif. Tout ce monde vaquait aux divers travaux de la maison : les chevaliers habillés de blanc, les sergents de noir et les affiliés de brun, tous arborant fièrement la Croix rouge du Temple sur leur dos et leur poitrine. Tous étaient frères du Temple, tous vivaient dans la même paix et la même charité. Aucun mépris entre les catégories, à l'égard des fonctions inférieures, de ceux qui restaient au couvent, qui ne combattaient pas. Ils étaient tous religieux à part entière, prononçant des vœux identiques. Si la règle fait état d'une hiérarchie, il n'en reste pas moins vrai que tous vivaient en fraternité sincère. Les écuyers qui ne servaient qu'à gages, ne faisaient pas partie de l'Ordre, ni les Turcopoles qui combattaient sous les ordres du Chevalier Turcopolier ; mais ils étaient là pour la même cause et se devaient de vivre dans la meilleure entente.

Le voyageur Jean de Wirtzbourg accuse les Templiers de trahison, principalement contre l'Empereur Conrad. Ses soupçons reposent sur une coïncidence. Celle de l'arrivée à Jérusalem, dans la maison du Temple, de l'ambassadeur des musulmans de Damas, Ousama Ibn Mounkidh. Or, il faut remarquer que les alliances entre chrétiens et musulmans étaient fréquentes. Si les Templiers passèrent des accords avec certains infidèles, les Hospitaliers de Saint-Jean et même les Teutoniques en firent autant. Raymond d'Antioche ne s'allia-t-il pas avec Saladin contre Guy de Lusignan ?

En 1149, lors des préparatifs de l'attaque d'Ascalon, l'ambassadeur de Damas n'était plus à Jérusalem, mais chez les Khalifes fatimides du Caire. La bataille d'Ascalon fut l'affaire des Templiers et des Hospitaliers. Dès 1153, les barons firent le siège du port musulman, défendu par des murailles d'une hauteur moyenne de quinze mètres, sur une surface en demi-cercle de quatre cent cinquante mètres de rayon.

Les préparatifs furent menés par le jeune roi Baudouin III. Le blocus dura quatre mois, décourageant les chevaliers séculiers. La lutte fut prise en main par Bernard de Tremelay, Maître du Temple, et par Raymond du Puy, Maître de l'Hòpital. Le 13 août, ce fut le dernier souffle musulman. La défense stratégique des Infidèles causa leur propre perte : voulant brûler les engins de guerre des Francs, les flammes léchèrent les murailles de la ville tant et si bien que, le lendemain, une brèche s'ouvrit et un pan de muraille s'écroula. Deux chroniqueurs évoquent ce siège : Guillaume de Tyr et Jacques de Vitry, l'un totalement défavorable à l'Ordre et l'autre les qualifiant de martyrs. Aussi faut-il prendre un peu chez les deux pour se faire une idée juste de ce qui se passa.

Voici comment Guillaume de Tyr raconte l'attaque de la ville par le Maître et une quarantaine de chevaliers du Temple : « Dedans la cité se mirent quarante chevaliers du Temple et les autres défendaient la brèche du mur. Les Turcs qui avaient été ébahis premièrement, virent que personne ne suivait ceux qui étaient déjà dedans. Aussi ils prirent courage en eux-mêmes et les coururent sus de toutes parts. Les Templiers qui n'étaient que peu de gens ne purent se défendre, aussi furent-ils occis. Quand les Turcs qui avaient désespéré, entendirent ce fait, ils prirent courage et se réconfortèrent de cette aventure. Lors commencèrent-ils à venir tous ensemble au pertuis du mur et à défendre l'entrée. Ils apportèrent en hâte devant la brèche des grandes poutres, des solives de toutes sortes de bois et de navires dont ils avaient assez... Ensuite ils prirent les Templiers qu'ils avaient occis et les pendirent tous par des cordes contre le mur qui était face à l'armée. » Pour l'archevèque, l'avarice des Templiers est la cause unique de ce désastre. Ils voulaient s'emparer seuls du butin, « car le Maître du Temple, Bernard de Tremblay, avec ses Templiers, devança de beaucoup les autres et se mit devant cette brèche, afin que nul n'entrât, sauf ses frères... » A travers ce récit accusateur et plein d'amertume, le Maître du Temple ne peut être excusé, malgré sa mort au combat. Le récit de Jacques de Vitry vient heureusement contrebalancer celui de Guillaume de Tyr.

Nous avons parlé de l'ambassadeur Ousama Ibn Mounkidh. Cette mention vient à point, car les calomnies de Guillaume de Tyr et de ses continuateurs sont en contradiction avec le récit de l'envoyé musulman.

Relatant la livraison de Nasr-Eddin, Guillaume de Tyr, toujours à la recherche d'une accusation contre le Temple et son amour de l'argent, donne, encore une fois, une version d'une toute autre couleur que celle laissée par Ousama. Ce dernier raconte — et les dates qu'il donne, en relation avec l'Hégire, sont précises : elles vont de 1144 à 1154 — comment alors qu'il était en Egypte, le Khalife du Caire fut assassiné par Nars-Eddin, son favori. Celui-ci n'hésita pas à tuer les deux frères du roi et le grand vizir. La garde s'étant révoltée, le meurtrier dut s'enfuir avec une armée de trois mille cavaliers et des esclaves arméniens. Il avait pris la précaution d'emporter l'argent volé au trésor de l'Egypte. Ousama et son frère, plus ou moins mêlés à cet assassinat, suivirent la troupe.

Les Templiers de Gaza furent avertis que les fuyards passeraient par leur territoire avec le butin. Guillaume de Tyr se garde bien de dire que ce fut la propre sœur du Khalife, voulant venger la mort de ses trois frères et du grand vizir, qui envoya des émissaires aux frères de Gaza, leur promettant une récompense s'ils livraient Nasr-Eddin. Le chroniqueur arabe précise : mort ou vif.

La caravane du meurtrier fut surprise à Aïn-Mouveileh. Les esclaves arméniens s'enfuirent. Nasr-Eddin et le frère d'Ousama furent faits prisonniers, tandis que l'ambassadeur gagna Damas par la seigneurerie franque d'Outre-Jourdain. Quatre jours après, le meurtrier fut livré aux envoyés du nouveau vizir qui remirent aux Templiers la somme de soixante mille dinars en récompense. Après plusieurs jours de tortures, Nasr-Eddin fut mis à mort.

La version de l'archevêque de Tyr est tout à fait différente, accablante quelquefois, et surtout moins précise. D'après lui, Nasr-Eddin fut fait prisonnier par les Templiers. Jusque-là nous sommes en plein accord. Il demeura, ajoute-t-il, longtemps à Gaza « pour être instruit des dogmes principaux de la religion chrétienne et pour apprendre la langue franque ». Cela paraît invraisemblable, car en quatre jours, il eût fallu un cerveau bien fait ! L'archevêque, par haine, insinue que les Templiers, devant les soixante mille dinars qu'offrait le vizir, livrèrent leur prisonnier qui fut mis à mort en arrivant à la cour du Caire. Le récit de Guillaume de Tyr ne peut être pris au sérieux. Le chroniqueur arabe, précis dans ses dates, dit bien que la récompense fut remise en échange du prisonnier et que les Templiers ne connaissaient pas la somme proposée.

On s'étonnera peut-être des nombreuses références faites, dans cette étude, aux chroniqueurs arabes. Nous avons voulu mettre en parallèle toutes les élucubrations avec les textes arabes, souvent plus objectifs.

En ce qui concerne Jacques de Vitry, nous préférons l'utiliser surtout pour le XIIIe siècle, tout en le confrontant, lui aussi, avec les chroniques arabes ou arméniennes, étant donné qu'il ne découvre chez les Templiers que du bien et exagère quelquefois dans le sens contraire de Guillaume de Tyr.

Continuant son récit, Ousama raconte comment il échangea avec les Templiers son propre frère contre un chevalier de l'Ordre, sans qu'il soit question de rançon, cette fois.

Le Temple, à cause de la tragédie dont il fut la victime, et du halo ésotérique dont on l'affuble trop souvent, est l'ordre militaire sur lequel on a le plus fait de comparaisons, fausses d'ailleurs, en matière de constructions et de défenses.

Les lois de la guerre s'appliquaient dans toutes les formes de la vie. En Palestine, les Templiers reçurent des châteaux déjà construits, tout au moins dans les débuts : Gaza, cédé à l'Ordre en 1149, Saphet en 1169, Tortose en 1165. Jérusalem perdue, seul les deux ordres du Temple et de l'Hôpital furent assez puissants et riches pour entretenir leurs forteresses. Mais comment étaient-elles bâties ? Avaient-elles des rapports de construction avec les forteresses musulmanes ?

Le premier devoir du musulman était de propager la religion par les armes. Pour lui, la Guerre Sainte se faisait de deux manières : tout d'abord sur le pays de droit, c'est-à-dire sur le territoire déjà soumis au Coran, comme la Palestine. Ensuite, sur les pays infidèles qu'il fallait réduire au tribut.

Le devoir du chrétien était pratiquement le même, à la seule différence qu'il devait défendre la foi par les armes et non pas la propager de cette manière. Ce qui d'ailleurs ne fut pas très pratiqué, principalement dans les pays baltes.

Les constructions, qu'elles soient musulmanes ou chrétiennes, avaient un rapport étroit avec la Guerre Sainte. Le Ribat musulman, à la fois forteresse, couvent, refuge, est de beaucoup antérieur aux ordres militaires. Lorsque les musulmans remplacèrent les

Byzantins, en particulier sur les frontières maritimes, ils occupèrent les forteresses de défense élevées par leurs prédécesseurs et en construisirent d'autres suivant le même modèle. L'ensemble de la forteresse présente un plan régulier, flanqué, aux quatre angles, de tours rondes ou carrées. Un crénelage couronne tours et courtines. D'autres tours carrées, plus petites, défendent les côtés de la forteresse et leur nombre varie selon la distance d'une tour d'angle à l'autre.

Ce système fut employé en Terre Sainte comme dans la Péninsule Ibérique. Et les auteurs qui reprochent aux Templiers d'avoir copié leur mode de défense sur les musulmans se trompent complètement, étant donné qu'il se rencontre aussi bien à Avila qu'à Tolède, à Château-Pélerin et Trujillo qu'au Crack des chevaliers et qu'à la forteresse de Saône. En dehors des murs d'enceinte, il existe, chez les musulmans comme chez les Templiers ou les Hospitaliers, et même dans les forteresses séculières, des ressemblances frappantes découlant de Byzance et non de la religion islamique, des anciens Égyptiens, de Salomon ou autre.

Sur les chemins de ronde, on accède souvent à des salles ou cellules. Chez les musulmans, on peut voir des salles d'ablutions. Divers escaliers permettent facilement et rapidement de parvenir à tous les points de défense. Cette caractéristique se retrouve dans toutes les forteresses tant en Palestine, qu'en Espagne ou en Sicile, qu'elles soient chrétiennes ou islamiques.

Si, dans le Ribat, la porte d'entrée est surmontée d'une salle réservée à la prière, dans les forteresses chrétiennes c'est une salle d'armes ou de veillée, la chapelle étant pratiquement construite dans le donjon.

Ce système défensif est donc identique chez tous. Dans les rabitas, une tour ronde sert de minaret et de tour à signaux, alors que chez les chrétiens nous avons la tour-donjon. C'est la seule différence.

Nous donnons, pour comparaison, quelques plans : templiers, hospitaliers, seigneurs laïcs et musulmans. En dehors de quelques petits détails, l'ensemble est le même. Pour les ordres militaires, comme pour les fidèles de Mahomet, la construction était à la fois une forteresse et un couvent. Le système employé par les Templiers de jalonner les routes avec des distances d'une journée n'est également pas spécifique à l'Ordre, ni aux musulmans ; il provient, lui aussi, de Byzance. Ces distances, relativement courtes, entrecoupées souvent de tours solitaires, étaient nécessaires aux signaux d'alarme. Seule la stratégie était différente. Les tours solitaires de Palestine, comme Bordj-el-Zara, Maksour, Aïn-el-Arab, Toklé, Kermel, se retrouvent aussi en Castille. Elles étaient bâties, en général sur des pitons rocheux, au sommet des cols et, surtout, à la jonction des points stratégiques importants.

Cependant, les chrétiens, et non seulement les Templiers, reprirent la tactique militaire des musulmans, si bien que l'on retrouve, chez les uns comme chez les autres, les mêmes principes offensifs et défensifs, principalement dans les garnisons de frontières. Les points névralgiques furent toujours confiés à des religieux militaires.

Il faut malgré tout noter ce qui fit la force des musulmans et causa la perte des croisades. L'islamisme imposait à ses fidèles une règle acceptée avec d'autant plus de passion qu'elle était sévère. Tout élan religieux se transformait en mouvement politique et guerrier. Le Sheik était, pour le musulman, à la fois un directeur spirituel et un chef de guerre en puissance.

Ces comparaisons ne peuvent donner qu'un vague aperçu des forteresses et châteaux templiers en

Palestine. Ce fut sous la maîtrise de Guillaume de Chartres que se réalisa une des plus grandioses constructions templières, à laquelle participèrent les pèlerins, d'où son nom : Château-Pèlerin.

La fortification du Mont Thabor par les musulmans, point stratégique et dangereux, menaçait toute la plaine d'Acre. Elle fut un plat de choix pour les Croisés et se trouve être à l'origine du siège de Damiette.

Olivier le Scholastique nous raconte comment se déroula ce siège. Le Maître du Temple, malade à Acre, avait délégué ses pouvoirs à son maréchal. En compagnie du Maître de l'Hôpital, des armées des deux ordres, des rois de Jérusalem, de Hongrie et de l'archiduc d'Autriche, il donna le premier assaut. Le Maître de l'Hôpital voyant l'échec complet de cette première attaque, proposa une nouvelle tentative qui n'aboutit qu'à la retraite, à cause surtout de la lâcheté des croisés laïcs.

Jean de Brienne, alors roi, voulut construire un château sur les marches de son royaume. L'entreprise fut décidée, tandis que le Maître du Temple et le Conseil de l'Ordre acceptaient de fortifier le promontoire d'Athlit, le futur Château-Pèlerin, l'une des forteresses les plus imposantes de l'Ordre du Temple.

La deuxième grande forteresse templière en Palestine est Tortose, acquise en 1169. Immenses et protégés par deux enceintes, les bâtiments abritaient les mêmes charges que la maison centrale de Jérusalem : magasins importants situés à l'opposé des bâtiments conventuels, chapelle rectangulaire, etc. Ayant le même type de défense que Château-Pèlerin, Tortose s'ouvrait sur la mer par un immense donjon dont il ne reste, actuellement, que les ruines des fondations.

Deux autres constructions du Temple sont à signaler. Elles présentent les mêmes caractéristiques de défense. Chastel-Blanc, perdu dans les montagnes, et situé entre Tortose et Tripoli. Là encore, deux enceintes protègent les bâtiments, parmi lesquels le donjon-chapelle, permettant de soutenir un siège. Au sommet, une plate-forme crénelée, d'où l'on découvre le pays alentour, permettait à la garnison d'échanger des signaux avec le Crack et Areymeh, plus connu sous le nom de Château-Rouge.

Ce dernier n'est pas Templier d'origine. Les chevaliers ne construisirent que la deuxième enceinte. Le reste est byzantin, et c'est alors que l'on remarque le choix des Templiers puisqu'ils ne firent aucune autre construction.

Le deuxième exemple de type de construction que nous ayons en Palestine est le château de Saphet. Il est instructif de connaître les origines de la reconstruction de cette forteresse dont le premier élément avait été élevé entre 1138 et 1140, sous le règne de Foulques d'Anjou. Située à l'est de Saint-Jean d'Acre, la forteresse fut prise par Saladin en 1188. Les musulmans s'acharnèrent dessus et la démolirent complètement en 1220. Il faudra attendre 1240, à la suite du traité conclu avec le sultan de Damas, pour que Saphet redevienne une place-forte chrétienne. Grâce à Benoît d'Alignan, évêque de Marseille, les frères du Temple purent entreprendre sa reconstruction. Elle sera, malgré tout, reprise en 1266, par le sultan Bibars.

Benoît, venu en Terre Sainte en pèlerinage, se rendit dans les territoires musulmans. Arrivé à Damas, il attendit quelques jours son visa de passage. Là, plusieurs personnes lui demandèrent si Saphet allait être rebâti. S'étant enquis de cette question, on lui expliqua que la forteresse fermait les portes de Damas. La curiosité de Benoît fut telle que, rentrant en Terre Sainte, il fit un détour dans les montagnes de Galilée et visita le site. Il y trouva un escadron de Templiers : « Le châtelain, Frère Raymond de

Caro, le reçut avec une grande joie, bien qu'il n'ait lui-même, pour se loger, que les petites tentes des écuyers, dans lesquelles ils font le lit de leur seigneur. L'évêque se renseigna avec diligence au sujet de la place et pourquoi les Sarrasins craignaient sa reconstruction. Les frères du Temple répondirent que rebâtir cette forteresse ce serait une défense et un bouclier pour les chrétiens jusqu'à Acre. Le prélat s'en retourna dans la ville et rendit visite au Maître du Temple, Armand de Périgord, qui était malade dans son lit. Après une conversation contenant quelques renseignements sur les craintes des musulmans, l'évêque demanda au Maître de réunir son Conseil afin d'étudier les moyens de reconstruire, en profitant de la trêve. Un dialogue des plus instructifs s'engagea.

« Seigneur, évêque, ce n'est pas chose facile que reconstruire Saphet ; le roi de Navarre, le duc de Bourgogne, les comtes, les barons de l'Ost, me promirent qu'ils viendraient à Saphet pour que nous puissions y travailler plus vite et en plus de sécurité, qu'ils y resteraient deux mois et qu'ils donneraient 7 000 marcs pour les dépenses. Ils ont oublié leur promesse et ils sont partis chez eux, et voilà que vous nous dites de bâtir le château sans argent. »

L'évêque répondit alors : — « Maître, reposez-vous en votre lit et dites votre volonté aux frères, avec de bonnes et efficaces paroles. J'ai confiance en Dieu que vous ferez plus dans votre lit que toute la croisade n'a fait avec la multitude de ses hommes d'armes et ses richesses. »

A ce moment, deux frères, Gérard de Braies et Renaud l'Allemand, qui assistaient le malade, répliquèrent : « Seigneur l'évêque, dites ce qu'il vous semble bon et le Maître tiendra conseil pour cela et vous répondra. »

Selon d'autres textes, avant de quitter la maison, l'évêque de Marseille eut l'occasion de s'entretenir avec quelques dignitaires du Temple : Renaud Vichier, commandeur d'Acre, Barthélemy de Morette, grand commandeur de Jérusalem. Le lendemain de cette rencontre, le Conseil fut réuni ; quand tous les frères furent assemblés, Benoît reprit son discours de la veille en ces termes : — « Moi, je ne peux pas vous offrir de l'argent et les subsides, mais, si vous voulez entreprendre la construction, je vous accompagnerai. Dans le cas contraire, je prêcherai aux pèlerins et j'irai avec eux faire un grand tas de pierres et édifier tout autour, aussi en pierres, sans mortier, pour la défense des chrétiens et pour braver les Sarrasins. » Les frères, devant une telle foi, décidèrent, à l'unanimité, de rebâtir la forteresse : « Il y eut une grande joie dans la maison du Temple et dans la cité d'Acre et dans la population de Terre Sainte. Et sans tarder fut élu un comité de chevaliers, de sergents, de balistes et autres hommes d'armes. Une caravane de bêtes de somme fut rassemblée pour porter les armes, victuailles et autres choses nécessaires et les greniers, les celliers, les trésors et autres officines furent ouverts afin de pallier aux dépenses avec magnificence et joie. Une multitude d'ouvriers et de forgerons fut envoyée avec leurs instruments et les objets nécessaires. » L'évêque célébra la messe, prononça une allocution et « posa la première pierre sur laquelle il mit une coupe d'argent doré pleine de monnaie pour les subsides de l'œuvre. » Ceci se passait le III des Ides de décembre (20 décembre) 1240. Après quelque temps, l'évêque revint en Terre Sainte. Le 4 octobre 1244, il rendit grâces en voyant la construction et « par l'énergie, la munificence avec laquelle les Templiers travaillèrent. »

C'était une construction quasi inaccessible et inexpugnable. Elle était entourée de fossés ayant sept cannes de profondeur (13,692 m), six de large

(11,736 m) et trois cent soixante-quinze de pourtour (733,500 m). La forteresse était protégée, en outre, par des barbacanes, des souterrains couverts, des tranchées, et la défense était assurée par sept tours garnissant les murs d'enceinte. La Maison du Temple mit deux ans et demi pour construire le château de Saphet et la dépense s'éleva à la somme de quarante mille besans, en plus des revenus du domaine. Chaque jour, il fallait prévoir la nourriture « pour plus de mille sept cents personnes et, en temps de guerre, pour deux mille deux cents ». La garnison s'élevait à cinquante frères chevaliers et trente frères sergents, avec leurs chevaux et leurs armes, cinquante turcopoles avec leur chevaux et leurs armes, trois cents balistes, huit cent vingt écuyers et serviteurs, quarante esclaves.

Le domaine comprenait tout le nécessaire pour la vie quotidienne : forêts (sic), vignes, vergers, pâturages. On récoltait des figues, des grenades, des amandes, des olives, du blé et du raisin en abondance. Un bercail abreuvait les animaux et irriguait les jardins potagers. D'autres citernes d'eau potable comblaient le déficit. Hors du château, tournaient douze moulins à eau, tandis qu'à l'intérieur même de la forteresse, d'autres étaient actionnés par le vent ou par les bêtes de trait.

Ces renseignements sont des plus utiles. Ils permettent d'évaluer, approximativement bien sûr, les dépenses des ordres militaires pour l'entretien des châteaux et maisons en Terre Sainte. Les principales furent pour le Temple seul : Château-Pèlerin, Saphet, Belvoir en Galilée, Beaufort et Arcas dans le Labanon, Château-Rouge, Château-Blanc (Safita), Tortose en Syrie, Bagras, Gastein sur l'Oronte, la Roche-Guillaume, la Roche-Russole, Darbesack, le port de Bonelle, le ponton de Janua en Arménie. A ces grandes possessions devaient s'ajouter Tripoli, Acre,

Beyrouth et quelques autres. Il y avait, en outre, l'entretien du couvent qui comprenait d'après certains textes, trois cents à quatre cents chevaliers, autant de frères sergents du couvent, les écuyers, les turcopoles, les caravanes de chevaux de combat pour le change des montures et les bêtes de somme. Les deux couvents d'Antioche et de Tripoli s'ajoutaient aux dépenses ainsi que les maisons d'Espagne. Aussi imagine-t-on facilement la convoitise de Philippe le Bel, lorsque les Templiers n'eurent plus les possessions de Terre Sainte.

Quoi qu'il en soit, les problèmes financiers étaient importants et ne purent pas toujours être résolus. Les papes encouragèrent les fidèles, par l'intermédiaire des prélats, à faire l'aumône aux Templiers. Déjà le 25 janvier 1154, Anastase IV avait demandé à tous les prélats de la chrétienté, d'engager les fidèles à soutenir l'Ordre du Temple par des quêtes et à s'affilier avec lui pour participer aux indulgences. Alexandre III en fera autant au mois de décembre 1163, le 3 avril 1177, etc. Le même pape, dans la bulle « Cura nos admonet », du 12 avril 1180, par laquelle il apprend la mort du Maître aux rois et princes chrétiens, expose les événements de Terre Sainte et la défaite des Templiers. Tout en demandant de prendre les armes contre les infidèles, il incite à aider l'Ordre financièrement. Le 22 février 1181, dans une autre bulle datée de Velletri, Alexandre III exhorte tous les prélats à recevoir des biens pour les chevaliers du Temple en raison des grands travaux qu'ils ont réalisés et perdus pour la défense du christianisme. Il les charge de recouvrir des aumônes pour la milice qui a perdu son Maître, son Sénéchal et un très grand nombre de chevaliers. Le pape fait allusion à la perte de Châtelet en 1180 et à la situation alarmante de la Terre Sainte dont témoignent certaines lettres du Maître de l'Hôpital. Cette crise financière continuera quelques temps puisqu'en 1182, Lucius III adresse aux archevêques métropolitains de Narbonne, Auch, Arles, Aix-en-Provence une bulle stipulant que toute personne ayant emprunté de l'argent au Temple doit rendre ses gages dans les trente jours.

Cette période est très importante pour le droit templier. En 1163, l'Ordre est exempté de la tutelle patriarcale. La lutte pour les dîmes et les testaments trouve alors son point d'achèvement. L'évolution se poursuit jusqu'au début du XIIIe siècle.

C'est surtout avec le clergé que les Templiers rencontrent des difficultés. Des évêques comme Oldegaire ou Hatton, au début de l'Ordre, comme Benoît de Marseille ou le cardinal Jacques de Vitry sont rares. Au cours du XIIIe siècle, le droit templier s'affirme et se consolide vis-à-vis du pouvoir clérical. Dès son avènement au pontificat, Alexandre III réprouve les manœuvres du clergé qui exige le tiers de tous les legs faits aux templiers, en quelque endroit que ce soit. La bulle spécifie que les prêtres ne pourront retenir cette part que sur les donations des paroissiens qui se feront enterrer dans les cimetières de l'Ordre ; et encore, ce tiers est transformé en quart. Alexandre III semble avoir été peu entendu ; en 1191, Célestin III devra renouveler cette prescription. Dans cette bulle, datée du 15 juin 1191, à Saint-Pierre, le pontife stipule aux prélats de faire restituer aux Templiers les biens qui leur ont été injustement usurpés ; d'autre part, le quart des legs ne sera prélevé ni sur les chevaux et armes qui sont « de grande nécessité pour la défense de la Terre Sainte ». Il semblerait que, par cette bulle, le Pape ait encouragé les fidèles à être enterrés dans les cimetières templiers puisqu'il autorise l'Ordre à avoir des lieux de sépulture particuliers.

Le 8 août 1196, le même Célestin III, dans sa

grande bulle « Justis petentium desideriis », confirma l'exemption totale de toute juridiction épiscopale. Les prélats cependant prétendirent que les Templiers n'étaient exempts de dîmes que sur les terres nouvellement défrichées. Les frères rétorquèrent qu'ils ne devaient payer aucune dîme sur toutes les terres qu'ils cultivaient, qu'elles soient novales ou non. Le clergé séculier ne s'attaqua pas uniquement aux Templiers, mais, à cause de leurs nombreux privilèges, ils furent les plus visés. Le Chapitre dut souvent faire appel au Saint-Siège. Innocent III fut le défenseur du Temple, comme de certains ordres monastiques : Cîteaux, Grandmont. Dès son avènement, il exempta l'Ordre de toute autorité des juges et des officiaux, de tout contrôle de la part du clergé. Aucune maison de l'Ordre ne pouvait être visitée par des archevêques, évêques, abbés et même par le patriarche de Jérusalem sans son autorisation expresse. Cette clause est très importante car d'elle va découler tout le droit templier apparu au milieu du XIIe siècle tant en Orient qu'en Occident. Innocent III fut aussi le protecteur des Templiers. Il n'inaugura pas une série de bulles, mais maintint, à grands frais quelquefois, les droits déjà acquis et les privilèges établis.

La bulle « Justis petentium desideriis » fut renouvelée douze fois en onze ans de pontificat. La bulle « Non absque dolore », neuf fois, alors qu'Honorius III ne le fit qu'une fois et Grégoire IX pas du tout. Cette bulle ordonnait aux prélats de frapper d'excommunication les laïcs qui portaient atteinte aux biens du Temple et de suspendre les clercs et les religieux coupables des mêmes vexations. Le pape fut plus sévère pour ceux qui exigeaient le paiement des dîmes dont le Temple était exempt. Plusieurs autres bulles traduisent sa volonté de soutenir l'Ordre du Temple, comme d'ailleurs les autres ordres monastiques. Ainsi la bulle « Cum de viris », renouvelée huit fois, signifiait à tous les prélats que le pape avait appris des frères du Temple eux-mêmes que, dans certaines régions, des prélats avaient causé du tort, en forçant les hommes du Temple à se battre contre des chrétiens « en dépit de leur foi jurée », et qu'ensuite les frères avaient été obligés de dépenser de l'argent pour le rachat de leurs propres hommes, alors que ces sommes pouvaient servir plus sincèrement à la défense de la Terre Sainte.

Le 27 septembre 1206, Innocent III évoque un conflit qui oppose le clergé et le Temple. Il concède le renouvellement des privilèges de ses prédécesseurs Alexandre III, Lucius III, Urbain III et Clément III. Dans ce document, il exhorte le Maître et les membres de l'Ordre du Temple à défendre la Sainte Eglise en « tournant leurs armes contre les infidèles ». Il leur accorde tout ce qu'ils pourraient conquérir afin qu'ils emploient le butin pour leur propre usage. Il met sous la protection du Saint-Siège tous les biens acquis ou à acquérir. La Règle est, à nouveau, approuvée, ainsi que les us et les coutumes, la manière de vivre dans la chasteté, la pauvreté et l'obéissance au Maître. L'élection du Maître se fera toujours par le Chapitre de la Maison, par des personnes ayant fait profession de l'habit et des usages. Aucune coutume ou l'observance ne sera changée ou variée sans l'assentiment du Maître avec l'approbation et le consentement du Chapitre. Personne n'obligera ladite Milice ou même un membre en particulier à prêter fidélité, hommage, jugement ou autres obligations ou sûreté qui se rencontrent chez les séculiers. Aucun membre de l'Ordre, ayant fait profession, ne pourra retourner dans le siècle, ni passer dans un autre Ordre, même sous prétexte de plus grande ou plus petite observance, sans l'autorisation du Maître ; aucun supérieur ne pourra recevoir un templier sans une lettre de ce Maître. Les Templiers ne devront payer les dîmes de leurs terres, de leur propre travail, des terres qu'ils cultivent, ni des nourritures tant de leurs élevages que des animaux divers.

Le pape confirme les dîmes données par les clercs ou les testateurs, avec le consentement des évêques. Il accorde la faculté d'admettre des clercs et des prêtres pour célébrer les offices et administrer les sacrements à la maison principale de l'Ordre et aux dépendances et filiations de celle-ci, dans les juridictions et les obédiences. Les clercs et prêtres feront un an de noviciat. Ils auront droit à la même table et au même habit que les profès, à la différence que leur vêtement sera fermé. Ils pourront choisir le prélat qu'ils voudront pour la consécration des autels, des églises, des ordinations des clercs ou autres sacrements ecclésiastiques. Il prohibe, cependant, que les clercs de l'Ordre soient envoyés en prédication par intérêt. Le Pape concède la faculté, dans les lieux déserts donnés par des fidèles, d'établir une population, d'édifier église et cimetière pour l'usage des habitants, s'il n'y a pas, dans les environs, une abbaye ou une communauté religieuse ou paroissiale. Sinon, les installations seront réservées aux membres de l'Ordre.

A son entrée dans l'Ordre, le frère prononce les vœux et promet, par la cédule qu'il met sur l'autel, d'être au service de Dieu toute sa vie, sous l'obéissance du Maître. Le pape donne sa protection apostolique à toutes les personnes qui se destinent au Temple, « en confrère ou dans la fraternité ». Il autorise la quête dans tous les villages, une fois par an. A cette occasion les frères pourront célébrer les offices, même dans les lieux frappés d'excommunication ou d'interdit. Dans ces lieux interdits, les frères pourront, s'ils ont une maison, continuer à célébrer leurs offices, portes fermées, et recevoir les sacrements des mains de n'importe quel prêtre. Le Pape termine sa lettre en étendant tous les privilèges aux familles et servants de l'Ordre.

Cette bulle ne semble pas avoir été prise au sérieux par les prélats, puisque le pape leur enverra de nombreuses lettres « Cum Dilectis filiis », adressées à tous ou encore « Dilecti filii nostri », à tel ou tel, spécialement.

Tout cela est la trace d'un conflit important entre le Temple et les membres du clergé. Les allusions du pape font déjà entrevoir les accusations de richesse et d'avarice qui tomberont sur l'Ordre. Le souverain pontife engage les prélats à recevoir les frères qui quêtent avec honnêteté et à les présenter au peuple des églises. Il leur interdit de mettre les églises du Temple sous interdit ou excommunication. Il sera fait justice aux paroissiens qui molestent les frères ou entrent dans les maisons du Temple pour dérober les biens propres à l'Ordre ou ceux déposés par des particuliers.

A travers ces documents, le changement d'opinion, après un siècle, est sensible. Le temps est loin où les rois, les barons, les princes et les prélats encourageaient les donations. Néanmoins, malgré la perte de Jérusalem, les pèlerins étaient aussi nombreux. Souvent il arrivait que les pénitences imposées par l'Eglise se traduisent par un voyage aux Lieux Saints. Il y avait aussi les vœux, pratique très courante. Les pauvres s'engageaient sur les routes de Saint-Jacques ou autres lieux de pèlerinage importants d'Europe. Certains textes mentionnent des hôpitaux tenus par les Templiers. Si cela est exact, il ne faut pas croire que les Templiers soignaient des laïcs dans leurs « hôpitaux ». Cette clause était réservée aux Hospitaliers. Dans les régions où les Hospitaliers n'avaient pu s'implanter, d'autres ordres hospitaliers, plus ou moins importants avaient été fondés, comme les Chevaliers d'Aubrac. Le rôle du Temple était surtout de convoyer les pèlerins et non de les héberger. Le Commandeur de Jérusalem n'était-il pas chargé de conduire les pèlerins qui allaient au Jourdain ?

CHAPITRE VII

LA NOUVELLE BABYLONE JÉRUSALEM TOMBE

Il fallut un siècle pour que Jérusalem, redevenue chrétienne, fut à nouveau perdue.

Le projet de lancement d'une croisade en 1126 ne fut pas un grand succès. Cependant, le roi Baudouin II reprit l'idée de la conquête de Damas, occupé par les Ismaéliens. Ces fanatiques, plus connus sous le nom « d'Assassins », étaient installés près de la frontière franque, sur la place-forte de Panéas. Le roi de Jérusalem négocia quelques accords avec les Arabes de Damas. Les Assassins promirent même de lui livrer la ville en échange de Tyr. Le complot découvert, ils furent massacrés par Buri, chef de la dynastie musulmane des Sultans Burides de Damas.

Après les guerres de Damas, le successeur de Baudouin II se tourna vers l'Egypte, bien que celle-ci fût moins gênante.

Dès 1150, Baudouin III, à la tête d'une expédition, se dirigea au sud d'Ascalon et construisit la citadelle de Gaza. Elle fut confiée à l'Ordre du Temple. Les

Egyptiens essayèrent, en vain, de s'en emparer. Le Roi continua sa marche, encouragé par la mort, sous les murs de Gaza, de l'émir Vsâma Ibn Manquidh. Baudouin III ne put mener à bien sa tâche malgré l'argent qu'il reçut, malgré son union avec Théodora, nièce de Manuel Comnène, et la reconnaissance de la suzeraineté byzantine sur Antioche.

L'Egypte, souci primordial de Baudouin à son avènement au trône, n'était encore qu'une affaire toute récente malgré le blocus. Celui-ci fut effectué avec les Pisans, alliés commerciaux de l'Egypte. Les navires apportaient d'Europe le bois, la poix, les armes, le fer, toutes les matières premières pour la guerre. Baudouin, par le traité de 1156, demanda la non-livraison de ces fournitures contre de nombreuses et importantes compensations.

Baudouin III mourut en 1162, à l'âge de trente-deux ans. Même ses ennemis le pleurèrent. Le sultan Nur El Dîn fut ému et dit : « Les chrétiens ont perdu un roi sans égal. » Amaury, son frère, lui succéda. Comme tous les membres de la dynastie d'Ardenne-Anjou, il fut un bon administrateur et un fin diplomate. L'Egypte suscitait l'envie à la fois des Francs et des musulmans de Syrie. Suivant la voie tracée par son frère aîné, il reconnut que les Francs devaient posséder les ressources du pays. Depuis 968 l'Egypte était dirigée par la dynastie Fatimide, en pleine décadence avec ses khalifes et ses vizirs en proie à de sanglantes guerres intestines de sérail. Sa marine ne pouvait pas affronter celle des Francs ou celle des Turcs. Le delta du Nil n'était défendu par aucune forteresse, aucun château. Tout semblait favorable aux troupes franques.

Afin d'éviter l'envahissement de la Terre Sainte par les musulmans tandis que les troupes franques s'occuperaient de l'Egypte, Amaury développa l'alliance byzantine, surtout devant la montée de la famille kurde des Aiyûbides, ayant à sa tête Shirkûh et son neveu Salah-Al-Dûr-Yusuf.

La première expédition d'Amaury contre les Fatimides du Caire date de 1163. Ce raid prouva au sultan d'Egypte que son royaume était facile à prendre. Il en coûta au roi une somme de cent soixante mille dinars. En 1164, une nouvelle expédition fut décidée. A la tête des deux couvents du Temple et de l'Hôpital, et de sa propre armée Amaury arriva dans la vallée du Nil où Shirkûh l'avait devancé. Le vizir, effrayé par l'avance des troupes venues de Damas, fit appel aux Francs. Les armées franques traversèrent le désert du Sinaï et assiégèrent Bilbéis où, selon la lettre du Maître du Temple, Shirkûh se trouvait avec trente mille hommes. Amaury conclut un traité avec Shirkûh, puis rentra à Jérusalem et mit Antioche en état de défense.

A l'approche des Byzantins, il libéra Bohémond III, prince d'Antioche. Au même moment, Nûr-El-Dîn lança une attaque sur le comté de Tripoli et enleva les forteresses d'Harim et de Belanas. Antioche fut assiégée. La lettre du Maître du Temple à Louis VII est complétée par celle de Geoffroy Foucher, commandeur du royaume de Jérusalem et Grand Commandeur de l'Ordre en l'absence du Maître. Le dignitaire s'occupait des nombreuses affaires de son ordre. Il était en Palestine en 1144, comme le signale le cartulaire du Saint-Sépulcre. En 1146, il assista à la donation de Fontes, en Espagne. En 1148, il était à nouveau en Terre sainte en compagnie d'Evrard des Barres. Au printemps 1164, il était visiteur de France et d'Angleterre. Reparti pour Acre, il devint trésorier de la maison. Il écrivit au roi de France, cette même année, sûrement entre les pertes d'Harin et de Belvias, c'est-à-dire entre le 11 août et le début d'octobre.

Le Grand Commandeur, dans une deuxième lettre au roi écrite vers la même époque, apporte quelques détails complémentaires : Hugues de Lusignan est prisonnier à Alep ; soixante frères de l'Ordre sont morts, sans compter les confrères et les turcopoles. Geoffroy Foucher est désespéré : Antioche est aux mains du patriarche, mais le ravitaillement manquera dans deux mois et l'empereur byzantin menace, à son tour, d'assiéger la ville. Il termine sa lettre avec dureté : « Et nous, si peu nombreux à Jérusalem, nous sommes menacés d'invasion et de siège. »

L'état du royaume de Jérusalem était précaire. Le 17 octobre 1167, Belvias fut livré aux Turcs. La situation d'Antioche était critique. Dès le début de l'année 1169, Amaury fit appel à Louis VII et à Frédéric Barberousse qui ne répondirent pas, étant trop occupés en Europe. Entre-temps, Amaury, rentré en Palestine, se porta au secours d'Antioche. Nûr-El-Dîn abandonna le siège du Caire. La cour d'Egypte passa une alliance avec les Francs. Afin de protéger le Khalife du Caire contre une nouvelle attaque des Syriens, Amaury envoya deux ambassadeurs recevoir le traité d'alliance et de fidélité des Fatimides. Le roi choisit le comte Hugues de Césarée et frère Geoffroy Foucher du Temple. L'expérience diplomatique du Templier fut très utile. Ferme et courtois, le frère prit une grande part dans cette affaire. Guillaume de Tyr, malgré le rôle effacé qu'il donne à l'ambassadeur templier, raconte les détails de cette mission. Ils arrivèrent devant le Khalife, assis « sur un siège très précieux d'or et de pierre. » Il devait être bien jeune car « la barbe commençait à pousser ». L'accompagnateur des deux ambassadeurs, après avoir baisé les pieds de son maître, « s'assit à terre et à ses pieds ». Ayant évoqué la menace qui pesait sur l'Egypte, les envoyés obligèrent le Khalife à engager sa parole la main dans la main. Voyant qu'il ne pouvait faire autrement, le Khalife tendit sa main voilée de soie à

Hugues de Césarée qui refusa en disant : « Sire, si vous ne voulez pas ôter la couverture de votre main nous, simples gens, aurions grand soupçon de la déception de cela. » Le Khalife, afin de calmer le désarroi et le courroux des envoyés, tendit sa main nue « et s'engagea dans la main d'Hugues de Césarée. »

Le roi Amaury tenta une troisième campagne en Egypte. Elle se termina par un accord entre Amaury et Shirkûh. La cour du Caire commença à verser une partie du tribut de cent mille pièces d'or, pour s'assurer l'amitié et l'aide militaire des Francs.

Néanmoins, les troupes franques renouvelèrent leur expédition contre le roi d'Egypte, leur propre allié. Le siège du Caire fut entrepris. Mais le vieil ennemi Shirkûh était dans la péninsule du Sinaï. Amaury dirigea ses troupes sur Bilbéis, alors que l'adversaire investissait le Caire.

Un nom, qui allait être d'actualité, apparut alors. Parmi les chefs des armées de Shirkûh se trouvait Saladin. Le 18 janvier 1169, il assassina le grand vizir Shavâr et s'empara du Caire. Shirkûh mort, la ville fut aux mains du jeune neveu. Au mois d'août 1169, Saladin fit massacrer la garde soudanaise et arménienne du Khalife. Il supprima alors le Khalifat fatimide de l'Egypte et unifia l'Egypte et la Syrie sous la domination du Khalifat abbasside de Bagdad. Le royaume était pris dans l'étau, ce que comprit Bertrand de Blanquefort. Il refusa de suivre le roi Amaury avec le couvent du Temple. Le Maître attendait, tout d'abord, des renforts après la perte de six cents chevaliers et de douze mille sergents, à la bataille de Marim. Ensuite, ayant vu des troupes musulmanes se concentrer aux extrémités du pays, il préféra rester sur ses positions. D'ailleurs, la rupture par Amaury des accords passés entre le Khalife du Caire et le Commandeur de Jérusalem n'arrangea pas les choses. Guillaume de Tyr, pour une fois, donne raison aux Templiers et reconnaît la stratégie du Temple : attendre les événements et étudier une attaque répressive. L'archevêque rend entièrement responsable de cette expédition le Maître de l'Hôpital, Gilbert d'Assailly, dont il fait un portrait assez défavorable.

Les craintes du Maître du Temple s'avérèrent justes. La troisième expédition sur l'Egypte fut un désastre pour le royaume franc. Elle est à l'origine de la perte de Jérusalem. Du point de vue stratégique, ce fut une catastrophe. Amaury rentra dans son royaume. Il venait de susciter l'union « des deux royaumes très puissants Babylone (le Caire) et Damas ». C'était ce qu'avait toujours redouté le Maître du Temple.

Bertrand de Blanquefort ne vit pas la perte progressive des places fortes du royaume. Il mourut le 2 janvier 1169. L'ancien ambassadeur, de son côté, était en Europe depuis 1168, en qualité de Commandeur des Maisons du Temple en-deçà des mers.

Le Temple avait subi de nombreuses pertes matérielles durant les campagnes. La mort de Bertrand de Blanquefort et la nomination de Geoffroy Foucher en Europe furent plus catastrophiques encore. Il était difficile de trouver aussitôt un successeur digne du Maître défunt. Il fallait un diplomate et un véritable chef militaire. Philippe de Naplouse fut élu. Sa maîtrise fut de courte durée car il donna sa démission peu de temps après. Eudes de Saint-Amand lui succéda. Guillaume de Tyr, qui le détestait, le dépeint comme un homme « ayant le souffle de la fureur en ses narines, ni craignant Dieu, ni respectant les hommes. » Avant d'appartenir au Temple, le nouveau Maître avait été Maréchal puis Grand Echanson du Royaume. Malgré le portrait de Guillaume de Tyr; Eudes de Saint-Amand fut un Maître plein de qualités. Il resta inflexible quant à la souveraineté et à l'indépendance de son Ordre. Il lutta avec vigueur contre la puissance du roi de Jérusalem, ce qui évita au Temple de fâcheuses situations. Mais son intransigeance fut néfaste du point de vue diplomatique.

Après l'unité de la Syrie et de l'Egypte, l'horizon s'assombrissait. Dès 1170, Saladin rognait les frontières sud du royaume et prenait la ville basse de Gaza. Tandis que le roi Amaury obligeait les Egyptiens à lever le siège de la forteresse de Darin et de Gaza, ces derniers, avec leur flotte de la mer Rouge, prenait le port franc d'Aila.

En 1172, la secte mystérieuse des Ismaéliens — ces fameux Assassins qui firent couler tant d'encre —, par l'intermédiaire de son chef, dit le Vieux de la Montagne, envoya une ambassade auprès du roi de Jérusalem afin d'établir des relations et d'offrir une alliance contre les Sarrasins. Le Vieux de la Montagne proposa même de se faire chrétien avec tous ses fidèles. Les chroniqueurs arabes des croisades ne se trompent pas lorsqu'ils racontent le but de cette ambassade.

Les Assassins ne croyaient en rien, c'est sûr, et la Chronique d'Ambroise nous renseigne bien à ce sujet. Ils n'osèrent pas s'attaquer aux Templiers, ni aux Hospitaliers, parce que, comme ils le disaient : « A quoi bon tuer leur Maître puisqu'ils ne feront qu'en mettre un autre à sa place. » On se rend compte que les élucubrations sur les relations Templiers-Assassins sont complètement erronées. Qui étaient donc ces Assassins ? Laissons les écrits modernes de côté, surtout ceux qui font un parallèle incohérent avec les structures maçonniques des Loges. Qui peut parler d'initiation chez les Assassins, des neuf degrés d'initiation, des Loges séparées entre hommes et femmes alors que les Assassins, comme les ordre militaires chrétiens, se composaient uniquement d'hommes et de célibataires ! Descendant de la branche cadette de Mahomet par Ismaël, fils d'Agar, ils se séparèrent de la branche officielle pour rester entre eux, suivant les préceptes de l'Islam. Ils ne descendent pas d'un Iman Ismaël, fils de Dosheferi-Sudik, comme on l'a écrit.

L'ambassade, une fois arrivée à Jérusalem, se rendit chez le roi Amaury. Il accepta aussitôt les propositions du Vieux de la Montagne. Les émissaires s'en retournèrent vers leur maître avec des lettres et des présents. C'est alors que les Templiers les attaquèrent et les égorgèrent. Les éclaircissements apportés par les Chroniques ne permettent pas de rien affirmer. Néanmoins, nous savons que les ambassadeurs portaient une lettre exigeant l'abandon par les Templiers du tribut qu'ils levaient sur leurs territoires. Le roi Amaury, ayant donné son approbation, promit de donner aux chevaliers une somme égale à celle que leur devaient les Assassins. Mais on peut se demander jusqu'à quel point les Templiers ne furent pas sceptiques et ne prirent pas certaines promesses pour illusoires. Amaury, en colère, indigné, s'excusa auprès du Vieux. Ce dernier ne voulut plus rien entendre ni rien savoir de son alliance et de sa conversion au christianisme. Le roi demanda à Eudes de Saint-Amand de livrer les meurtriers en justice. Il refusa. Il fit savoir que le coupable était un certain Gautier du Mesnil, chevalier stupide et borgne, qui devait être jugé en Chapitre et non par une justice laïque, ce qui était contraire à l'Ordre. Devant ce refus, Amaury fit le siège de la Commanderie de Sidon, se saisit de la personne de frère Gautier et le fit enfermer dans les cachots de Tyr où il mourut. Guillaume de Tyr poursuit son récit en disant que le roi avait l'intention de venger les Assassins et de remettre le Temple dans un autre chemin, car il devenait un véritable danger pour le royaume.

Cet exemple reflète le mal de l'époque : la lutte

divisant le pouvoir spirituel et le pouvoir temporel. Lorsque le Maître du Temple refusa de livrer son frère, il était dans une situation semblable à celle de Thomas Becket et des prélats français occupant certaines charges politiques. Toutefois Eudes de Saint-Amand manqua énormément de tact dans cette affaire. Car si, dans le Temple, les affaires politiques complétaient les privilèges ecclésiastiques, il aurait pu éviter, avec plus de diplomatie, ce conflit important qui ne cessa de perdre la Maison. Heureusement, la mort d'Amaury sauva le tout.

Ce fut aussi sous la maîtrise d'Eudes de Saint-Amand qu'eut lieu un important différent, Les diverses querelles nées de la jalousie des deux ordres, ne trouvèrent une solution que par un traité ratifié par Alexandre III, le 2 août 1179.

Le 11 juillet 1174, Amaury mourut à l'âge de trente-neuf ans, emporté par le typhus. Il laissait un fils de treize ans et deux filles. Ce fils, Baudouin IV, était atteint de la lèpre. La régence revint à Raymond de Tripoli, cousin du roi défunt, par sa mère. L'état périlleux du royaume ne semblait pas inquiéter les barons et les prélats. Les racines profondes du mal étaient une mauvaise politique et le travail rongeur des partis.

Sous cette régence, de 1174 à 1177, la Terre Sainte connut les dernières années de paix relative. En effet, Saladin, dans le courant de l'hiver 1174-1175 assiégea Alep et les Turcs firent appel aux Francs, désunis et affaiblis. Maintenant son idée d'une Syrie musulmane unie, Saladin entretenait le feu de la guerre. Dès le mois de juillet 1176, il revint assiéger Alep. Baudouin comprit combien la situation était angoissante. Son armée guerroyait entre Antioche et Alep. Il devança Saladin à Ascalon. Mais celui-ci, à la tête de vingt-six mille hommes se dirigeait sur Jérusalem, laissant seulement un petit effectif. Brûlant et pillant tout ce qu'il trouvait sur son passage au travers de la plaine entre Ascalon et Ramla, il marcha triomphalement et sans rencontrer d'obstacles. Le jeune Roi, en garnison à Ascalon, fit une sortie derrière l'armée turque. La petite troupe franque fut renforcée par l'arrivée de quatre-vingts chevaliers du Temple conduits par Maître Eudes de Saint-Amand. Les musulmans, croyant venir à bout de cette petite troupe, perdirent leur constance et lâchèrent pied. L'armée des infidèles avec ses milliers de Turcs, Kurdes, Arabes et Soudanais prit la fuite devant la charge franque, mais ce fut la dernière fois. Cette victoire se passa à Ledda, entre Jérusalem et la côte. Une paix favorable aux Francs s'établit et permit de mettre la Galilée à l'abri des incursions musulmanes venues du Nord.

Entre-temps, Raymond se retira à Tripoli et le jeune roi de dix-neuf ans prit comme conseiller le Maître du Temple.

Selon les accords, en période de trêve aucune forteresse nouvelle ne pouvait être édifiée sur les frontières. Malgré cela Eudes de Saint-Amand suggéra la construction du château du Gué de Jacob, situé sur le Jourdain, en amont de Génésareth et qui commandait la route de Tibériade à Qounestra. Le Roi fut réticent, à cause du traité, mais finit par céder. En octobre 1178, une puissante forteresse commença à s'élever, sous la direction du Maître du Temple qui faisait fi des considérations ecclésiastiques et féodales. Ni lui-même ni son Ordre n'avait pris, disait-il, d'engagement de cette sorte. Bientôt, une garnison de soixante frères du Temple et de mille cinq cents mercenaires à la solde du roi, s'installa au « Châtelet » sous la direction du Sénéchal du Temple, Gérard de Rideford.

Le roi et le Maître du Temple poursuivirent leur route en longeant la frontière jusqu'à Bâniyâs. Avec leur troupe et en compagnie du comte de Tripoli, les deux chefs chevauchèrent jusqu'à l'entrée du Mardj Ayours où, des hauteurs du Hourim, ils découvrirent l'armée de Saladin. Le combat s'engagea, mais les Francs se dispersèrent pendant la descente. Eudes prit avec impétuosité la tête de son couvent, contre les Turcs. Saladin ayant vu la manœuvre, eut le temps de se porter sur les lieux avec le gros de ses troupes. Baudouin IV et le comte de Tripoli réussirent à s'échapper. Le Maître du Temple et de nombreux chevaliers furent emmenés captifs. C'était le 10 juin 1179.

Saladin fit raser la forteresse du Gué de Jacob, après quelques jours de siège. Le roi lépreux, qui pendant trois ans avait tenu tête au redoutable envahisseur, se résigna, malgré sa maladie, à conclure un nouvel accord.

Eudes de Saint-Amand mourut dans les geôles musulmanes, ayant refusé toute rançon ou échange.

La succession fut difficile. Le souci de l'Ordre était de redresser les maisons tant au point de vue politique que militaire et moral. Les textes signalant l'élection d'Arnaud de la Tour Rouge à la charge suprême font état d'un long débat acharné. Le choix des électeurs ne put se faire au premier tour. Certains penchaient pour Arnaud de la Tour Rouge, Maître des Espagnes, plus apte à commander en chef, d'autres pour Gérard de Rideford, anciennement Maréchal du Royaume et actuellement Sénéchal de l'Ordre. Après plusieurs jours de discussions, le Maître des Espagnes fut élu.

Le roi lépreux, voyant sa santé décliner, se préoccupa de sa succession. Elle revenait à sa sœur cadette Sibylle. Veuve à l'âge de seize ans de Guillaume de Montferrat, elle avait épousé Guy de Lusignan. Par ce mariage, il reçut l'apanage de Jaffa et d'Ascalon et voulut devenir régent du royaume. Le Roi mourant avait un autre choix en la personne d'Onfroi IV de

Tours, mari d'Isabelle, sœur des deux précédents. Mais le danger était imminent. Saladin tenait dans une main de fer la Syrie et l'Egypte réunies. Il fallait un régent fort, au moral et au physique, capable de jouer un rôle politique, diplomatique et militaire. Baudouin IV trouva cet homme en Raymond III, comte de Tripoli. Mais Agnès de Courtenay, femme répudiée d'Amaury et mère de Baudouin, avide de gloire, fit savoir au jeune roi que le comte arrivait en ses terres pour lui arracher le royaume. Il lui fut donc défendu de pénétrer en Galilée. Le sort tomba sur Jocelin III de Courtenay, Sénéchal du royaume et oncle du roi et sur le fameux Guy de Lusignan. Malade, transporté en litière sur les lieux de bataille, Baudouin, aveugle et mourant, se rendit compte du désastre de Séphorie, au mois d'octobre 1183. Il mesura aussi l'inexpérience et l'irréflexion de Guy de Lusignan. Il lui retira la baillie du royaume, nomma pour successeur son propre neveu, le futur Baudouin V, et pour régent le comte de Tripoli.

Entre-temps, les barons de Terre Sainte, devant cette situation désastreuse, décidèrent d'envoyer une ambassade en Europe. On désigna le patriarche Héraclius, et les Maîtres de l'Hôpital et du Temple. Les ambassadeurs devaient s'adresser, particulièrement, à Henri II Plantagenet, roi d'Angleterre et cousin de Baudouin, et, s'il le fallait, lui offrir la couronne, dans le cas où la branche cadette viendrait à s'éteindre.

C'est au cours de ce voyage que le Maître du Temple mourut, à Vérone, le 30 septembre 1184. Le résultat de cette délégation fut l'indifférence totale des rois de France et d'Angleterre, l'imposition de la dîme de Saladin et la consécration, par le patriarche, de l'église du Temple de Londres.

Arnaud de Tour Rouge fut le dernier Maître élu par l'ensemble du Chapitre. Ses successeurs seront élus par les treize Grands Electeurs, secrètement, ce qui évitera les heurts entre chevaliers, comme ce fut le cas pour Arnaud. Toutefois, à l'élection du Sénéchal Gérard de Ridefort se trouva opposé le Commandeur de Jérusalem Gilbert Erail. C'était, nous le verrons, un homme de bon sens, plein de qualités, de modération, de prévoyance et d'habileté, au contraire de Gérard de Rideford.

Gilbert Erail, ayant été éligible, le Maître, afin d'éviter une rupture dans l'Ordre, envoya son Sénéchal dans les terres d'Europe en qualité de Maître en Provence et en Espagne jusqu'en 1189, et de Maître en-deçà des Mers de 1190 à 1193. Son administration fut si brillante et les désastreuses machinations de Gérard de Rideford si néfastes, que les électeurs le rappelleront comme chef suprême.

La maîtrise de Gérard de Rideford fut une catastrophe totale pour l'Ordre et pour la Terre Sainte. Le nouveau Maître n'avait aucune capacité militaire. Têtu, aventurier, il occupa les fonctions de Grand Maître au moment le plus critique du royaume latin. Le pouvoir absolu qu'il s'octroya, en balance toutefois avec les pouvoirs du chapitre, aurait pu être modéré si certaines réactions du Couvent s'étaient manifestées. Mais, hélas !

Baudouin IV mourut en 1185 et son successeur ne lui survécut qu'un an. Un problème de succession était à nouveau posé. Conformément au serment fait lors de la remise de la baillie, Raymond de Tripoli devait conserver la régence pendant dix ans, en attendant que le pape, l'empereur, les rois de France et d'Angleterre se soient mis d'accord sur le futur roi. Profitant de l'enterrement du petit roi et de l'absence du comte de Tripoli, Gérard de Rideford, le patriarche Héraclius et Renaud de Châtillon, tout acquis à Sybille et à Guy de Lusignan, leur assurèrent un appui total pour un couronnement par surprise. Roger des Moulins, Maître de l'Hôpital, essaya en vain de rendre ce couronnement impossible. Il détenait en effet une des clés du coffre où était enfermée la couronne royale. Le Maître de Saint-Jean dut céder sous la menace d'une émeute que Renaud de Châtillon se serait bien chargé de déclencher.

Avec hâte, tout ce petit monde se rendit au Saint-Sépulcre. Héraclius posa le diadème sur la tête de Sybille, laquelle couronna son mari.

Cependant, Raymond III de Tripoli, s'appuyant sur l'alliance des Hospitaliers et ses relations avec Saladin, pensa un moment faire accepter la couronne à Onfroi. Celui-ci, pris de panique, s'enfuit de Naplouse pour Jérusalem où il fut l'un des premiers à prêter hommage à Guy de Lusignan. Les électeurs de Naplouse se séparèrent tandis que Raymond de Tripoli se retira dans son château de Tibériade. Baudouin de Rames abandonna ses fiefs à son fils Thomas et partit pour Antioche. Tous les autres barons, réunis à Acre, prêtèrent hommage à Guy de Lusignan. A la vérité, ce fut un véritable coup d'Etat.

Le premier geste politique de Lusignan aurait dû être de réconciliation, afin de grouper toute la noblesse. Des esprits modérés essayèrent d'unifier le royaume : Balian d'Ibelin, Roger des Moulins, Maître de l'Hôpital et l'archevêque de Tyr. Tout fut vain, le parti des Lusignan poussa le comte de Tripoli à bout. Il faut voir là l'influence occulte de Gérard de Rideford devenu un des principaux conseillers de Lusignan. Celui-ci, faible de caractère, orgueilleux, prenait l'avis de tous. Une mission partit pour le château de Raymond, dans les derniers jours d'avril, avec une escorte de dix chevaliers de l'Hôpital. Les maîtres de l'Hôpital et du Temple accompagnèrent Balian d'Ibelin, qui, passant par son fief de Naplouse, s'arrêta pour la journée, disant aux deux maîtres qu'il les rejoindrait au château de La Fève.

Cette nuit fut la plus sérieuse de toutes. D'elle dépendit le sort de la Terre Sainte, et sur un simple hasard. Chevauchant près de la ville de Tubas et souhaitant entendre la messe le lendemain matin, jour des saints Philippe et Jacques, Balian alla frapper à la porte de l'évêque. Au lever du jour, l'évêque et sa suite ouïrent la messe et Balian reprit son chemin avec ses sergents et ses écuyers. S'approchant du château de La Fève, sur la plaine d'Esdralon, le seigneur de Naplouse fut surpris par l'installation du camp des Templiers. S'étant approché, il s'aperçut que les tentes étaient vides et le château abandonné. Balian allait s'en retourner lorsqu'un chevalier du Temple vint l'avertir du désastre.

Saladin entreprenait une attaque de représailles contre la Palestine, plusieurs caravanes ayant été pillées par les Francs durant la trêve. Cette faute était due à Renaud de Châtillon. Il avait enlevé une caravane en Arabie. Saladin réclama réparation à Lusignan, mais Châtillon refusa impérativement toute restitution. Le 29 avril 1182, Saladin, conformément au traité conclu avec le comte de Tripoli, demanda le passage à travers la Galilée pour ravager Acre. Raymond n'osa pas rompre. Il demanda à Saladin que la razzia ne dure qu'une journée et qu'aucune ville ou aucun village ne soit attaqué.

Les chrétiens furent avertis et se mirent à l'abri. Les deux maîtres des ordres étaient à La Fère. Gérard de Ridefort envoya un message à son Maréchal Jacques de Mailly qui campait à quelques kilomètres de là, au Casal de Kakoun, lui ordonnant de venir le rejoindre avec le couvent. Il arriva dans la nuit. Le lendemain, le Maître du Temple et le Maître de l'Hôpital, à la tête de cent cinquante chevaliers, surtout Templiers, après être passés à Nazareth, se dirigèrent vers la Fontaine de Cresson. L'attaque fut lancée sous les ordres du Maître du Temple. Si le terrain était peut-être favorable, la disproportion du nombre des combattants ne l'était pas : cent cinquante chevaliers chrétiens contre sept mille mameluks. Le Maréchal du Temple et le Maître de l'Hôpital, prévoyant un désastre rapide, conseillèrent la retraite. La chronique nous a conservé le dialogue du Maître et de son Maréchal. — « Vous parlez comme quelqu'un qui voudrait fuir, trop aimez-vous cette tête blonde que vous voulez si bien garder ! »

Le Maréchal lui répondit : « Je mourrai face à l'ennemi comme un homme de bien. C'est vous qui tournerez bride comme un traître. »

Jacques de Mailly ne croyait pas si bien parler. A la fin de la bataille, trois chevaliers du Temple s'échappèrent, parmi lesquels Gérard de Rideford.

Le Maréchal du Temple, de son côté, avait combattu loyalement et courageusement ; sa belle tête blonde, refusant de se rendre, tomba sous un déluge de flèches d'arbalètes.

Le Maître, avec toute sa lâcheté, s'enfuit sur Nazareth où Balian le rejoignit. Il devait être blessé, mais la honte d'avoir fui fut peut-être plus cuisante encore, puisqu'il laissa son compagnon poursuivre seul son chemin jusqu'à Tibériade. Là, le seigneur de Naplouse rencontra Raymond de Tripoli, en plein désarroi : les Turcs étaient passés près de son château avec, au bout de leurs lances, la tête des Templiers. Le Maître de l'Hôpital fut tué, et la population de Nazareth, entraînée par Gérard, fut presque entièrement capturée.

Raymond III, pris de remords, se sépara de la garnison musulmane de Tibériade et se réconcilia avec le roi. Bohémond III d'Antioche envoya son propre fils, Raymond, tandis que Gérard de Rideford, comme pour se faire pardonner, rassembla, grâce à la richesse du Temple, une importante garnison. Le ban et l'arrière-ban du royaume furent réunis. Le Maître du Temple versa au roi tout ce que Henri d'Angleterre avait déposé au Trésor de l'Ordre pour subvenir aux frais d'une croisade anglaise. L'armée se concentra près de Nazareth, autour de la fontaine de Séphonie. Ce fut la plus belle armée jamais vue en Terre Sainte. Le patriarche de Jérusalem, Héraclius, se fit excuser, prétextant une fièvre. A cette occasion, il confia la relique de la Vraie Croix aux frères du Temple, au lieu de la porter lui-même au-devant des armées ennemies.

Tous les seigneurs de la Terre furent au rendez-vous. Raymond de Tripoli et ses quatre gendres : Hugues, Guillaume, Odon et Raoul. Balian d'Ibelin, Renaud de Sidon, Renaud de Châtillon, Honfroi de Toron, les armées de l'Hôpital et du Temple. Cette dernière était forte de deux cent cinquante chevaliers, les frères-sergents, les sergents et écuyers à solde et les Turcopoles. L'armée franque se composait de trente mille soldats parmi lesquels mille deux cents chevaliers et quatre mille Turcopoles. Or, pendant que se préparait la bataille, Saladin attaquait Tibériade. Raymond de Tripoli fit voir au roi les difficultés de la campagne. La question de l'eau surtout causait du souci au comte. Il conseilla de se porter sur un point d'eau et d'attendre la retraite de Saladin. Le Maître du Temple accusa Raymond de lâcheté. Un conseil fut réuni et Hugues de Tibériade, l'aîné des gendres du comte Raymond, supplia que l'on se portât au secours de sa mère. Le comte s'y opposa lui-même en disant : « Tabarie est à moi, ainsi que ma femme et mes biens, et nul ne perdrait autant que moi si elle est perdue. Et s'ils prennent ma femme et mes hommes et mon bien et ils abattent ma cité, je les recouvrerai quand je pourrai et je rebâtirai ma cité quand je pourrai, car j'aime mieux que Tabarie soit abattue plutôt que voir toute la Terre perdue. » On était au début du mois de juillet ; le pays commençait à se dessécher. Les barons et le roi lui-même se laissèrent convaincre, mais Gérard de Rideford, au milieu de la nuit, entra dans la tente du faible Lusignan et lui dit : « Sire, croyez-vous ce traître qui vous a donné ce conseil. C'est pour vous honnir qu'il vous l'a donné. Car grande honte aurez-vous et grands reproches (...) si vous laissez, à six lieues près de vous, prendre une cité (...). Et sachez bien que les Templiers déposeraient leurs blancs manteaux et vendraient et engageraient tous les biens qu'ils ont que la honte ne fut vengée que les Sarrasins nous ont fait. Allez, faites crier l'ost, que tous s'arment et aillent chacun dans son détachement et suivent le gonfanon de la Sainte-Croix. »

Le Lusignan se décidant toujours lorsqu'il recevait de mauvais conseils, fit reprendre la marche. Le 4 au matin, ils traversèrent la longue vallée aride qui les mena, sur les conseils de Raymond III, aux cornes de Hattin, tandis que sur l'autre versant, la route descendant jusqu'au lac de Tibériade était surveillée par les armées de Saladin.

La tête de l'armée était dirigée par Raymond et ses gendres, en leur qualité de seigneurs du fief. Le Roi venait ensuite avec le gros de la troupe, et les Templiers fermaient la marche. Accablée par la chaleur et la soif, l'armée franque fut encerclée sur la butte de Hattin. Toute la journée les musulmans attaquèrent par des pointes brusques et des traits de flèches lancés par des cavaliers au galop. Néanmoins, des charges chrétiennes, quelque peu héroïques, refoulèrent plusieurs fois les musulmans, mettant en danger Saladin en personne.

Les Turcs employèrent leur stratégie accoutumée. Les Francs, dirigés par de vrais chefs de guerre, recevaient toujours des ordres contradictoires provenant d'un faible Lusignan et d'un fou-orgueilleux, le Maître du Temple. L'arrière-garde fut la première touchée par les arbalètes turques et les Templiers qui occupaient cette place, tombèrent sous des salves de flèches décochées avec rapidité. Le soir, le roi fit halte au Casal de Marescalera. Là encore, les puits étaient à sec, les herbes craquaient sous les sabots des chevaux et les pieds des fantassins. Cela servit beaucoup les Sarrasins qui, durant la nuit, encerclèrent le village, mettant le feu aux broussailles. Ce fut lors de cette fameuse nuit qu'un Templier enfouit la Vraie Croix dans le sable.

Le lendemain, à l'aube, ce fut le coup décisif. Les troupes à pied s'en furent dans les montagnes à la recherche de points d'eau, de sources. Les chevaliers se mirent en escadron et livrèrent bataille. En une dernière pointe, Raymond III, et ses quatre gendres, Renaud de Sidon et Balian d'Ibelin attaquèrent à la tête des troupes de Galilée et enfoncèrent les lignes musulmanes, sauvant ainsi leurs corps d'armée. Le reste de l'armée, sous les ordres du roi, tomba aux mains de Saladin. Il montra beaucoup de magnanimité et traita avec courtoisie Guy de Lusignan. Renaud de Châtillon fut décapité en sa qualité de chevalier brigand, pillard de caravane. Il en fut de même pour les Templiers et les Hospitaliers, ennemis jurés de l'Islam. Seul Gérard de Rideford fut épargné. Cela montre quelles étaient les relations Templiers-musulmans. Le supplice qu'endurèrent les Templiers fut des plus atroces. Attachés à des poteaux, ils furent écorchés, tranchés par des bourreaux jouissant à la vue du sang. Deux cent trente chevaliers périrent ainsi, plutôt que « lever le doigt et crier la loi » comme le voulait Saladin en échange de leur vie. Cette bataille de Hattin est la base de départ de l'effondrement du royaume.

Le gros de l'armée étant composé de presque toutes les forces du royaume, Saladin n'eut aucune peine à s'emparer des forteresses. Le 5 juillet 1187, Tibériade se rendait au Sultan et le 9 juillet ce fut le tour d'Acre que donna Jocelin III en échange de la libre sortie de la population. L'armée Aiyûbide se partagea les biens. Les biens du Temple furent attribués à un jurisconsulte du Sultan, Isâ-al-Hakkari.

Pendant ce temps, une autre armée sarrasine remontait d'Egypte vers le nord. Jaffa et Mirabel succombèrent tandis qu'Ascalon put résister. Toron capitula devant Saladin le 26 juillet, puis ce furent Sarepta et Sidon. Beyrouth tint durant dix jours, et, le 9 août, un accord d'évacuation de la ville fut passé : dans le comté de Tripoli, Saladin reçut Gigelet et Boutron en guise de rançon. Tandis que Gérard de Rideford faisait capituler Gaza et les forts voisins, Ascalon tint un mois de siège malgré les exhortations de Gérard, mais capitula le 5 septembre.

A Jérusalem, le désarroi était à son sommet. Le patriarche, oubliant luxure et intrigues, organisait une résistance formée de bourgeois, des enfants et des vieillards. Saladin, allant de victoire en victoire, voulait prendre la Ville Sainte le plus tôt possible. Mais Balian d'Ibelin s'était déjà présenté dans la cité avec un sauf-conduit du Sultan. Les femmes et les enfants ayant demandé sa présence, il instaura un gouvernement provisoire. Créant une petite armée, conférant la chevalerie à quelques dizaines de bourgeois et jeunes nobles, il exigeait même que les habitants de la ville lui prêtent hommage. Depuis Hattin, la ville soufflait un peu, et ce répit permit de refuser à Saladin la reddition totale des biens.

Le 20 décembre, Saladin commença le siège de Jérusalem. Le patriarche demanda à Balian de capituler, ce que Saladin refusa. Le seigneur de la Ville assiégée menaça de raser la mosquée d'Omar et de tout anéantir dans la cité. Saladin consentit, alors, à faire payer une rançon à la population qui se dirigerait, ensuite, vers Tripoli. Le chroniqueur arabe, Ibn Alatyr, témoin des événements, écrit à ce sujet : « Il fut convenu que chaque homme de la ville, riche ou pauvre, paierait pour sa rançon dix pièces d'or, les femmes cinq et les enfants, mâles ou femmes deux. Un délai de quarante jours fut accordé pour le paiement de ce tribut. Passé ce délai, tous ceux qui ne se seraient pas acquittés de cette somme, seraient considérés comme esclaves. » Balian ayant fait savoir que beaucoup de gens ne pouvaient pas payer, à cause de leur pauvreté, Saladin consentit à une rançon collective de trente mille besans pour sept mille personnes. Le patriarche et les bourgeois raclèrent leurs bourses, tandis que les Hospitaliers et les Templiers firent preuve d'une avarice sans précédent, sous prétexte que l'argent qu'ils avaient ne leur appartenait pas. Il faut croire que la population de Jérusalem était importante, puisque les chroniqueurs signalent tous que onze mille habitants ne furent ni rançonnés, ni libérés. La générosité de Saladin se fit jour puisqu'il libéra cinq cents chrétiens par amour pour Balian. Il en fit autant pour le patriarche. Al ' Adil, frère du Sultan, se fit remettre mille captifs qu'il libéra aussitôt. La séparation fut atroce, des familles entières furent démembrées durant ce mois d'octobre 1187. Les colonnes rançonnées furent conduites à Tripoli, l'une dirigée par les Templiers, une autre par les Hospitaliers et la dernière par le patriarche et Balian.

Le choniqueur Kâmil-al-Tewarikh *nous signale qu'il* restait dans la ville quinze mille Francs qui furent réduits à l'esclavage et dont cinq mille furent envoyés en Egypte pour construire des fortifications.

Une fois dans la Ville Sainte, les musulmans fermèrent le Sépulcre et rendirent les mosquées au culte islamique, principalement Saint-Jacques-le-Mineur —

Templum Domini — et le Temple de Salomon. Des immigrants juifs furent invités à revenir dans la Terre et les Grecs prirent la place des Francs. Tandis qu'Isaac l'Ange, le nouvel empereur de Byzance félicitait Saladin et que le patriarche grec entrait dans la ville, Raymond III fermait les portes de Tripoli aux réfugiés francs, libérés sous rançon.

On reproche aux Templiers leur avarice pour la libération des Francs de Jérusalem. Cela peut s'expliquer, et même s'excuser. Tout d'abord, la situation de l'Ordre en Terre Sainte était précaire, le Maître était prisonnier, les chevaliers morts, et, il ne faut pas l'oublier, il y avait la Règle. Le seul dignitaire restant était un certain frère Thierry, ou Théry, qui s'intitule Grand Commandeur, donc sans pouvoir. Il n'avait aucun droit de disposition, sauf de tenir conseil ou de donner des armes en attendant le retour du Maître. Dans le cas où il aurait touché au trésor, il perdait son habit et pouvait être chassé de l'Ordre. La Règle était intransigeante et il était difficile de la contourner. Il se trouvera un exemple semblable, au cours de l'Histoire, lorsqu'il sera question de verser la rançon pour la libération de saint Louis.

Le Grand Commandeur, frère Thierry, nous est connu par une lettre qu'il envoya aux frères d'Occident, il ne fait qu'annoncer le désastre d'Hattin et la perte de Jérusalem. Il raconte comment deux cent trente chevaliers trouvèrent la mort à Hattin et soixante à Cresson. Mais « les Turcs se répandent comme des fourmis sur la Terre Sainte ». Il ne parle pas des forteresses du Temple et principalement de Safed, Gaza et Tortose. Ce qui le préoccupe surtout est de voir la Terre vide de chevaliers, aussi demande-t-il du renfort.

Que devons-nous penser ? Gérard de Rideford, par son orgueil, détruisit, en grande partie, le prestige du

Temple et surtout son honneur. Avec lui commencèrent les reproches et les soupçons. Les manteaux ne sont plus immaculés. Quelques Maîtres redonneront un certain éclat, mais ce ne sera plus au niveau des ardeurs premières.

CHAPITRE VIII

LE TEMPLE BANQUE ET DIPLOMATIE

LES Templiers furent des manipulateurs d'argent, de véritables financiers, précurseurs des Sociétés italiennes qui foisonneront dès le XIVe siècle. Pendant près de deux siècles, ils eurent entre leurs mains la majeure partie des capitaux de l'Europe. Par la confiance qu'ils inspiraient, ils furent les trésoriers de l'Eglise, des princes, des rois et des particuliers.

En principe, les établissements religieux étaient inviolables au Moyen Age. De ce fait, ils étaient l'objet du plus profond respect. A cela s'alliait, chez les Templiers, une réputation militaire dont ils fournissaient la preuve sur les champs de bataille. L'usage des dépôts dans les maisons religieuses devint fréquent au XIIIe siècle. Aussi voyons-nous, en 1253, un concile réuni à Saumur, interdire aux abbés, prieurs et religieux, de déposer de l'argent hors de leurs églises. Cisterciens, clunisiens, prémontrés, chanoines de Saint-Victor, autant d'ordres religieux qui furent choisis pour recevoir des dépôts de fonds ou d'objets précieux. A ces maisons, s'ajoutaient les couvents des dominicains de Metz, Paris, Rouen, Toulouse, etc.

Les caractères de maisons de banque étaient rattachés à des pratiques financières très déterminées :

— Séquestres et consignations,
— Prêts, avances et cautions,
— Paiements à distance et transmission de fonds,
— Recouvrements et paiements par le système de compte-courant.

Dès le XIIe siècle, en France et en Angleterre, il était d'usage de confier aux Templiers des fonds à affectation spéciale. C'est ainsi qu'en 1158, un accord fut passé entre Henri II, roi d'Angleterre et Louis VII, roi de France, au sujet du mariage d'Henri et de Marguerite. Louis VII dotait sa fille de Gisors et de deux autres châteaux. Les places furent gardées en séquestre par les Templiers, jusqu'au jour du mariage. C'est la seule mention du Gisors templier, sur lequel on a brodé toute une légende sans aucun fondement.

Les exemples de ce genre ne manquent pas. En 1201, une somme de cinq cents livres fut déposée dans les caisses de l'Ordre par Thibaud de Champagne, en legs, pour Eustache de Conflans, son frère. Elle ne fut remise que sur ordre de la comtesse Blanche.

L'Angleterre et la France ont été les deux pays à se servir de cette banque monastique. Les rois, les princes reconnaissaient le trésor du Temple comme un lieu sûr où toutes les sommes pouvaient être déposées pour des paiements prévus par des traités, des accords ou des contrats publics ou privés.

Henri III d'Angleterre, Philippe-Auguste, Louis IX, Philippe le Bel auront souvent recours aux Templiers. Citons encore Jean sans Terre, la comtesse de Leicester, la comtesse de Champagne, Isabelle d'Ecosse et tant d'autres.

Les capitaux déposés dans les commanderies étaient

si importants qu'ils furent à l'origine de la richesse légendaire de l'Ordre. Cet argent était-il improductif ? Il faut penser que non. Le peu de textes que nous ayons à ce sujet permettent, toutefois, de traiter ce problème plus objectivement. A la fin du XIIᵉ siècle, il y avait au Temple de La Rochelle et à Paris, des coffres personnels et nominatifs contenant des dépôts particuliers. Cette immobilisation de l'argent était assez rare, car les dépositaires avaient la faculté d'employer les fonds dont ils étaient détenteurs. Cela permit de prêter à des personnes solvables.

Le premier exemple que nous connaissons, grâce aux lettres de Suger et de Louis VII, fut un emprunt fait au Trésor de Jérusalem, lors de la seconde croisade. Le Roi demanda à Suger de rembourser aux frères du Temple les sommes qu'il avait empruntées ou que le Maître du Temple avait empruntées pour lui. Le 20 mai 1202, Jean sans Terre garantit les cinq cents livres d'argent qu'Etienne de Lerche voulait emprunter à l'Ordre.

Un autre exemple paraît important. Il permet de comprendre certaines clauses passées en Arménie sur le ponton du Temple. Quatre marchands français, Raimond de Cabras, son frère Elie, Guillaume Avarson et Imbert de Porcher, devaient, pour débarquer des marchandises, acquitter des droits s'élevant à vingt marcs. Frère Alain, commandeur du Temple, fit l'avance de ces vingt marcs, qu'ils remboursèrent à terme, moyennant un taux d'environ 11,5 %.

Si des sommes étaient empruntées pour des affaires commerciales, le Temple prêtait aussi pour d'autres choses, sous garantie toujours, ce qui prouve que l'argent déposé au Trésor ne dormait pas dans les coffres. Ainsi, en 1215, plusieurs sommes furent avancées pour le passage des chevaliers du Poitou, appelés en Angleterre par Jean sans Terre. Le Maître du Temple en Poitou, Emeu de Sainte-Maure, paya mille cent marcs, que le roi ordonna de rembourser le 11 avril 1215. Le 13 août de la même année, une somme de mille marcs fut versée pour les dépenses des chevaliers allant en Angleterre. Jean sans Terre, comme plus tard Philippe le Bel, n'avait guère de crédit. Aussi, lorsqu'il voulut emprunter mille cent marcs au trésor d'Angleterre et deux mille marcs au trésor de Poitou, les Templiers demandèrent une garantie. Le Roi déposa une quantité d'or égale à la somme empruntée dans les deux pays. Il faut avouer que les finances d'Angleterre n'étaient pas brillantes, puisque le 16 juillet 1216, Jean sans Terre se reconnaissait encore débiteur de deux cents marcs.

En 1140, Baudouin II de Constantinople engagea la « Vraie Croix » comme garantie d'une somme empruntée aux Templiers de Syrie.

On a reproché aux Templiers leur avarice lorsqu'il fallait racheter des prisonniers. Ce fut le cas lors de la chute de Jérusalem, lors de la captivité de saint Louis. Mais les Templiers sont souvent intervenus, à condition, bien sûr, que les sommes avancées leur soient rendues. Jean sans Terre, le 5 mai 1204, chargea le Maître du Temple en France, d'avancer l'argent pour le rachat de son fidèle serviteur Guillaume Brewer, promettant de rembourser sur le Trésor de Londres la somme nécessaire.

En 1206, deux chevaliers français furent rachetés par les Templiers moyennant cent quarante marcs d'argent : Pierre d'Arcanaca et Geoffroi de Moher. En 1206 toujours, ils payèrent la rançon de Gérard d'Athies, prisonnier de Philippe-Auguste, et homme de confiance de Jean sans Terre.

En dehors de ces prêts remboursables, les Templiers garantissaient des paiements. Ils donnaient leur aval. En août 1255, lorsque le traité du mariage entre Louis, fils aîné de saint Louis, et Bérengère de Castille, fut conclu, il fut convenu que le roi de Castille verserait à sa fille une somme de trente mille marcs d'argent dans le cas où les époux auraient un fils. Cette somme fut garantie par les Templiers auxquels s'étaient joints les Hospitaliers.

La liste des prêts et des cautions est longue, tant en Europe qu'en Orient.

Les Templiers, avec leurs réseaux d'établissements, pouvaient transporter avec sécurité des sommes d'or et d'argent assez importantes. Lorsque Louis VII était à la croisade, Suger fit passer l'argent nécessaire par l'intermédiaire des Templiers. Les commanderies même servaient de lieu de remboursement. La pension de deux mille sept cent cinquante livres qu'Henri II, roi d'Angleterre, avait promise à Marguerite de France, dans un traité du 11 mars 1186, était payable à la commanderie de Sainte-Vaubourg, et les arrérages étaient transportés ensuite à Paris.

Jean sans Terre a été le plus gros client des Templiers. Ils étaient ses exécuteurs pour les encaissements et les versements d'argent de France vers l'Angleterre et vice-versa. Néanmoins, il ne faut pas négliger la part des Hospitaliers, dans les opérations bancaires. Le roi d'Angleterre s'en servait souvent. Le 22 octobre 1212, à Londres, il fit payer au Maître de l'Hôpital, cinq cents marcs pour les transférer au comte d'Auvergne.

Les papes ne se privèrent également pas d'employer les Templiers et les Hospitaliers pour les transferts d'argent. Honorius III, dans sa bulle du 1er juillet 1220, précise que le produit des vingtièmes que l'on levait sur les biens pour la Terre Sainte, devaient être transportés par les deux ordres militaires. Mais les Templiers étaient souvent mis à contribution. Innocent III les chargea, en 1208, de transférer au Patriarche de Jérusalem, le Bienheureux Albert Avogadro, aux Maîtres du Temple et de l'Hôpital, une somme d'or d'une valeur de mille sept cents livres de Provins.

Honorius III, au cours de son pontificat, se servit beaucoup des Templiers. En 1224, Alain, Maître du Temple en Angleterre, toucha les arrérages de la pension assignée sur l'échiquier pour le vicomte de Thouars.

Saint Louis, aussi, fit souvent appel aux Templiers pour convoyer son argent en Terre Sainte. Le 24 juin 1262, ils transmettent trois cents livres à Geoffroi de Sergines.

Les capitaux que recevaient les Templiers servaient aussi à fournir des fonds aux petits tenanciers voisins des commanderies. Dans de nombreuses chartes de commanderies, on trouve la mention de « rentes payables aux Templiers ou remboursement de prêts ».

Le rôle financier des Templiers sera couronné par le compte-courant. Ils suivaient toutes les opérations de trésorerie pour un compte, soit pour le pape, soit pour le roi, les seigneurs, les barons. Ce fut surtout le trésor de Paris qui resta, dans l'Ordre, le centre de l'administration des finances de la royauté. Le reine Blanche, Alfonse de Poitiers, Charles d'Anjou, Robert d'Artois, Jeanne de Navarre, pour ne citer qu'eux, eurent tous des comptes sur le Trésor de Paris. Cette expérience financière fut aussi mise à profit par Charles Ier, roi de Naples, qui se choisit un frère du Temple pour trésorier. Il en est de même de l'administration des finances de Catalogne.

Nous devons au Temple, l'apparition, à grande échelle, de la lettre de change. Saint Louis en fit un grand usage, surtout en Terre Sainte.

Les tablettes de cire de Jean Sarrasin permettent de suivre le mouvement des fonds entre le trésor du Temple et les divers départements de la maison du roi. Les journaux du Trésor du Temple sont très instructifs. Ils nous apprennent qu'il existait un livre de débit et un livre de crédit.

Philippe le Bel utilise beaucoup le Trésor du Temple. Depuis saint Louis, le trésor royal était conservé au Temple de Paris. Les archives conservent une grande quantité de manuscrits comptables du Temple : les comptes de Blanche de Castille ; l'état des sommes dues au roi en 1277 et à prendre sur le Temple ; le livre des comptes ouverts au roi par le Trésor du Temple de 1286 à 1295 ; l'état des opérations financières effectuées au Temple pour le roi Philippe IV en février 1288, etc.

Cependant, il ne faut pas croire que les Templiers ne s'occupèrent que des Grands. Bien au contraire. A la fin du XIIIe siècle, les activités financières de l'Ordre prirent d'immenses proportions. Mais dès le début, elles permirent à beaucoup de petites gens d'effectuer le pèlerinage en Terre Sainte. Des prêts furent consentis à des particuliers. Ce sont surtout des prêts hypothécaires. Le premier document concernant ce système date du mois d'octobre 1135. Il émane de Pierre Desde et d'Elisabeth, sa femme. Ils donnent à l'Ordre du Temple et à Dieu tous les biens qu'ils possèdent à Zaragoza, maisons, terres, vignes, jardins. Les seigneurs du Temple leur accordent, par charité, cinquante morabatins, afin qu'ils puissent aller en pèlerinage au Saint-Sépulcre. Les frères devront tenir un compte des bénéfices qu'ils tireront de la propriété. Les pèlerins rembourseront la somme prêtée. A leur retour, ils vivront dans leur propriété, en toute quiétude, et à la mort du dernier d'entre eux, cette propriété reviendra au Temple pour toujours et en toute liberté. Ce type de prêt, ou d'achat « par charité », se retrouvera souvent. L'Eglise ayant interdit l'usure, il fallait un camouflage.

Ce texte est instructif, car il comporte deux clauses figurant dans un grand nombre de documents de plusieurs commanderies. Deux dons servent de couverture au prêt : le don de la propriété, le don charitable. Le capital prêté est garanti par le bien foncier et l'intérêt est fourni par l'usufruitier jusqu'au retour de l'un ou de l'autre, ou des deux souscripteurs.

Nous retrouvons ce système du don de charité dans les ventes camouflées. Toujours, les deux dons entrent en jeu. Mais, lorsque l'on peut comparer la somme accordée par charité avec d'autres documents qui n'ont rien à voir avec une corporation religieuse, on se rend compte qu'à quelques sous près, elle correspond au prix réel du bien donné.

Quoi qu'il en soit, beaucoup de pèlerins emploieront ce mode de prêt pour aller à Jérusalem. Les exemples sont nombreux. Il en est de même des prêts levés sur des rentes royales, comme ce fut le cas pour l'abbaye de Silos, en 1185. Le Temple demandera toujours des garanties. Ainsi, le 6 juillet 1168, sans qu'il soit question de don, l'Ordre prêtera cent morabatins à Raymond de Castela pour effectuer son pèlerinage au Saint-Sépulcre, avec, comme garantie, l'hypothèque sur un bien immeuble qui reviendrait aux frères s'il ne rentrait pas de son voyage.

Le rôle du Trésorier du Temple fut d'une grande importance. Dès le milieu du XIIe siècle, un frère était désigné pour occuper ce poste.

Le premier trésorier connu est Eustache Chien, cité dans la lettre de Bertrand de Blanquefort au roi Louis VII. En 1168, il signe un acte de Raoul de Coucy qui donne dix livres de Provins sur ses revenus de Laon à l'église de Nazareth, à prendre chaque année entre les mains des frères du Temple de Paris. Le dernier acte où il figure date de 1174. Néanmoins, il n'y a pas encore de fonction définitive de trésorier ; en 1171, Geoffroy Foucher, qualifié de procureur du Temple, est chargé de payer une rente à prendre sur le Temple de Paris.

Le Temple de Paris était donc le centre des opérations financières de l'Europe occidentale dès la fin du XIIe siècle. Bien plus, il fut aussi le siège du Trésor

Royal, à partir de Philippe-Auguste. Le premier chevalier du Temple qui occupa cette fonction fut frère Aimard. Trésorier de 1202 à 1227, il fut à la fois commandeur de France et trésorier jusqu'en 1204.

En 1202, il fut chargé de mettre de l'ordre dans les comptes royaux et encaissa l'argent dont chaque receveur était débiteur. Certes, il n'est pas question de faire l'inventaire des documents qui le citent. Pendant sa grande période, on n'en compte pas moins de vingt-sept. Il joua un rôle important après la conquête de la Normandie. Il fut envoyé par Philippe-Auguste pour s'entendre avec les barons de cette province sur le cours des monnaies et le bon emploi de la substitution des deniers tournois aux deniers angevins.

En 1222, Philippe-Auguste le choisit comme l'un de ses trois exécuteurs testamentaires. Les archives possèdent encore deux exemplaires du Sceau de frère Aimard. Le dessin très effacé représente peut-être un animal mythologique ou un faune.

Dès 1228, frère Aimard était remplacé par Jean de Milly qui conserva cette fonction jusqu'en 1234.

Frère Gilles, successeur de Jean de Milly eut une très longue carrière. On le rencontre de 1236 à 1250. Choisi par le roi et les évêques pour divers arbitrages, il reçut le dixième des revenus levés sur les églises de France pour la croisade de saint Louis. Il dut avoir, dès ses débuts, un trésorier-adjoint en la personne de frère Guillaume.

Jean de la Tour II fut trésorier de 1278 à 1302. Vers la fin de sa vie, il eut un rôle très délicat. Son nom se retrouve presque à chaque page du Procès. Avant d'être Grand Trésorier, il avait été commandeur d'Etampes. Ses interventions furent importantes. Infatigable, on le rencontre sur tout le territoire de la Langue de France. Il eut quelques déboires avec Philippe-le-Hardi qui fit saisir les biens acquis par les Templiers depuis trente ans et qui n'avaient pas été amortis. Le 7 juillet 1282, le trésorier se porta garant du paiement des droits d'amortissement dus au Trésor royal. Lorsqu'il mourut, vers 1302-1303, il fut enterré dans l'église du Temple à Paris. Guillaume de Nangis, dans sa Chronique, dit que ses os furent réduits en cendres par les persécuteurs du Temple. Son sceau, dont nous connaissons deux exemplaires, représente un aigle tenant une couronne dans son bec.

Gérer des fonds ne pouvait être contraire à des fonctions diplomatiques. Les Templiers, bénéficiant très tôt de l'immunité séculière et d'une souveraineté certaine, déployèrent leur diplomatie sur le plan commercial et sur le plan politique. Beaucoup de frères étaient alliés aux grandes familles occidentales et pouvaient ainsi s'introduire sans difficulté dans les cours royales ou seigneuriales.

Les Templiers eurent des relations étroites avec les rois et les princes. La plupart des chancelleries demandèrent leurs concours. Louis VII était lié avec le Temple. Le premier, il eut dans son entourage un frère du Temple pour le conseiller. Les rapports du roi avec Geoffroy Foucher sont bien connus. Ce frère paraît avoir tenu une place importante dans la diplomatie du Temple. En 1163, Bertrand de Blanquefort l'envoya en Europe solliciter des renforts pour la Terre Sainte. Ambassadeur de son Ordre et du roi de Jérusalem, il ne se contenta pas de rester en France, il alla en Angleterre où, avec l'appui du roi, il essaya de lancer une nouvelle croisade. Geoffroi Foucher, à la demande d'Alexandre III, dans sa bulle « Litteras nostras », rencontra Henri II et Thomas Becket afin de les réconcilier. Un lien de paix fut établi entre le roi et son chancelier, sans arriver à un accord.

Londres et Paris se firent une gloire d'avoir des frères du Temple parmi leurs proches. Il en fut de même des rois d'Aragon et, beaucoup plus tard, du roi de Sicile qui prit souvent comme conseillers un Templier et un Teutonique.

La maison prieurale de Londres était aussi importante que celle de Paris par son trésor, sa communauté et surtout par ses chefs. La capitale de l'Angleterre accueillit, en outre, la maison-mère de l'Ordre de Saint-Thomas de Saint-Jean d'Acre dans l'église Notre-Dame. Les deux ordres unirent quelquefois leurs efforts pour influencer les rois, principalement Jean sans Terre.

Si Louis VII avait comme intime Geoffroy Foucher et son ami Eustache Chien, le trésorier, il écouta aussi les conseils d'un troisième frère, Gautier.

Son ennemi, Henri II, fils de Foulques d'Anjou, eut comme premier conseiller, Hugues d'Argentières, premier Maître connu d'Angleterre.

Les premiers Templiers surent gagner la confiance des rois anglais. Le premier frère qui s'occupa des affaires « de Bretagne » fut Otton ou Eudes de Saint-Omer, fils du châtelain et frère de sang du co-fondateur du Temple, Geoffroy. Présent en Angleterre de 1153 à 1155, il semble y avoir été Maître. Nous ne pouvons être formel à ce sujet, les documents ne citant jamais ce titre.

Otton de Saint-Omer figure souvent avec un troisième frère, Richard de Hastings. Henri II, plus diplomate et plus politique que Louis VII, sut tirer le maximum de Richard et d'Otton, auxquels se trouva joint Robert de Pirou. Ce dernier est connu pour sa politique de persuasion et son influence auprès du roi d'Angleterre, en vue de la paix avec la France.

Lors du traité de paix de mai 1160, nos trois Templiers furent témoins. Ils reçurent en garde, pour quelques années seulement, les trois châteaux de Gisors, Neauphle et Neufchâtel appartenant à la dot de Marguerite de France et situés à la frontière franco-normande. Cette garde leur fut confiée comme membres d'une puissance neutre jusqu'au mariage de la fille du roi de France avec le fils aîné de celui d'Angleterre. Cependant, leur rôle fut limité. Henri II, bouleversant totalement les accords du traité, fit célébrer le mariage quelques temps après, en novembre de la même année. Les Templiers qui assistèrent à la cérémonie « lui livrèrent aussitôt les places-fortes du Vexin. Le roi de France, fort en colère, les renvoya du royaume de France, mais le roi d'Angleterre les reçut avec beaucoup d'honneur et de joie. »

Ce fait n'empêcha pas Louis VII de conserver son amitié aux frères du Temple. La force de l'Ordre fut, malgré de nombreuses et quelquefois sanglantes rivalités, de maintenir intactes les relations fraternelles entre les deux provinces. C'est ainsi, qu'en mai 1161, le Maître en France, Guillaume Pavet, tint en Angleterre le Chapitre provincial en remplacement de Richard de Hastings, qui accompagnait Henri II en Normandie. A cette occasion, fut ratifiée la vente du vieux temple d'Holborn et l'installation du nouveau Temple, sur les bords de la Tamise.

Les commandeurs de Province furent de très grands administrateurs, contrairement, quelquefois, aux frères trésoriers. L'Angleterre fut, sur ce point, dotée d'hommes remarquables, à commencer par Richard de Hastings et son successeur, Geoffroi, fils d'Etienne. Lors du chapitre de 1185, ce dernier fit dresser l'inventaire des biens et possessions du Temple en Angleterre. Ce document de soixante-six folios, d'une très belle écriture, est un morceau de choix.

Les Templiers essayèrent aussi de négocier le rapprochement entre Henri II et Thomas Becket, en 1164.

En Espagne, le rôle du Temple compta également, principalement au XIIIe siècle, lors des campagnes contre les musulmans. Ils furent aussi présents au traité de paix entre les rois de Léon et de Castille.

Dans l'ensemble, et comme nous le verrons plus loin, le rôle diplomatique du Temple fut important. Saint Louis, et même Philippe le Bel, employèrent les Templiers dans leurs démêlés.

CHAPITRE IX

DÉVELOPPEMENT ET JURIDICTION

LE Temple se développa dès le milieu du XIIe siècle. En 1145 se dessina une vaste opération de fondation. Les commanderies, les maisons secondaires « domus Templi » furent l'occasion de préciser la juridiction et le droit interne de l'Ordre.

Le Temple fut divisé en Provinces, relativement tôt. Les divisions territoriales ignoraient les frontières des Etats, surtout en France. La Règle nous signale quelques unes de ces subdivisions, mais, au cours du XIIIe siècle, certaines centralisations durent éclater. C'est ainsi que l'on compte dix-sept provinces : quatre en Orient : Jérusalem, dite aussi du Royaume, Tripoli, Antioche et l'Arménie. Dans les pays d'Europe, les provinces templières sont loin d'être au nombre de neuf ou sept. Si la Règle fournit une liste, il faut se tourner aussi vers les textes qui nous renseignent beaucoup plus ; par eux seulement nous pouvons connaître l'évolution territoriale, juridique, économique ou sociale du Temple. La Règle date du milieu du XIIe siècle et les ajouts postérieurs ne sont que des exemples de principes. Ainsi, pour la Péninsule Ibérique, la Règle ne signale que le Portugal et l'Aragon. Nous devons ajouter la Castille, et, au milieu du XIIIe siècle, le commandeur du Royaume de Valence et de Murcie. Les sièges étaient Tomar pour le Portugal, Zamora pour la Castille, Belchite-Barcelone pour l'Aragon et Valencia pour le royaume du même nom.

La France était divisée en cinq grandes provinces ayant à leur tête, comme toutes les autres d'ailleurs, un Commandeur ou un Grand Commandeur : le commandeur de France avec Paris, la Bourgogne avec Voulaines-les-Templiers, le Poitou-Aquitaine avec Poitiers, l'Auvergne avec Angoulême et la Provence-Languedoc avec Saint-Gilles du Gard-Montpellier.

L'Angleterre n'avait qu'une province avec comme chef-lieu Londres.

L'Italie, pays pratiquement inconnu des historiens du Temple, avait plusieurs commanderies : la Province des Pouilles-Sicile, Rome qui possédait une maison centrale, et la Province de Toscane-Lombardie avec les maisons de Florence et Bologne comme sièges.

L'Allemagne était divisée en deux provinces et une sous-province, l'une avec Mayence comme chef-lieu, l'autre avec Magdebourg-Halberstadt et la dernière avec Trèves.

La dernière division territoriale est la Hongrie, à laquelle s'ajoutèrent, au XIIIe siècle, les maisons de l'Ordre de Saint-Samson qui ne s'affilièrent pas aux Teutoniques.

Dans les limites de chaque province, l'indépendance de chaque maison n'existait pas. Le système collégial de l'Ordre du Temple était le seul principe de gouvernement. Il faut faire la juste part des choses : chaque commandeur ou précepteur gérait sa maison, mais il devait en rendre compte.

Afin de mieux comprendre le système juridique de

l'Ordre du Temple, il est utile de prendre des exemples directement dans les Provinces.

Sur l'ensemble des dix-sept Provinces et des cinq sous-provinces, huit étaient dans des territoires de combat : quatre dans la Péninsule Ibérique et quatre au Moyen-Orient. Trois provinces et une sous-province étaient « spécialisées » dans la garde des lieux tout en étant de rapport : Allemagne et Hongrie. Toutes les autres provinces étaient de rapport et spécialement chargées d'entretenir les Maisons de Palestine, l'Espagne se suffisant à elle-même avec les commanderies du nord du pays. Elles étaient subdivisées en Commanderies régionales, Commanderies majeures, Commanderies et maisons dépendantes. Cet ensemble jouissait de tous les privilèges du Temple et formait la juridiction.

La Province de France, ayant Paris comme siège, comprenait plusieurs commanderies régionales, ayant chacune à leur tête un commandeur de région : Pontieu, Normandie, Chartrain, Flandres, etc. Ces maisons, tout en étant chef-lieu de plusieurs autres dans une région déterminée, n'étaient pas obligatoirement membres des divers conseils de la Langue qui formaient la Chambre Prieurale, distincte du Chapitre.

Le commandeur de France avait sous sa juridiction directe les commanderies régionales suivantes :

Prunay pour le Dreusois, Chartres pour le pays chartrain et l'Orléanais, Etampes contrôlant tout le sud de Paris, Provins pour l'est de Paris, Moissy-le-Temple pour la Thiérarche, Mont-de-Soissons pour le Soissonnais, Troyes pour la Basse-Bourgogne, Doullens pour le Pontieu et l'Artois, Caestre avec ses deux ramifications d'Ypres et de Saint-Léger pour les Flandres, Arras pour le nord de la France, Metz pour la Lorraine, le duché de Bar et les trois évêchés, La Saulce d'Island pour le comté d'Auxerre et le Nivernais. La

Normandie formait un bailliage dépendant, ayant à sa tête un commandeur plus ou moins indépendant et membre de droit de toutes les juridictions capitulaires. Les supérieurs de ces commanderies formaient le Conseil de Province et avaient, dans un espace plus restreint, un certain nombre de commanderies sous leur juridiction.

Ainsi, nous pouvons détailler la Commanderie de Doullens, par le schéma suivant :

Paris .... Commanderie provinciale.

Doullens .... Commanderie régionale.

Waben	Oisement	Command. majeures
Gaurbermond	Beauvoir	Commanderies dépendantes
Loison	Acheux	
Campagne	Ecoreaux	
Forest	Monfliens	
Bellinval	La Rosière	
	Granselve	
	Bazincamp	
	Roquemont	
	Sériel	
	Belle Eglise	
	La Vieiville	

Les commanderies dépendantes avaient quelquefois d'autres commanderies sous leur juridiction, ainsi que les « domus Templi ».
De Bellinval dépendait de la commanderie d'Aimon.
De Beauvoir, la maison d'Abbeville.
De Grandselve, celle de Lannoy.
De Sériel, la maison de la Vicogne.
De Belle-Eglise, celles de Festonval et de Senlis.

Nous arrivons ainsi à avoir, sur le territoire français, six cent cinquante-sept commanderies et maisons ayant à leur tête un précepteur. Les autres domaines, biens, fermes, n'étant pas comptés.

Ces maisons du Temple formaient, dans leur ensemble, le Chapitre de la Province. Lors de la convocation de ces réunions, tous les commandeurs, et quelques chevaliers, devaient se rendre au lieu indiqué pour discuter des affaires de l'Ordre.

En dehors du Chapitre, la Chambre prieurale se divisait, elle aussi, en plusieurs conseils. La Chambre de la Langue de France comprenait :

— Le premier Conseil ou Conseil privé du commandeur avec les dignitaires de Paris : Commandeur de la Maison de Paris, Trésorier, Drapier, et les Commandeurs de Waben, Sommereux, Lagny, Moissy, Provins, Sours, La Saulce et Sainte-Vaubourg.
— Pour les affaires plus importantes, on pouvait réunir le Grand Conseil qui groupait, en plus des précédents, vingt-cinq commanderies.
— Le Conseil extraordinaire rassemblait cinquante-huit commandeurs.

Une fois ces conseils réunis, le Chapitre Général devait accepter ou refuser les décisions. Nous sommes donc en présence d'un gouvernement à la fois centralisateur et très régional. Les Chapitres Régionaux étaient aussi importants que les Chapitres de Province, en ce qui concernait la juridiction locale.

En Angleterre, la même hiérarchie existait à la seule différence que les commanderies majeures étaient remplacées par des baillies. Les commanderies dépendantes étaient beaucoup plus rares, au profit des maisons secondaires.

Le système employé dans la Péninsule Ibérique était sensiblement le même qu'en Terre Sainte. Les Templiers étaient en étroite union avec les chefs des principaux royaumes. Les liaisons roi-Temple étaient plus courantes et, sans parler de soumission au pouvoir, il faut admettre une protection directe, principalement devant le pouvoir ecclésiastique. La juridiction du commandeur de Province, tout en étant plus directe sur chaque maison et forteresse, se partageait entre les maisons de rapport, au Nord du pays, et les maisons de combat sur la frontière musulmane.

L'implantation des Commanderies s'effectua sur toutes les frontières, formant ainsi une barrière de défense. Des îlots plus importants de plusieurs maisons furent créés à divers points stratégiques, ou là où les terrains étaient assez riches pour subvenir aux besoins des frères chargés de la défense.

Dans le royaume d'Aragon, l'îlot de Lérida groupait les grandes forteresses autour de Gardeny : les filiales de Rosello. Vers le sud, les Templiers s'étaient installés surtout aux points stratégiques défendant tant les terres que les côtes de la Méditerranée, comme Tortosa, Cervera, Peñiscola, Villa, Onda. Ils avaient aussi la garde du défilé de Teruel et les marches de l'Aragon par la Sierra de Albarracin et la Sierra del Maestrazgo. La juridiction du Sud tout en restant semblable à celle de l'ensemble de l'Ordre, conservait le modèle de Terre Sainte. Les Grands Commandeurs, chefs de guerre, étaient sous la dépendance du Maître d'Aragon. Pour les expéditions contre les Maures, la charge du gonfanon revenait au Maître mais les Grands Commandeurs se trouvaient à la tête de chaque escadron. Toutes les décisions militaires se prenaient en Chapitre ou réunion de guerre, mais une expédition n'était entreprise qu'à la demande du roi ; d'où cette union étroite qui existait entre les deux gouvernements. En ce qui concerne les maisons de rapport, le système était le même que dans les autres provinces, malgré un nombre restreint de commanderies au profit des maisons, un peu comme en Angleterre.

En Castille, en dehors des anciennes possessions

de l'ordre de Trujillo, nous avons le même système juridique que dans les provinces de France, avec comme chef Zamora, et les commanderies de Salamanca, Ponferrada, Villapanco, Toro, Tabara, Alcanices, etc. Plus au sud, ce sont des forteresses et des châteaux, au milieu des autres ordres militaires comme Alcantara, Santiago ou Calatrava. Néanmoins, les Templiers descendirent jusqu'en Andalousie, sur les rives de Guadalquivir avec Sevilla, Cordoba et La Palma del Condado.

Au Portugal, l'implantation des maisons du Temple s'effectua sur les rives de l'Ebro et du Rio Zezere. Après les conquêtes de Don Sancho I, au XIIIe siècle, les Templiers s'installèrent sur les côtes, gardant l'entrée de l'Algarve depuis Faro jusqu'à l'embouchure du Guadiana.

A travers cette rapide énumération, nous avons vu les deux systèmes d'implantation des maisons de l'Ordre. Les dons faits au Temple, afin d'aider aux dépenses en Terre Sainte ou dans la Péninsule Ibérique étaient des plus divers. Les Templiers d'Espagne et du Portugal se suffisaient à eux-mêmes. Si des relations existèrent entre les frères d'Espagne et ceux de Terre Sainte, ce ne fut pas financièrement, comme nous le verrons plus loin.

Les Templiers reçurent des domaines entiers, des droits de toutes sortes sur les marchés et foires, sur les revenus de terres, de maisons, sur les églises. Parmi la population templière, nous trouvons des vilains avec leurs tennements, des serfs avec leurs familles, des esclaves maures, des Juifs espagnols. Plusieurs personnes libres se mirent aussi sous leur protection avec leurs biens. Des chapitres de cathédrale donnèrent des prébendes tandis que les bourgeois des villes cédèrent des maisons, des dîmes, ou des rentes viagères.

Cela donne un ensemble de mille trois cent soixante-neuf commanderies, quatre-vingt-sept forteresses et près de trois cents maisons dépendantes. Il est très hasardeux d'avancer un chiffre pour les domaines, malgré le nombre de chartes et d'inventaires que nous possédons, car certains furent perdus. On peut, toutefois, avoir une vue générale d'après les enquêtes faites au moment de la suppression du Temple, et aussi d'après les inventaires dressés sous les auspices de Grégoire XI. Mais, là encore, nous restons dans l'expectative.

Les bénéfices que les Templiers tiraient de leurs donations étaient considérables. Toute l'histoire de l'implantation du Temple a été faussée, jusqu'à présent, par la prétendue perte des documents de l'Ordre. L'indépendance des divers biens est collationnée, dès le début, par la bulle « Omne Datum optimum » du 29 mars 1189.

Le Temple se développera, dès le milieu du XIIe siècle, et étendra ses tentacules économiques et sociales à travers tout le monde occidental par ses commanderies, ses granges et ses fermes. Il est quelquefois regrettable de confondre ces deux dernières formes d'exploitation. Les granges templières étaient toujours dirigées par un frère de l'Ordre, tandis que les fermes étaient mises entre les mains de fermiers ou d'hommes liges, moyennant une location ou une partie des biens. Pour toutes les possessions du Temple, il existait un privilège qui peut faire sourire mais qui montre l'importance que les Templiers attachaient à leur indépendance. Le 5 février 1180, le pape Alexandre III envoya, de Tusculum, une bulle à tous les frères du Temple, renouvelant celle d'Eugène III, et stipulant que les animaux du Temple devaient porter la croix de l'Ordre cousue sur un morceau d'étoffe et mis sur le devant de leur tête. Les gardiens devaient aussi porter la Croix. Elle devait également figurer sur toutes les maisons de l'Ordre.

Ceci est à l'origine du nombre incalculable de commanderies du Temple donné par certains auteurs. Le Pape précisait que toute personne se rendant coupable d'enlever ces croix, serait punie de l'excommunication majeure. Forts de ce privilège, les Templiers ne se génèrent aucunement pour défendre leurs protégés, et, dans le cas de non-respect, ils faisaient intervenir le Saint-Siège, comme en témoigne la bulle d'Innocent III du 21 mars 1200.

L'Ordre acceptait beaucoup de monde dans son entourage. En effet, ceux qui s'affiliaient à lui étaient exempts de toutes redevances ecclésiastiques ou laïques. Ces donats, confrères ou hommes liges, devenaient membres de la juridiction et entraient, de ce fait, dans la trêve de Dieu que l'Eglise recommandait et prêchait. La classe moyenne assurait la plus grande partie de la dotation du Temple dans laquelle il trouvait ses chevaliers et ses sergents.

Grâce à cette classe, il avait le plus sûr des appuis sociaux au Moyen Age. On n'y rencontrait pas de grand seigneur, sauf durant les dernières années, ce qui causa sa perte. Pendant près de cent cinquante ans, le Temple tira de cette classe sociale ses meilleurs administrateurs, ses financiers, le tout avec cohérence et méthode, à l'exemple d'ailleurs des rois. Contrairement à l'ordre de Saint-Jean de Jérusalem qui accueillit la grande noblesse dès le XIIe siècle, le Temple géra avec maîtrise et bon sens des revenus s'étendant sur près de deux millions d'hectares, rien que sur le territoire français.

Le Temple développa aussi l'agriculture par une science agronomique très poussée. Il rendit cultivables d'immenses champs jusque-là condamnés, alleus, étangs, etc. Le principe d'élevage, adapté aux conditions, permit une garantie certaine de l'agriculture. Nous connaissons maintenant les programmes agricoles du Temple, par divers mélanges de compost et de fumier, grâce à la découverte récente d'un manuscrit.

L'Ordre se faufila dans les mines et le commerce. Les mines templières ont existé, mais pas dans le sens qu'on a bien voulu leur prêter. Les mines d'or qui leur furent données en Espagne en témoignent. La région du Rio de Oro fut offerte aux Templiers par Alphonse X le Sage, et Don Jaime Ier leur donna des mines d'argent du Sud de son royaume. Bien sûr, les recherches minières du Temple ne se bornèrent pas à ces deux métaux. Le fer fut très prisé, principalement en Bourgogne ; il était nécessaire aux cottes de mailles.

Les relations commerciales du Temple ne sont pas non plus à dédaigner. Les épices, l'alun, le coton, furent, dès le XIIIe siècle, l'objet d'échanges entre l'Orient et l'Occident. Les Templiers, avec leurs pontons d'Arménie, participèrent au commerce entre Gênes, la Provence et même l'Espagne. La marine du Temple est une de ses activités les plus méconnues.

Dans l'ensemble, ces implantations montrent combien, d'un point de vue sociologique et économique, l'Ordre du Temple fut un précurseur international : il saisit les grandes lignes de l'évolution future des peuples.

CHAPITRE X

LA PÉNINSULE IBÉRIQUE

Il est quelquefois désagréable de voir comment la participation templière à la reconquête de la Péninsule Ibérique a été négligée et même complètement oubliée. Pourtant, les moines-chevaliers jouèrent un grand rôle.

Depuis le milieu du xe siècle, l'Espagne, comme le Portugal, était entre les mains des musulmans. Ils s'étendirent dans les parties les plus septentrionales de la Péninsule avec les prises de Barcelone (985), Coïmbra et Leon (987), Osma (989), Astorga (995), et celle de Saint-Jacques de Compostelle (997).

Au Portugal, la participation du Temple eut lieu au moment de la reconquête de Lisbonne et de Santarem dès 1145. Au mois d'avril 1147, lorsque le comte de Portugal, don Alfonso, reprit les armes, il s'entoura des Templiers et leur donna l'église de Saint-Jacques. Dès lors, l'union entre le roi et le Temple fut effective et apparaît dans toutes les grandes batailles. A l'avènement de don Sancho Ier, en 1185, la reconquête fut préparée. Les Almohades tentèrent de reprendre les territoires perdus. Le roi de Portugal, secondé par des croisés danois et frisons, se renforça des ordres militaires pour repousser les musulmans jusqu'aux frontières de l'Algarve. Templiers, Hospitaliers, Santiaguistes et la jeune milice d'Evora défendirent le territoire avec ténacité. En récompense de leurs mérites, les chevaliers reçurent en 1194 les territoires d'Açafa qui bordent le Tage. La grande expédition de don Sancho fut celle de juillet 1189. L'armée et la marine templières entrèrent en jeu aux côtés des armées royales. Suivant les troupes à pied jusqu'à Silves, les Templiers se joignirent aux Hospitaliers, mais en petit nombre, car ils devaient assurer la surveillance aux frontières est du royaume, afin d'éviter l'infiltration par les défilés de Badajoz.

En 1198, l'émir Yakoub Ben Yousef, alias Almançor, débarqua à Tarifa avec une importante armée. Il se disposait à réparer les désastres que représentaient pour lui les conquêtes de don Sancho Ier à l'ouest et celles d'Alfonso VIII de Castille dans l'Andalousie. La marche musulmane progressa jusqu'au Tage et, après l'attaque du château de Torres Novas, Almançor essaya de prendre Tomar que défendirent les Templiers. L'Algarve reconquise, les Templiers gardèrent la côte, prêts à repousser un éventuel débarquement.

En Espagne, l'implantation sur la frontière mouvante se fit au gré des victoires sur les musulmans. Dès sa fondation, le Temple participa à la Reconquête de l'Espagne. Pour lui, l'Espagne était aussi une terre de mission. Dès 1130, il reçut le château de Grañena, point avancé du front musulman. Par là, la milice du Temple put participer à la conquête de la place-forte de Lérida. A la prise de Tolède, la forteresse de Kalaat-Rawaah fut reconquise, elle aussi, par les armées almoravides. Celle-ci ouvrait à la fois sur la capitale de la Castille et sur le Campo imposant au sud de Ciudad-Réal. En 1143, le gouverneur de la forteresse, prisonnier du chef militaire musulman, fut mis en pièces et pendu par petits bouts au plus haut de la forteresse. Alfonso VII projeta une attaque en force ; en 1147, Kalaat-Rawaah fut reprise et confiée à la garde des Templiers. Jusqu'à la mort du roi, les Templiers furent à ses côtés pour les conquêtes d'Alméria et de Cordoue. Néanmoins, la défense de la forteresse était un gros travail pour eux. Ils firent appel à don Sancho III qui ne répondit pas. Les chevaliers du Temple la lui remirent plutôt que de se la laisser arracher ; ils étaient trop peu nombreux pour pouvoir résister aux attaques des troupes musulmanes avides de sang et de butin. Cette décision fut à l'origine de l'ordre militaire de Calatrava — traduction castillane de la forteresse. Le Temple ne fut donc pas très bien vu en Castille et ses possessions furent restreintes. Cette haine latente se rencontrera surtout lors des unions des ordres militaires espagnols et des chevaliers du Temple.

La première milice locale à s'affilier au Temple, sur demande du pape, fut celle de Montréal, en 1133. Seuls, quelques chevaliers castillans restèrent indépendants, pour s'unir plus tard, à l'ordre de Calatrava. Cet ordre fut fondé par un groupe de chevaliers français dont Rotrou, comte du Perche, aux sources du Rio Giloca.

La deuxième milice est celle de Trujillo sur laquelle on a beaucoup aussi brodé. Cet ordre local prit naissance vers 1187-1188, puisque le 15 avril de cette dernière année, Alfonso de Castille donnait à Gomez, Maître de Trujillo, et aux frères, la ville de Ronda avec tous ses biens. On suit la trace de cet ordre jusqu'en 1196, date où une expédition almohade emporta la forteresse. Les Templiers la reçurent le 25 mars 1232, quand le roi Fernando IV la reconquit sur les Maures.

La dernière fut celle de Montjoie appelée aussi de Montfrag, avec laquelle nous faisons la même constatation que pour l'ordre de Montréal. Les Templiers reçurent les possessions de cet ordre en 1196, au mois d'avril, tandis que celles de Castille furent rattachées définitivement à l'ordre de Calatrava le 23 mai 1221.

Le Temple s'unit, de nombreuses fois, avec les ordres militaires de la Péninsule Ibérique, tandis que les deux ordres de Calatrava et de Santiago s'imposaient en Castille.

Les grandes années de la Reconquête sont celles du règne d'Alfonso VIII de Castille. En 1195, Yakoub Ben Yousef débarquait avec son armée sur la plage d'Algesiras. Le roi de Castille se trouvait à Tolède, sa capitale. A la nouvelle de l'invasion, il fit appel aux monarques de Léon, d'Aragon, de Navarre et de Portugal qui promirent de se rendre à Tolède avec leurs armées. Le 18 juillet 1195, l'armée du roi de Castille se trouvait en face des troupes ennemies, véritable marée humaine faite de Noirs, d'Arabes et de Berbères dont le seul espoir était la guerre sainte.

Les chrétiens se rassemblèrent à Alarcos. L'ordre de Calatrava, toujours à l'avant, ouvrait des brèches chez les assaillants, alors que les Templiers et les Hospitaliers travaillaient de côté. Malgré le nombre, la lutte continuait. Les Almohades se rendirent maîtres de la place-forte. Le roi vaincu regagna Tolède, mais les ordres militaires, toujours aux premières lignes, reçurent un coup important. Aussi se trouvèrent-ils affaiblis pour continuer à défendre les territoires : Calatrava retomba aux mains almohades et l'Hôpital, inter-ordre de Guadalerza, ne résista pas, lui non plus.

Les armées musulmanes continuèrent de plus belle. La situation des ordres militaires était des plus précaires et les pertes de plus en nombreuses. En 1196, l'ouest du royaume se voyait soumis aux Almohades :

Cacers et Plasencia tombaient, Talavera et Santa Olalla étaient saccagées, Tolède subit un siège de quinze jours.

Les musulmans réinstallés dans les Lieux Saints donnèrent du courage à ceux d'Espagne. Le roi de Castille, voulant venger la défaite d'Alarcos, rompit la trêve, et envoya plusieurs troupes contre les places musulmanes. Les Calatravais furent dirigés sur Andujar, alors que le roi et les autres ordres militaires attaquaient les régions de Jaen et Baeza.

Les Almohades renouvelaient sans cesse leurs troupes pour une attaque puissante ; il s'agissait pour eux de donner l'assaut final. La Guerre Sainte fut proclamée et l'Afrique mit toutes ses forces au service de l'émir. En juin 1210, Salvatierra fut assiégée par l'émir Mohammed Ben Yakoub. La forteresse tomba après trois mois.

Les chrétiens, prévoyant une série de batailles décisives, s'armèrent de tous côtés et se mirent à la disposition des chefs d'armées. Alfonso VIII envoya à Rome, en 1211, l'évêque de Ségovie demander au pape d'autoriser la croisade contre les Almohades.

Innocent III accorda l'indulgence plénière à ceux qui participaient à la lutte contre l'Infidèle et les ennemis de la foi. L'archevêque de Tolède, don Rodrigo Gimenez de Rada, prêcha la Croisade en Espagne et dans les pays chrétiens : France, Italie et Allemagne. Le pape appuya l'initiative en adressant aux prélats de France et de Provence des lettres où il les invitait à exhorter leurs fidèles à prendre la croix. Il demandait aux combattants de se mettre en route pour arriver sur les lieux de combat avant l'octave de Pentecôte de l'année suivante.

Les Français répondirent, avec enthousiasme, aux prédications et aux lettres pontificales. Le rassemblement se fit autour de plusieurs prélats : l'archevêque de Bordeaux et l'évêque de Nantes groupèrent sous leurs directions les combattants provenant des petites féodalités d'Anjou, du Bordelais, du Limousin, du Périgord, du Poitou et de Saintonge. Autour de l'archevêque de Narbonne, l'ancien abbé de Cîteaux, Arnauld Amalric, s'assemblèrent les croisés des diocèses de Valence, Vienne et Lyon, ainsi que les troupes des comtes de Barcelone, de Roussillon et des Asturies auxquelles se joignirent les Templiers et Hospitaliers du sud de la France.

Plus de cent mille soldats et dix mille chevaux traversèrent les Pyrénées. A ces troupes se joignirent, au passage, celles de Sancho de Navarre et de Pedro II d'Aragon.

L'attente fut longue et les troupes françaises s'impatientèrent. Aussi fut-il décidé de se mettre en marche. Alfonso VIII leur confia le rôle d'avant-garde de l'armée chrétienne et divisa l'ensemble des troupes en trois parties : La première, conduite par le seigneur castillan Diego Lopez de Maro, groupait les croisés français. Deux autres colonnes suivaient, l'une dirigée par le roi de Castille et l'autre par le roi d'Aragon. Dans celle du roi de Castille se trouvaient, sous la conduite de leur Maître respectif, les renforts des ordres militaires : Templiers, Hospitaliers, Santiago et Calatrava, tandis que le roi d'Aragon recevait les troupes des comtes.

Les nombreux seigneurs de Portugal, Galice et Asturies venaient en arrière-garde, conduits par le roi de Portugal et l'infant don Alfonso.

Après quatre jours de marche, les troupes françaises attaquèrent la place musulmane de Malagon. Les ennemis, jugeant impossible de résister, offrirent de capituler à condition d'avoir la vie sauve. Cette clause fut refusée. Les chrétiens consentirent seulement à sauvegarder la vie du chef de la place. La victoire se termina par un massacre sanglant. Les troupes étrangères reprirent la forteresse alors que les troupes de la Péninsule se présentaient devant la ville.

L'armée chrétienne, sous la conduite des rois de la Péninsule, continua son avance vers le sud et arriva, le 12 juillet, au col de Muradal, ouvrant le passage de la Sierra Morena. Le dimanche suivant, 15 juillet, les dispositions de combat furent prises dans la plaine de Las Navas de Tolosa. L'armée fut divisée en quatre corps : à l'avant-garde, don Diego Lopez de Maro suivi des quatre ordres militaires avec leurs étendards et dirigés chacun par leur Maître ; le deuxième corps était commandé par le roi de Navarre ; le roi d'Aragon était à la tête du troisième ; l'arrière-garde était dirigée par le roi de Castille accompagné par don Rodrigo, l'archevêque de Tolède.

La stratégie ne fut pas particulièrement remarquable du côté chrétien. Par contre, les musulmans se déployèrent en demi-cercle, prêts à entourer les troupes chrétiennes : au premier rang, se trouvaient les troupes des tribus berbères et du désert, couvertes par les Almohades au centre, le tout protégé par les musulmans andalous. Sur un monticule, la tente de l'émir était gardée par un véritable rempart humain fait de dix mille esclaves noirs enchaînés les uns aux autres et retenus à des pieux, tenant leurs lances fichées en terre, pointes dressées. Ils étaient séparés de l'émir par un barrage de chaînes et de trois mille chameaux.

Les troupes almohades réunissaient près de quatre cent mille combattants. Mais si la stratégie musulmane était très bien réglée, l'accord des troupes le fut moins.

La bataille de Las Navas de Tolosa fut le couronnement de la croisade espagnole et de la chute progressive des roitelets musulmans de la Péninsule Ibérique. Les ordres militaires se distinguèrent particulièrement et la participation du Temple fut aussi importante que les autres, les chroniques ne laissant entrevoir que l'ensemble des Ordres.

En Castille, le Temple ne prit pratiquement plus aucune part à la reconquête. Les ordres de Calatrava, d'Alcantara et de Santiago s'occupèrent des places restantes au sud de l'Andalousie. Par contre, l'apport des armes par les Templiers, durant la reconquête du royaume de Murcie et de Valencia, fut très important.

Aux Cortès de Barcelone de 1228, il fut décidé d'entreprendre une expédition contre le royaume de Majorque. Les Templiers y participèrent grandement. En récompense le roi don Jaime Ier d'Aragon leur octroya, de Lérida, le 6 février 1229, un privilège par l'intermédiaire de Foulques de Montpezat, Maître en Provence et en Espagne. Néanmoins, la conquête des îles Baléares ne fut pas si simple. Elle dura jusqu'en 1232, tandis qu'Ibiza ne fut annexée qu'en 1236. Les actes de don Jaime Ier d'Aragon témoignent du rôle important joué par les Templiers, en particulier, un document du 9 juillet 1333, envoyé à Raymond Patot, Maître du Temple en Provence et en Espagne, et confirmant les biens pris sur les Maures.

L'annexion du royaume de Murcia, en 1243, se fit sans grande difficulté et celle du royaume de Valence suivit quelque temps après, puisque dès 1252 don Jaime Ier accordait déjà des privilèges aux Templiers de cette ville.

Le Temple exerça une influence en Espagne et au Portugal jusqu'à la période troublée du procès. Cette influence se continuera par les deux seuls véritables descendants et successeurs du Temple : l'ordre de Montesa et l'ordre du Christ. Tous les autres ne peuvent prétendre à une succession légitime et prouvée.

CHAPITRE XI

LES ERREURS ET LES "COMBINES"

JÉRUSALEM perdue, le Maître de Ridefort disparu, et avec lui sa désastreuse politique, un grand changement s'effectua sous la maîtrise de Robert de Sablé. Les Templiers firent à nouveau preuve d'une conduite irréprochable pendant toute la IIIe Croisade.

Du royaume de Jérusalem, il ne restait plus rien. Seule la Syrie résistait avec les villes de Tripoli et d'Antioche, la ville templière de Tortose et la forteresse des Hospitaliers de Margat.

Après la chute de Jérusalem et la bataille de Hattin, il fallut défendre la ville de Tyr et se procurer des défenseurs. Dix jours après l'enfer de Hattin, se produisit un événement assez inattendu. Le 14 juillet 1187, une escadre italienne — pisane ou génoise, on ne sait —, venant de Constantinople, passa sous la voûte du port de Tyr. A bord, un seigneur d'Occident : le marquis Conrad de Montferrat, oncle de Baudouin V. Moitié allemand, moitié italien, il voulut, avant d'entreprendre quoi que ce soit, s'assurer des soldats. Il se fit rendre hommage, prêter serment et reconnaître pour seigneur. Remettant en valeur la défense de la presqu'île de Tyr, il prit la tête des Francs. Il usa si bien de ses qualités de chef de guerre que Saladin, lorsqu'il voulut assiéger la ville, ne put déployer son armée. Le marquis avait fait construire des batteries flottantes encerclant la presqu'île. Elles accueillirent les troupes musulmanes avec des tirs d'arbalète. Un combat naval s'engagea entre les galères égyptiennes envoyées par Saladin et les galères franques de Conrad. Après avoir essuyé un échec sur mer, le 30 décembre 1187, Saladin leva le siège dans la nuit du 1er janvier suivant.

C'est alors qu'apparut, à nouveau, Guy de Lusignan. Conrad lui ferma les portes de Tyr. Prisonnier des musulmans, sa lâcheté lui avait valu la liberté contre le serment de ne plus porter les armes contre Saladin. Pour marquer cette soumission, il arriva devant les murailles de Tyr, l'épée à l'arçon de sa selle : c'était son cheval qui était combattant, et non lui.

Gérard de Ridefort avait été, lui aussi, mis « en congé de captivité », dans les mêmes conditions. Mais son manque total de tact et de diplomatie, sa nullité stratégique se montrèrent une nouvelle fois. Il entra dans la forteresse de Tortose et encouragea les frères de la garnison à poursuivre la lutte. Saladin assiégea la ville. Les Francs et les Templiers se réfugièrent dans l'immense tour-donjon. Elle résista à tous les assauts du Sultan qui leva le siège. Le Maître du Temple alla retrouver le faible et lâche Lusignan, aux prises avec les infidèles devant Acre. Etait-il fatigué d'être traité de lâche ? Au moment où Gérard de Ridefort le rencontra, il assaillait la ville avec une petite force chrétienne composée d'amis et des débris des Couvents du Temple et de l'Hôpital. Alors que l'armée du Sultan cernait cette petite troupe, le roi et ses chevaliers montrèrent un grand courage ; on se serait cru aux premiers temps des Croisades.

Le 26 août 1189, Guy, sans s'arrêter à Tyr, parvenait à Casal Humbert. Le lendemain, les Francs apparaissaient à leur tour devant Acre. L'appel à la croisade avait été entendu : Italiens, Allemands, Champenois, Bourguignons, Danois, Frisons, Bretons, etc... arrivaient en Terre Sainte. Le 1er octobre 1189, une bataille s'engagea. Le Maître du Temple fut tué, tandis que le roi tentait une sortie contre l'armée du Sultan et que le gros des troupes musulmanes, menacé par l'épidémie, reculait leur camp vers l'est.

La mort de Gérard de Ridefort ne paraît pas avoir été un grand malheur pour les Francs. Si l'on en croit la chronique du trouvère Ambroise, de nombreux soupçons pesaient sur le Maître. L'auteur semble les ignorer lorsqu'il déclare : « Et dans cette même affaire, fut tué le Maître du Peuple, celui qui dit cette bonne parole qu'il avait apprise à bonne école ; tous, couards et hardis, lui disaient lors de cette attaque : « Allez-vous en, Sire, allez ! » Il l'aurait pu s'il l'avait voulu. — « Ne plaise à Dieu, répondit-il, qu'on ne me revoïe jamais ailleurs, et qu'on puisse reprocher au Temple que l'on m'est trouvé fuyant ! » Et il ne le fit pas et il y mourut, car trop de Turcs se jetèrent sur lui. » Remords ? Peut-être !

Selon les chroniqueurs arabes, le Maître du Temple ne mourut pas au combat. Prisonnier, il fut livré à Saladin qui le fit mettre à mort comme parjure. Cette mention des auteurs musulmans est un peu rapide. Si le Maître du Temple eut une stratégie et un comportement déplorables, il faut tout de même lui accorder une mort plus noble, malgré toutes les accusations portées contre lui, principalement celle d'avoir acheté sa vie par la reddition de Gaza. A cette occasion, les Templiers capitulèrent en 1188 et « auraient levé le doigt et crié la loi d'Allah ». Cela paraît absurde, étant donné que cette accusation fut portée contre d'autres croisés, surtout ceux que ne pouvait souffrir l'archevêque Guillaume de Tyr.

Cette accusation est d'autant plus déplorable qu'elle fut reprise par divers auteurs qui faussèrent complètement l'idée du Temple en ne recherchant pas la véracité des faits par des comparaisons avec d'autres chroniques ou textes.

Le successeur de Gérard de Ridefort fut élu au début de l'année suivante. Il prendra part à la Troisième Croisade et essayera de redonner au Temple sa renommée primitive. Le nouveau Maître n'était autre que Robert III, seigneur de Sablé. Marié deux fois, il avait un fils et deux filles.

Entré assez tardivement dans le Temple dont il était sûrement confrère, il prononça ses vœux à Acre, lors de l'arrivée des croisés. Ami de Richard Cœur de Lion, il se montra d'une grande vitalité et d'une très grande puissance de guerre. Administrateur et fin diplomate, il participa à la charte d'accord entre les Pisans et les croisés.

Malheureusement, le Couvent du Temple avait subi de grosses pertes. Décimée, depuis la maîtrise de Gérard de Ridefort, l'armée templière ne cessait de se renouveler, tout en gardant son esprit de corps. Les Templiers, quoi qu'on ait pu dire, se distinguèrent toujours par leur souci de défendre la foi. Au cours de la IIIe Croisade, ils firent preuve d'une discipline irréprochable et d'une discrétion telle que certaines chevaleries séculières ou religieuses les prendront pour modèles. Et il faut alors reconnaître qu'ils se rachetèrent largement des erreurs grossières commises sous la maîtrise de Gérard.

Amiral de la flotte anglaise à Messine, d'après l'acte avec les Pisans, Robert de Sablé attendait que les troupes françaises et anglaises soient au complet pour embarquer. Pendant ce temps, Robert et le duc de Bourgogne firent les démarches nécessaires à l'accord passé entre Richard Cœur de Lion et Tancrède, roi de Sicile, au sujet de la dot de la reine douairière, sœur du roi d'Angleterre.

L'ensemble des Croisés passa l'hiver en Sicile. Richard Cœur de Lion se trouva face à face avec Philippe-Auguste, dont l'animosité commençait à apparaître au grand jour. A la fin du mois de mars 1191, Philippe-Auguste mit le cap sur Acre, où il arriva le 20 avril. Richard, lui, débarqua le 7 juin suivant, après son expédition sur Chypre qu'il enleva à Isaac Comnène. Le roi anglais vendit l'île aux Templiers. Si cette conquête retarda la prise d'Acre, il faut reconnaître que, débarrassée de Byzance et gardée par les Templiers, l'île fut un tremplin plus favorable pour le ravitaillement des troupes franques.

Robert de Sablé dirigea et commanda les Templiers durant toute la campagne d'Acre. L'influence politique du Temple redevint importante et sa tenue militaire irréprochable. Les Templiers eurent l'occasion de remettre en honneur leur sens politique lors des discussions entre les rois de France et d'Angleterre qui, souvent, les faisaient participer à leurs grands litiges. En effet, l'Ordre possédait des biens importants dans les deux pays. Les trésoriers de Londres et de Paris devinrent, quelques années après la chute d'Acre, les conseillers particuliers des deux rois. A Paris, le frère Aymard fut le gardien du Trésor royal. Si le Temple de Paris étendait son influence dans le domaine royal, le Temple de Londres jouissait d'un grand prestige sur l'île entière. De plus, le roi était lié d'amitié avec le nouveau Maître. Mais Robert de Sablé fera preuve de beaucoup de tact et de doigté devant les affrontements royaux.

L'influence politique de Robert se fit surtout sentir lors des débats sur la couronne de Jérusalem.

Cette crise se déroula parallèlement au siège d'Acre. Après sa libération, Guy de Lusignan reprit, non pas toute, mais une bonne partie de son autorité royale. Elle fut difficile à maintenir. La reine Sybille lui avait donné deux filles, Aelis et Marie. La mère et les deux filles moururent au cours de l'été 1190. L'avenir de la dynastie fut menacé ainsi que les droits à la couronne de Guy de Lusignan, car tout le pouvoir revenait à Isabelle, la sœur cadette. Or deux problèmes se posèrent. Dans le sens de l'hérédité, Isabelle devenait reine et Onfroy de Montréal, roi. Les barons, se souvenant de sa dérobade en 1186, qui avait assuré le courònnement de Lusignan, refusèrent cette solution. L'évêque de Beauvais préconisa de faire épouser Isabelle à Conrad de Montferrat. Ce fut fait en un temps record. L'archevêque de Cantorbery protesta contre la bigamie : on accusait Conrad d'avoir une femme en Lombardie et une autre à Constantinople. L'archevêque, en sa qualité de légat pontifical, déclara le mariage nul et non avenu. Innocent III, intervenant un peu tard d'ailleurs, approuva son légat. Après le repas de noces, les barons du parti de Montferrat, continuèrent la fête dans les champs, sans se soucier des musulmans qui tuèrent vingt convives et enlevèrent Guy de Senlis.

La compétition dynastique recommença de plus belle et avec violence. Montferrat repartit pour Tyr et ne revint qu'en compagnie de Philippe-Auguste. Les Templiers prirent le parti de Guy de Lusignan et du roi d'Angleterre. Celui-ci comprit vite que Lusignan était un homme aimable mais bête et simplet ; aussi les Templiers résilièrent l'achat de Chypre que Richard Cœur de Lion céda aussitôt au roi.

Pendant ce temps, la guerre contre les musulmans faisait rage. En dehors des batailles navales, les troupes croisées avaient maille à partir avec les armées musulmanes. Heureusement, les renforts arrivaient petit à petit d'Europe et, sous la conduite de leurs chefs, participaient immédiatement au combat. Le 25 juillet 1190, une bataïlle déboucha sur un désastre : sept mille hommes périrent. Le 27 du même mois, Henri de Champagne, à la tête d'un important contingent rétablit la situation. Le duc de Souabe, et Geoffroy de Lusignan, vinrent à leur tour grossir les armées.

Après deux ans de siège, Acre capitula le 12/13 juillet 1191. La reddition se fit dans la maison du Temple de la ville en présence des deux rois, l'anglais et le français, et des chefs de la Croisade. Philippe-Auguste quitta la ville et se rendit à Tyr où il confia ses captifs à Conrad de Montferrat. Cela ne manqua pas d'irriter les Anglais, d'autant plus que parmi ces musulmans se trouvait Qaraqûsh, le gouverneur d'Acre. Le duc de Bourgogne fut chargé par le roi de France de diriger les troupes franques qu'il laissait en Syrie.

Après le départ du roi de France, Richard Cœur de Lion conclut plusieurs accords. Tout d'abord, il fut convenu que si Guy, Conrad et Isabelle mouraient sans enfants, le trône reviendrait à Richard, ce que les Templiers approuvèrent.

Les plus importantes négociations s'établirent entre le roi d'Angleterre et Saladin pour le rachat de la ville d'Acre qui comprenait trois mille hommes environ dans sa garnison. Saladin s'adressa alors aux Templiers afin qu'ils garantissent la libération des prisonniers. Richard avait-il souvenir de ce qu'on lui avait raconté du massacre d'Hattin ? Car il est étonnant que cette démarche du Sultan survienne en si peu de temps.

Cette demande des musulmans fut pour certains la trace d'un pseudo-pacte entre les deux belligérants. La réalité semble toute autre. Si les relations entre musulmans et Templiers reposaient sur de la sympathie, on ne peut pas dire qu'elles ignoraient la férocité. Le chroniqueur arabe, Ibn Khallicân, donne quelques renseignements sur ce traité de paix et les conditions du roi d'Angleterre. « El Malec el A'del épousera la sœur de ce prince, que celui-ci avait amenée avec lui de la Sicile quand il avait passé par là, après qu'elle eut perdu son mari, roi de cette île ; elle s'établira dans Jérusalem, et son frère lui cédera les villes du Sahel qui lui appartiennent à savoir Acre, Jaffa et Ascalon avec leurs dépendances ; le Sultan de son côté, donnera à El Malec toutes les places qu'il possède dans le Sahel et le déclarera roi de cette contrée. El A'del gardera toutes les villes et tous les fiefs qu'il possède actuellement : la Croix de la Crucifixion sera rendue aux Francs ; les villages seront donnés aux Templiers et aux Hospitaliers, et les châteaux-forts réservés aux nouveaux époux ; les prisonniers musulmans et les prisonniers francs seront mis en liberté et le roi d'Angleterre s'embarquera pour son pays. » Plus loin, le même auteur nous raconte la « conclusion de paix », précisant que les Templiers, les Hospitaliers et tous les chefs du peuple franc donnèrent leur accord.

Ces actes ne furent pas compromettants pour le Temple et Robert de Sablé fit preuve d'une très grande diplomatie. Avec son Conseil, il comprit qu'il serait malvenu pour le Temple de se mêler directement des pourparlers. Saladin, dans son message, fait état, tout de même, de l'influence importante du Temple vis-à-vis des barons. Le chroniqueur, Ibn Aalathyr, rapporte que le Maître et son Conseil firent répondre au Sultan : « Vous avez la parole et l'aman, contentez-vous en. » Ils avertirent néanmoins Saladin que les négociations pouvaient mal tourner et qu'il fallait se méfier.

Le roi d'Angleterre, mécontent de la lenteur avec laquelle Saladin exécutait les clauses de la capitulation d'Acre — plusieurs discussions et marchandages furent nécessaires — se mit dans une colère noire et perdit patience. Il fit égorger, le 20 août 1191, deux mille sept cents des prisonniers faits à Acre, n'épargnant que ceux qui pouvaient payer une rançon.

Le 22 août suivant, Richard prit la route du Sud avec l'armée des Croisés, groupée en rangs serrés et protégée, du côté de la mer, par la flotte qui les ravitaillait. Passé le fleuve d'Acre, il reprit ainsi Cayphas (Haïffa), traversa Capharnaüm et le Merle, avant d'atteindre Césarée que Saladin avait fait détruire. Il arriva le 7 septembre à Arsur.

Lorsque les troupes quittèrent Cayphas, la stratégie se déploya. Les Templiers furent mis en avant-garde et l'Hôpital à l'arrière-garde. Ambroise, dans son histoire de la Guerre Sainte, dit qu'à « ceux qui les voyaient ranger les escadrons, ils semblaient des gens qui connaissaient bien leur affaire : et l'Ost était mieux convoyée qu'elle ne le fut le premier jour ». Le Temple arrivait dans ses domaines. Les Templiers reçurent le droit de fournir la pointe en passant sur leurs terres, comme l'indique le chroniqueur Ibn El Djeuzi. Ayant passé le défilé d'Athlit, les troupes s'arrêtèrent à l'emplacement du futur Château-Pèlerin, en attendant l'arrivée de la flotte.

D'Athlit à Césarée, les troupes longèrent les côtes, tandis que le roi prenait l'avant-garde et les Templiers l'arrière, à la place des Hospitaliers. Ambroise continue son récit de voyage en nous disant que les Croisés s'arrêtèrent une autre fois à la Rivière des Crocodiles où « deux pèlerins qui se baignaient furent mangés ». Une fois le fleuve passé, les Turcs devinrent plus menaçants et harcelèrent les Francs avec des flèches lancées par des troupes à cheval. Les Templiers fermaient la marche. Tout, semblait-il, allait se passer comme à Hattin.

Le 7 septembre, les Francs arrivèrent dans la forêt d'Arsur. Richard, avec le Maître du Temple, disposa les troupes : « On fit douze corps d'armée, bien distribués, composés des meilleures gens qu'on eût pu trouver sous le ciel, tous résolus dans leur cœur à bien servir Dieu. Le Temple faisait l'avant-garde, et l'Hôpital l'arrière-garde : après le Temple venaient les Bretons et les Angevins réunis ; ensuite venaient les Poitevins et le roi Guy ; puis chevauchaient les Normands et les Anglais, portant le Dragon, et l'Hôpital chargé de l'arrière-garde marchait en dernier. »

Le roi d'Angleterre et le Maréchal du Temple, après plusieurs heures de défense difficile et une avance très ralentie par les tirs de flèches musulmans, décidèrent d'une accalmie afin de pouvoir mieux étudier l'attaque. L'impatience du Maréchal de l'Hôpital fit déclencher la bataille plus tôt que prévu. Elle fut excessivement brutale et d'une férocité jamais égalée. Les troupes musulmanes, sans cesse renouvelées, tuèrent non plus les combattants mais les chevaux, réduisant ainsi les Francs à se battre à pied sous une chaleur accablante. Le roi d'Angleterre et le Maître du Temple, son ami, changèrent de tactique. Devant la stratégie, excellente d'ailleurs, des musulmans, les deux chefs abritèrent les chevaliers derrière les piques de l'infanterie. La victoire des troupes franques fut assurée par la charge des chevaliers. A deux reprises, ils bousculèrent les musulmans et brisèrent les troupes de Saladin, ouvrant ainsi la route de Jaffa. Ils trouvèrent la ville en ruine.

Saladin, abandonnant l'idée de bataille rangée, se retira à Jérusalem, en faisant table rase sur son passage. Ambroise continue son récit : « Dans cette colère où était Saladin, il appela Safadin, son frère, et lui dit : « Je veux qu'on voie quelle confiance j'ai en mes gens. Montez à cheval et allez, sans hésiter, me faire détruire les murs d'Escalone ce n'est plus la peine de combattre. Abattez et brisez comme du bois la cité de Gadiès, mais conservez le Daron, que mes gens puissent venir là. Abattez-moi la Galatie, pour que les Francs n'y prennent pas un point d'appui ; faites abattre le Figuier pour qu'ils ne puissent pas s'y rallier ; abattez-moi la Blanche-Garde pour que nous n'ayons rien à craindre de ce côté-là. Abattez-moi complètement Jaffa, le Casal des Plains, le Casal Moyen ; abattez-moi Saint-Georges, Rames, la grande ville que nous avons conquise, Beaumont, sur le haut de la montagne, le Toron, Châtel-Ernaud, et Beauvoir et Mirabel. Abattez aussi, je le veux, les châteaux de la Montagne ; qu'il ne reste rien, ni château, ni casal, ni cité, qui ne soit détruit, excepté le Crack et Jérusalem. Je le veux, qu'on le fasse ainsi. »

Malgré l'enthousiasme de l'armée, Richard décida la retraite. Avait-il perdu confiance en sa propre stratégie ? Quoi qu'il en soit, il ne profita pas de la victoire d'Arsur pour se diriger de suite sur Ascalon et Jérusalem. Il mobilisa les troupes à reconstruire Jaffa et y perdit un temps précieux, tout en négociant avec les musulmans.

Pendant ce temps, les Templiers fortifiaient le château de Plains, près de Ramala, et fournissaient les escortes nécessaires aux écuyers. Les troupes, sous la conduite de Richard, avancèrent jusqu'à Rames, Lydda, au Toron des chevaliers et à Bêtenoble où ils arrivèrent le 25 décembre. Dans la nuit, les Templiers et les Hospitaliers firent une razzia de deux cents bêtes à cornes dans les montagnes de Jérusalem.

Le roi d'Anglèterre continuait à hésiter. Les Français, sous les ordres du duc de Bourgogne, ne participaient pas à la politique de Richard ; les Anglais avaient pris goût aux tavernes et maisons louches, où il allait lui-même les chercher.

Aux premiers jours de l'année 1192, l'armée se mit en route vers Jérusalem. Mais le temps lui fut hostile : la pluie et la grêle noyèrent les bêtes de somme et toutes les provisions furent gâtées.

L'assaut sur Jérusalem fut remis à plus tard. Les Templiers, les Hospitaliers et même les barons recommandèrent au roi de faire retraite. Tous craignaient une attaque des Turcs en passant la montagne.

Le Maître du Temple réunit son Conseil afin de préparer un plan général de libération de la Ville Sainte. Il fut décidé de donner un avis au roi : reprendre Jérusalem et défendre la ville était impossible tant que les Musulmans seraient en possession de Darum, Gaza, le Crac et Montréal, les places fortes sur les marches de l'Egypte. Cette politique du Temple fut de bon aloi et on s'y tint jusqu'à la fin. Les Templiers voulurent toujours s'assurer des ports et des places-fortes avant d'entreprendre quoi que ce soit à l'intérieur des terres.

Le Maître du Temple et celui de l'Hôpital virent bien, et ils ne se trompaient pratiquement pas, que toute la défense de la Terre Sainte allait leur être dévolue. Les barons syriens avaient perdu leurs fiefs ou leurs seigneuries et Montferrat boudait dans la ville de Tyr. Pendant toute la IIIe Croisade, les troupes des deux Ordres montrèrent du courage et de la discipline ; les barons, quant à eux, s'attachaient à des pacotilles : titres, généalogies ou hommages...

Les Templiers et les Hospitaliers ont toujours tenu leur rôle. Toujours prêts, toujours à la tâche, malgré le froid ou la chaleur, alors que les barons, délicats et chicaneurs, se plaignaient de la boue et de la poussière.

Assurément, le seul but des barons était de reprendre Jérusalem ; mais, faisant fi de toutes connaissances, de toute stratégie, ne laissant courir que leur vanité et leur pseudo-relations, ils n'hésitèrent pas à interprêter l'idée du Temple comme une nouvelle preuve de trahison.

Heureusement, le Maître de l'Hôpital approuva l'idée du Temple, et Richard rentra à Ramela par le chemin d'Ascalon, au lieu de pousser l'avance sur Jérusalem. Le roi d'Angleterre arriva à Ascalon le 20 janvier. Il y demeura jusqu'à Pâques. Il entreprit de reconstruire les murs de défense, et tout le monde se mit au travail. Entre-temps, Richard fonda, à Acre, un hospice dirigé par des chanoines pour soigner les soldats anglais. Cet hôpital deviendra, en 1235, l'Ordre de Saint-Thomas de Saint-Jean d'Acre. Son Maître fera preuve de courage lors de la prise de la ville en 1291.

Les Français, boudant le roi anglais, se retirèrent à Tyr chez Conrad de Montferrat. Même les troupes du duc de Bourgogne abandonnèrent totalement Ascalon pour se réfugier à Tyr. Au début d'avril 1192, Richard annonça son retour en Europe. Il envoya à Tyr son neveu, Henri de Champagne, pour inviter Conrad à rejoindre l'armée. Le 28 avril 1192, Conrad fut assassiné par un Ismaélien, membre de la secte du Vieux de la Montagne. Le jeune Henri de Champagne fut élu roi de Jérusalem, ce qui amena une certaine détente dans les camps alliés. Cependant, élu par les Français, Hugues alla demander l'accord du roi d'Angleterre. Il lui conseilla d'accepter le trône sans épouser Isabelle, car Onfroi était encore en vie et elle-même se trouvait enceinte de Conrad de Montferrat. Ce fut impossible, et le 5 mai 1192 les noces furent célébrées. Cela n'apaisa aucune des difficultés, bien au contraire.

Guy de Lusignan vit, une fois de plus, le trône lui échapper. Les Templiers, auxquels Richard avait rendu Chypre, la revendirent au mois de mai 1192 au roi déchu de Jérusalem. On ne pouvait procéder au sacre d'Hugues, Guy étant encore vivant. Aussi l'époux d'Isabelle prit-il le titre de seigneur du royaume de Jérusalem.

La rivalité entre Conrad et Guy de Lusignan se dénouait après dix années de troubles. Le contre-coup en fut la naissance d'un second royaume latin d'Orient. Toute la côte méditerranéenne était, à nouveau, entre les mains des Francs. Le duc de Bourgogne demanda une nouvelle attaque sur Jérusalem. Richard refusa et sa prudence fut sage. Le nombre des croisés était trop faible pour assiéger la ville. Il proposa de prendre l'avis de vingt conseillers : cinq Templiers, cinq Hospitaliers, cinq Français et cinq Poulains[1]. Après une nuit de délibération, ils déléguèrent le Maître de l'Hôpital pour donner leurs raisons au roi. Les Templiers firent savoir qu'aux alentours de Jérusalem tous les puits avaient été comblés par les musulmans et que la saison sèche était déjà avancée.

L'idée d'une croisade sur Babylone-Le Caire fut aussi repoussée. La IIIe Croisade s'acheva par une attaque de Saladin sur Jaffa, à laquelle riposta Richard. Mais cela ne changea rien à la situation, au contraire. Le Sultan demanda une trêve de trois ans qui lui fut accordée. Ascalon devait être démantelée par les ordres militaires, comme cela se passa à Darum ; les Francs garderaient Jaffa, et les pèlerins pourraient se rendre, en toute quiétude, à Jérusalem.

Des lettres urgentes et pressantes appelaient le roi dans son pays. Allant trouver le Maître du Temple, il lui fit savoir qu'étant mal aimé il craignait de ne pas rentrer vivant en Angleterre. Il deman-

1. Se disait, dans le treizième siècle, des paysans des côtes de Syrie, population formée de Syriens, d'Arméniens et d'Européens, dont les races s'étaient croisées. (*Littré*)

dait, en outre, à Robert de Sablé, une escorte de chevaliers et de sergents qui l'accompagneraient sur sa galère. Le Maître lui répondit positivement. « Il fit appareiller ses gens secrètement et les fit entrer dans une galère. Le roi prit congé du comte Henri et des Templiers et entra dans une nef. A l'heure de Vêpres, il passa dans une galère des Templiers. » Ainsi, c'est déguisé en Templier, que Richard quitta l'Orient.

La IIIe Croisade, malgré son échec, laissa aux Francs, la bande côtière d'Antioche à Jaffa. L'ère des châteaux prenait naissance. Le traité conclu avec Saladin assurait aux Francs une période tranquille jusqu'à la fin de 1195.

CHAPITRE XII

POLITIQUE ET DIPLOMATIE

A la mort de Robert de Sablé, le 28 septembre 1193, le Chapitre élut Gilbert Erail Maître en Occident. Il avait été Maître en Espagne de 1184 à 1190.

Plusieurs Maîtres du Temple furent d'anciens Maîtres en Espagne. On comprend aisément les relations qui existèrent entre ces deux lieux de guerre, l'Espagne et l'Orient. Les Templiers combattaient sur les deux fronts et les divers Chapitres d'élection pratiquèrent l'usage, quasi-coutumier, de choisir comme Maître un frère ayant fait ses preuves en Occident : Evrad des Barres fut commandeur de France, Arnaud de Tour Rouge, Maître en Espagne et en Provence, Gilbert Erail, Pierre de Montaigu furent Maîtres en Espagne et en Provence, Guillaume de Sonnac Maître en Aquitaine, Renaud de Vichier Maître en France puis commandeur d'Acre, Guillaume de Beaujeu commandeur des Pouilles. Parmi les Maréchaux, certains furent nommés en Occident : Hugues de Montaigu, que la Règle appelle Hugues de Montlaur, nommé Maître en Occident, Hugues de Jouy Maître en Aragon et Catalogne.

Pendant la maîtrise de Gérard de Rideford, maîtrise déplorable s'il y en eût, les Templiers de la Péninsule Ibérique sauvèrent heureusement l'honneur, et Gilbert Erail y contribua énormément. Les chroniques, comme les textes, nous le présentent comme un homme de haute qualité morale, religieux, diplomate distingué et chef de guerre sans reproche. D'ailleurs, dans sa bulle d'approbation, datée du 14 mars 1194, Célestin III note que le roi d'Aragon, au début de la maîtrise de Gilbert, donna plusieurs biens aux frères du Temple, principalement sur les Marches sarrasines « car ni ce lieu, ni aucun autre château ne pouvait être défendu de l'incursion des Sarrasins, sinon par les Templiers. » Au Portugal, il semble que les Templiers n'aient pratiquement pas eu de relations avec les autres provinces. Mais, là encore, ils sauvèrent la face et, en 1194, don Sancho Ier leur donna les vastes territoires d'Açafa qui bordaient les rives du Tage jusqu'au district d'Idanha.

Administrateur hors classe, Gilbert Erail, dès son élection, fit le bilan de l'Ordre en Palestine. Ce n'était pas brillant, malgré les apparences et la maîtrise de Robert de Sablé. Ces deux maîtres se partagèrent ainsi les deux grandes tâches de l'Ordre : l'un redressa la valeur morale, l'autre se chargea de la valeur administrative.

Depuis ses origines, le Temple avait acquis une indépendance temporelle totale. Il ignorait l'engrenage féodal, ne prêtant aucun hommage, aucun serment, aucune foi jurée, pas même au roi de Jérusalem.

Puissance synarchique, très cosmopolite à travers toutes les nationalités naissantes ou anciennes, le Temple rechercha un appui international qu'il trouva avec le Saint-Siège et les encouragements du roi d'Angleterre. Les rois de la Péninsule Ibérique en firent autant. A travers tous les actes, apparaît une souveraineté certaine qui fit du Temple et de ses alliés une sorte de Société des Nations. Il acquit ce prestige en Terre Sainte, où se retrouvaient tous les intérêts occidentaux. Avec Robert de Sablé, qui fut à l'origine de divers contacts et de différentes réunions entre souverains, le Temple annonçait au monde les futures tables rondes de discussions.

Quatre ans après l'élection de Gilbert, montait sur le trône de saint Pierre un pape de trente-sept ans, Innocent III. Juriste éminent, une carrière de curie l'avait préparé au maniement des grandes affaires. Il s'entendit parfaitement avec le Maître du Temple et ses successeurs, tout comme auparavant Eugène III avec Robert de Craon, Alexandre III et Bertrand de Blanquefort.

Durant dix-huit ans de pontificat, Innocent III octroya deux cent dix-huit bulles pontificales à l'Ordre du Temple — chiffre connu à ce jour. Bien sûr, elles ne sont, pour la plupart, que des confirmations de certains points de la bulle « Omne datum optimum », laquelle fut confirmée dix-sept fois pendant le pontificat.

Déjà Alexandre III lançait des ordres contre toutes les autorités se mêlant des affaires du Temple. Combien de fois les papes se retournèrent-ils contre les évêques qui ennuyaient les frères !

Innocent III arriva. Son expérience juridique permit au Temple de continuer son œuvre d'émancipation. L'évolution du droit templier se précisa. Dès son avènement, le Pape confirma à Gilbert et à tous les frères de la Milice, le privilège complet d'exemption de l'autorité du clergé, de toutes visites d'archevêques, d'évêques ou autres prélats. Chose importante, il les autorisa à ne pas tenir compte des lettres apostoliques qui pourraient avoir été délivrées contre leurs privilèges. Cette bulle, datée de Saint-Pierre, le 29 mai 1198, reprend certains termes de la lettre d'Urbain III du 25 avril 1186-1187.

Des liens étroits s'établirent entre le Saint-Siège et le Temple, et cela se fit uniquement par les confirmations de privilèges.

Le privilège le plus important fut octroyé dès le début du pontificat. Il défendait à quiconque d'excommunier ou d'interdire un membre de l'Ordre du Temple.

Les origines de ce privilège sont des plus curieuses. Le pape, lui-même, en raconte l'histoire, dans une bulle du 15 décembre 1199, envoyée au patriarche de Jérusalem, à l'archevêque de Tyr et à l'évêque d'Acre.

Tout débuta par une dispute entre les Templiers de Terre Sainte et l'évêque de Tibériade au sujet des fonds du diocèse, d'une valeur de mille trois cents byzantins, déposés au Trésor par son prédécesseur. Cet argent, les Templiers refusèrent de le livrer. L'évêque de Sidon et celui de Biblos furent désignés pour juger le litige. L'évêque de Sidon demanda au Maître du Temple et à son confrère de Tibériade de se rendre dans la ville de Tyr. Le Maître du Temple, qui rentrait d'Antioche avec ses troupes, délégua deux frères pour le remplacer. Dès leur arrivée, l'évêque de Sidon se mit dans une colère terrible et s'écria : « Vous devez rendre les besants avant dimanche (la discussion se passait le jeudi), sinon, de par Dieu le Père et tous les saints, j'excommunie votre Maître et tous vos frères en-deçà et au-delà des mers (citra et ultra mare), et même vos confrères et amis ! »

Nos deux Templiers réagirent plus vite que prévu et regagnèrent aussitôt Acre. Le Maître alla visiter le patriarche, fit des concessions et arrangea l'affaire avant la fin de la semaine.

L'évêque de Sidon ne l'entendit pas ainsi. Le dimanche suivant, vêtu des habits pontificaux, il entra dans la cathédrale Sainte-Croix de Tyr et, devant le clergé et les fidèles, après l'extinction de tous les luminaires, il déclara Gilbert Erail et tous les frères des deux côtés de la mer, les amis et confrères de l'Ordre, excommuniés et mis hors les églises.

Fous de rage, les Templiers répondirent à cette insulte en menaçant de déposer leurs manteaux et de quitter la Terre Sainte. L'évêque de Sidon ne mesurait pas la portée de son geste. Néanmoins, les Templiers se ressaisirent et se rappelèrent leurs vœux et leurs devoirs de gardiens du pays. Ils firent donc appel à Rome.

Innocent III prit la défense des frères du Temple. Par bulle non provisionnelle, il suspendit sur le champ ledit évêque : « Que celui qui a été stupide dans sa faute, apprenne la sagesse dans la pénitence. »

Ce fut surtout le clergé qui jalousa les privilèges du Temple. Les évêques voyaient l'argent leur échapper et ils essayèrent de causer des ennuis aux frères. Le Pape riposta de plus belle en faveur du Temple. En trois ans, Innocent IV enverra quatorze lettres contre les prélats et le clergé qui prenaient les Templiers à partie.

Devant l'obstination du clergé, il accordera, en 1204, aux chapelains du Temple, le droit de recevoir les confessions de ceux qui voudront se faire enterrer dans les cimetières de l'Ordre, d'administrer les derniers sacrements et de les porter en terre avec la Croix. Le pape donna une importance particulière aux chapelains du Temple. Ces privilèges, principalement ceux sur le droit de paroisse, lésèrent autant les évêques que les desservants des paroisses. Pour couronner le tout, Innocent III décréta qu'aucun chapelain ne pourrait être cité devant la Curie, à moins qu'il ne soit nommé expressément.

Ayant adopté une diplomatie de croc-en-jambe, le

Temple devint, du fait même d'Innocent III, un régime spirituel cherchant à se suffire à lui-même ; car, tout en jouissant de la protection du Saint-Siège, il n'en accepta jamais la tutelle. De système synarchique dans son gouvernement, le Temple fut une autarcie spirituelle et temporelle.

Néanmoins, Innocent III ne fut pas toujours tendre pour ses protégés. Il est vrai que les Templiers, dans le seul but de narguer le clergé, ne se gênèrent pas de célébrer les offices dans les villes interdites, les portes des églises grandes ouvertes et les cloches carillonnant à toute volée.

La protection pontificale fut très importante en ce début du XIIIe siècle, car elle ne s'attacha pas uniquement au domaine spirituel. Les papes légistes du début du XIIIe soutinrent la cause de la Terre Sainte. Innocent III, Honorius III et même Grégoire IX, devant la faiblesse des rois de Jérusalem, ne cessèrent d'encourager le Temple dans sa vocation. Honorius III leur accorda quatre-vingt-neuf bulles pontificales et Grégoire IX, quatre-vingt-dix-sept.

Comme son prédécesseur, Gilbert Erail continua à entretenir de bons rapports avec Henri de Champagne et les Grands de Palestine. Il en fut de même avec Amaury II de Lusignan, quatrième mari d'Isabelle, roi de Chypre et roi de Jérusalem.

En 1198, la guerre éclata entre le Temple et l'Hôpital. Cela couvait depuis longtemps. Un fief, qui se trouvait entre Margat et Valarnie, en fut le prétexte. Le pape intervint et conseilla aux deux ordres de se mettre d'accord.

A la mort de Gilbert Erail, en 1201, le Chapitre choisit Philippe du Plessis. Il devint le troisième Maître de la réforme du Temple. Robert de Sablé et Gilbert Erail s'étaient occupés des affaires extérieures, le premier par la diplomatie et la guerre, le second par l'administration. Au troisième revint la réforme interne de l'Ordre. Tout concorda d'ailleurs à jeter le trouble dans l'esprit des Templiers. Depuis la trêve de Saladin, les croisés se livraient à des luttes civiles qui n'arrangeaient pas les choses.

Une première réforme eut lieu au Chapitre Général de 1202. On ne prévoyait pas les discussions qui éclatèrent bientôt entre le Maître et quelques-uns de ses commandeurs et dignitaires de Terre Sainte. Certains se révoltèrent à la suite d'ordres qu'ils trouvaient trop sévères ou qui ne leur plaisaient pas. Ils décidèrent de quitter le Temple pour entrer à Cîteaux. La Règle le leur permettait, avec la permission du Maître. Il refusa, pensant qu'ils agissaient non par vocation d'une vie plus contemplative, mais pour des raisons de révolte.

Philippe du Plessis s'adressa à Innocent III qui, le 9 juillet 1209, envoya à l'abbé de Cîteaux et au Chapitre Général de l'Ordre la fameuse bulle « Licet quibusdam » leur interdisant de recevoir les frères du Temple. Cette crise interne ébranla cependant la solidarité de l'Ordre.

La perte, quasi totale, des places de Palestine donna au Temple l'occasion de se développer en Arménie et dans les possessions du nord de la Palestine. La perte de Gaza et d'Ascalon permit l'accroissement du château de Darbesack, du port de Bouelle et de la place de Gastein. En Arménie, les affaires ne furent pas si simples. Léon III d'Arménie et Bohémond IV de Tripoli se disputaient l'enjeu de la principauté d'Antioche.

Ce sont encore les bulles d'Innocent III qui nous renseignent sur l'état de l'Arménie. Il faut aussi se rapporter aux notaires génois ou au trésor des Chartes d'Arménie. Esquisser l'histoire des interventions templières dans ce royaume n'est pas chose aisée, si nous ne voulons pas inventer, tout en faisant cas des chroniqueurs arméniens des croisades.

Au mois de décembre 1199, Léon III d'Arménie se convertit au catholicisme avec tout son royaume. Couronné par l'archevêque de Mayence sur demande du pape, il en vient aussitôt à l'essentiel : faire reconnaître par Rome son petit-fils Raymond Rupin comme prince d'Antioche. Les habitants d'Antioche prirent parti pour Bohémond de Tripoli qui y avait son château. Il en fut de même des Maîtres des deux ordres militaires. Le roi Léon fit appel au Saint-Siège ; aussitôt les deux Maîtres se retirèrent de la course. Les Templiers en profitèrent pour demander que le château de Gastein leur soit rendu. Ils firent intervenir pour cela Pierre Ier d'Angoulême, patriarche latin d'Antioche, et le comte de Tripoli.

Le patriarche parla en faveur du Temple au roi d'Arménie, que le prélat soutenait contre Bohémond IV. Ce dernier venait d'introniser Siméon III en qualité de patriarche syrien grec-melchite d'Antioche. Le comte soutenait aussi la présence du patriarche syrien jacobite, uniquement dans l'espoir de consolider son influence sur les populations gréco-syriennes et syro-jacobites de la capitale.

Les Templiers furent convoqués par le roi Léon à une conférence où il leur apprit qu'il gardait Gastein, afin de se dédommager d'Antioche. Le roi d'Arménie et le Maître du Temple envoyèrent leur rapport en cour de Rome.

La diplomatie de Gilbert Erail se manifesta encore une fois, mais il fit preuve d'une intransigeance remarquable. Léon d'Arménie fit appel aux Templiers pour leur demander une aide contre le sultan d'Alep. Gilbert se présenta en effet devant le roi. Il avait avec lui, non pas son Couvent, mais la bulle d'Innocent III ordonnant au roi d'Arménie de rendre Gastein.

Léon promit tout ce que le Maître désirait. Il ne lui refusa rien pourvu qu'Antioche entra dans la couronne arménienne. Il assurait les possessions de

Gastein, de Darbesack, il se ferait confrère du Temple et même accorderait la tutelle de son petit-fils Rupin. Gilbert ne se laissa pas prendre ni acheter. Il se retira du pays d'Arménie. Le 1er octobre 1201, Léon écrivit à Innocent III pour lui faire part de ses démêlés avec le Temple. Il se tourna vers les Hospitaliers. Ceux-ci acceptèrent, l'intransigeance ne les étouffant pas, et se firent concéder des fiefs et des châteaux.

Un problème se posait pour le Pape. Il se trouvait partagé entre l'honnêteté des Templiers qui avaient refusé de porter les armes contre des chrétiens et son amitié envers le nouveau converti. Il essaya de détourner les rivaux vers la lutte contre les musulmans. Il envoya « la bannière de Saint-Pierre au roi d'Arménie et précisa qu'ils devaient porter l'épée et la guerre uniquement contre les ennemis de la foi. » Néanmoins, le Pape promit d'envoyer deux légats pour juger le litige. Les deux cardinaux choisis furent celui de Saint-Prascède et celui du titre de Saint-Marcel.

Les deux légats arrivèrent après la mort de Gilbert Erail. Ils furent accueillis par Philippe du Plessis, le premier en novembre 1202 et l'autre en mars 1203. Les pourparlers se tinrent à Acre. Les premières conversations entamées, Léon III lança une attaque de nuit sur Antioche. Ce fut la catastrophe. Selon une lettre expédiée au pape par le roi, les Templiers « aiguisèrent leurs dents contre nous. Ils occupèrent les tours, coururent aux armes, tirèrent des flèches sur nos troupes au-dedans comme au-dehors de la ville et déployèrent contre nous le gonfanon baussant ». Cette dernière mention a son importance : c'était la guerre. Le gonfanon n'était déployé que dans les cas graves.

Cette lettre nous laisse entrevoir que les Templiers réagirent, mais que, jusque-là, ils avaient observé une réelle neutralité dans la dispute qui opposait le roi d'Arménie et le comte de Tripoli. Le souverain exagère un peu lorsqu'il déclare à Innocent III : « Nous les avons toujours respectés et nous avons épargnés leurs possessions et leurs biens durant toute cette guerre, car nous espérions les avoir comme amis, mais non comme adversaires. »

Ce que Gilbert Erail craignait, le roi le déclare dans sa lettre. Une fois la résistance d'Antioche terminée, Léon III s'empara de tous les biens du Temple en Arménie, sauf les deux châteaux de la Roche-Guillaume et de la Roche-Russole que les frères défendirent, repoussant les troupes arméniennes par de cuisantes leçons d'humilité.

Rien ne favorisait un arrangement entre les Templiers et Léon. La poudre avait été allumée à Antioche. Il ne manquait plus que la mésentente de deux légats. Le cardinal de Sainte-Prascède voulait abandonner les conversations et aller en Grèce. Son compagnon soutenait le Temple. Il excommunia Léon et tout son royaume lorsque le roi refusa de rendre les biens qu'il avait usurpés. Une nouvelle fois, le roi d'Arménie écrivit au pape, accusant le cardinal d'être acheté par les Templiers, et ceux-ci d'avoir été vendus au sultan d'Alep. Cela ne dut guère plaire au pape qui montra toujours une certaine sympathie pour le sultan d'Alep, dernier fils de Saladin ; il espérait sa conversion, ainsi que le signalent une lettre de Philippe du Plessis au roi d'Aragon et une bulle d'Innocent III.

Le ridicule de ces luttes était à son comble. D'un côté Léon était excommunié par l'intermédiaire des Templiers, de l'autre le comte de Tripoli l'était sur intervention des Hospitaliers. C'était la quarantaine totale. Rome en eut vite assez. Innocent III nomma, une nouvelle fois, des assesseurs afin de régler les litiges. Deux pour l'affaire du comte de Tripoli et deux autres, les évêques de Biblis et de Valanne, pour celle du Temple. Le pape s'interposa toujours entre le roi et le comte de Tripoli, et considéra toujours la lutte pour Gastein comme une affaire terminée par le cardinal de Saint-Marcel. Aussi, le 5 mars 1209, il envoya la bulle « Fratrum geruinus est » à Albert, patriarche de Jérusalem, le nommant légat du Saint-Siège et lui signifiant de mettre un terme à la dispute entre le roi d'Arménie et les frères du Temple ainsi qu'entre le comte de Tripoli et ledit roi.

La situation se détériora lorsque le comte de Tripoli fit arrêter le patriarche d'Antioche, Pierre d'Angoulême, l'accusant de favoriser la tentative du roi d'Arménie et de son petit-fils pour s'emparer d'Antioche. Le patriarche fut assassiné par le comte lui-même, au château d'Antioche où il avait été emprisonné. Le Chapitre latin d'Antioche se retira au château de Cursat où il reçut Pierre II, abbé cistercien de Locedio. Il fut nommé patriarche d'Antioche en 1209.

L'assassinat de Pierre d'Angoulême, le 8 juillet 1208, irrita Innocent III. Le Pape fit une ultime démarche auprès du roi d'Arménie, le suppliant de se raccommoder avec les Templiers et lui laissant entrevoir un soutien certain en faveur du jeune Raymond Rupin. Léon fit le sourd. Les Templiers, habiles, évitèrent de montrer quelque entente avec le meurtrier, échappant ainsi à l'anathème.

Le 4 juin 1209, Innocent III, avec une inlassable patience, écrivait au roi d'Arménie, les Templiers menaçant une nouvelle fois de se retirer de Terre Sainte si le Souverain Pontife ne leur accordait pas la permission de se défendre par les armes.

— « Les Templiers cesseront les offenses dont vous vous plaigniez, écrivait-il au roi, dès que, de votre côté, vous cesserez les vôtres, et ne refuserez plus de leur faire justice du château de Gastein. C'est là la principale cause de leur inimitié à votre égard, car vous refusez de leur rendre le château et, malgré nos prières et nos admonestations, vous ne voulez pas leur faire justice. Toutes les lois, toutes les justices permettent de repousser la force par la force, surtout à ceux qui ne font rien d'irrégulier en résistant. Les frères du Temple ne sont pas des clecs et ils ont le droit de se défendre lorsque vous les attaquez, surtout que vous leur enlevez le nécessaire pour faire la guerre aux païens. Etant donné que vous détenez et fortifiez leurs châteaux, il n'est pas étonnant qu'ils se maintiennent et se défendent contre vous à Antioche. » Plus loin, le pape continue, soutenant les frères : « ... Ils nous demandent instamment d'exécuter ce que l'indulgence du pape Alexandre III leur accorde le droit de faire, sinon plusieurs d'entre eux nous affirment qu'ils quitteront la Terre Sainte... Ne croyez pas que nous disons cela en faveur du Comte, ni par affection pour les Templiers, car nous aimerions mieux les voir observer leur Règle que de vous faire la guerre. »

Innocent III tendait une perche que Léon refusa. Gastein resta entre ses mains. Il n'écouta pas le pape lorsqu'il dit que les Templiers pourraient lui être aussi bien secourables que nuisibles. Le Pape soutint toujours les Templiers, et il fit confirmer l'excommunication du roi d'Arménie par le patriarche Albert. La lutte continua jusqu'en 1213, date de la capitulation de Léon. Les Templiers récupérèrent tous leurs biens et l'absolution fut accordée.

Léon ne tarda pas à se distinguer une nouvelle fois, en encourageant son petit-fils à lancer l'attaque sur Antioche. Il mit la cité à feu et à sang, en 1216, avant de se faire sacrer solennellement dans la cathédrale Saint-Pierre par le patriarche Pierre II.

Les Templiers étaient à nouveau maîtres de leurs biens à Gastein, Bonelle, Darbesack, la Roche Guillaume et la Roche Russole. Ils développèrent leurs possessions en Arménie et firent même du commerce avec Gênes par leur ponton d'Ajasch, dans le golfe d'Alexandrette. Mais ils se retirèrent de toutes les suites de la guerre d'Arménie.

CHAPITRE XIII

LES CAMPAGNES D'EGYPTE

A la mort d'Amaury II, le royaume de Jérusalem était dans un état précaire. La débâcle de 1187 avait ruiné une partie des élans, et seule une aide massive venue d'Europe pouvait rétablir la situation. Les deux premiers papes du XIIIe siècle, Innocent III et Honorius III, vont avoir un souci constant de la Terre Sainte.

Le premier acte important d'Innocent III fut de placer les royaumes de Jérusalem et de Chypre sous la protection du Saint-Siège. Alors que les chrétiens avaient contrôlé les routes de Damas au Caire, de Palestine à La Mecque, c'étaient maintenant les musulmans qui percevaient le tribut des chrétiens visitant Nazareth, le tombeau du Christ et les rives du Jourdain. La situation était claire pour les musulmans : les troupes franques ne les arrêtaient plus. Les chrétiens occidentaux n'étaient plus une gêne pour leur commerce.

En dehors de cela, la faiblesse croissante de la royauté, la situation des princes et des barons ne régnant que par le droit féminin, permirent aux papes d'être les seuls véritables protecteurs des bandes de terre de Palestine. Les ordres militaires furent les agents de liaison, les Templiers surtout, qui eurent les grâces d'Innocent III. Les papes donnèrent de nombreuses directives aux Templiers ; cela permet d'évaluer l'importance politique de l'Ordre, tout au moins dans la première moitié du XIIIe siècle.

A la mort d'Amaury de Lusignan, en 1205, un Conseil de régence administra le royaume jusqu'à la majorité de Marie, fille de Conrad de Montferrat. Néanmoins, si les Maîtres des Ordres Militaires de l'Hôpital et du Temple appartenaient à ce Conseil, Jean d'Ibelin, qui en faisait également partie avec le patriarche, fit respecter l'héritière par les barons du royaume et les ordres religieux, surtout ceux établis à Acre.

En 1204, une trêve avait été établie, pour six ans, avec les musulmans. Un seul incident troubla cette période : des corsaires francs enlevèrent des navires musulmans. Il fallut la diplomatie de Jean d'Ibelin pour que le sultan n'attaque pas Acre où il avait amené son armée. Al ' Adil ne rompit pas la trêve et proposa même une prolongation, ce qui fut favorablement accueilli par les barons, les Teutoniques et les Hospitaliers. Les Templiers, eux, furent d'avis de rompre cette trêve. Leurs mobiles n'étaient que le reflet des idées pontificales qui peuvent se résumer ainsi : « si vous voulez une aide de l'Occident, entretenez la guerre sainte. » Les Templiers, fidèles à l'esprit de leur Règle, étaient en général hostiles à toute temporisation.

L'idée d'une nouvelle trêve fut lancée en 1208, dans l'espoir d'une croisade. Le Maître du Temple dut employer toute son énergie pour faire valoir la supériorité militaire des Latins. Les prélats de Terre Sainte se rangèrent du côté du Temple en n'acceptant pas la prolongation de la trêve, sensibles aux reproches de toujours pactiser avec les Infidèles.

Les Francs ne se sentaient pas en sécurité à cause des dissensions entre les barons, les Ordres de l'Hôpital, les Teutoniques et les prélats unis au Temple. De plus, en octobre 1210, le fils du sultan Al-Mu'Azzam dévasta la banlieue d'Acre. Le sultan Al ' Adil ne s'engagea pas totalement, mais construisit une place-forte sur le Mont Thabor. Innocent III, en 1213, désigna dans une de ses bulles cette forteresse comme la plus terrible menace qui pesât sur Acre. En effet, elle fermait toute communication. Seule la route de Césarée était praticable.

Cependant, le nouveau roi de Jérusalem, Jean de Brienne, arriva devant Acre en septembre 1210, pauvrement vêtu et accompagné de peu de chevaliers. Cela jeta un froid. Cette déception est à l'origine de l'anarchie féodale que connaîtra le royaume dès 1225.

En juin 1211, Gautier de Montbéliard, à la tête d'un escadron, entrait dans le Nil et pillait le rivage de la « branche de Damiette ». La paix fut rétablie pour une durée de six ans entre Jean de Brienne et Al ' Adil. Mais Innocent III posa les jalons d'une nouvelle croisade et essaya de nouer des négociations avec le sultan : les nombreux prisonniers qui se trouvaient en Egypte avaient fait appel à lui et le patriarche d'Alexandrie avait approuvé leur supplique. Innocent proposa, du moins dans une lettre au sultan, un échange de captifs. Ce fut un échec. Aussitôt le pape décida de reprendre la croisade et choisit Damiette comme but de ralliement. La stratégie pontificale mettait l'accent sur la situation néfaste de la Syrie ; le pape avait également vu la désunion existant entre les fils du sultan Slif 'Eddin, frère de Saladin.

Le concile de Latran, les 11, 20 et 30 novembre 1215, réunit plus de quatre cents évêques, huit cents abbés et prieurs, sans compter les représentants. Les débats furent assez houleux. Le pape réclama la Croisade. Il mit tous ses efforts à la susciter, à la diriger et à la relancer. Un mouvement en faveur des Lieux Saints se déclencha. Les pays allemands, autrichiens et hongrois envoyèrent des contingents. Le roi de Hongrie André II fit partie de l'expédition après avoir remis la ville de Spalato entre les mains de Pons, Maître du Temple en Hongrie.

Une fois en Palestine, les croisés, les barons, les trois ordres militaires reçurent l'aide importante des forces navales des Génois et des Pisans. Mais cette intervention des marchands italiens introduisit de graves soucis commerciaux, car les commerçants se préoccupaient peu de la libération de Jérusalem. Ils s'intéressaient davantage aux comptoirs d'Egypte et au Delta du Nil où ils recueillaient les marchandises, épices, parfums, tissus, etc., venant d'Arabie ou d'Extrême-Orient.

La collaboration la plus importante fut celle de Frédéric II de Sicile. Quand il accepta la Croix et l'autorité pontificale, toute la noblesse allemande s'intégra à la croisade.

Innocent III mourut le 16 juillet 1216. Il fut remplacé par Honorius III le 18 juillet 1216. Dès son avènement, il continua l'œuvre de son prédécesseur en matière de croisade et avec l'Ordre du Temple. Il se tint au courant des événements de Terre Sainte par une correspondance assidue avec Guillaume de Chartres, Maître du Temple, et aussi avec les Maîtres de l'Hôpital, les Teutoniques et le patriarche de Jérusalem. Le nouveau pontife se servira beaucoup du Temple. En novembre 1216, il ordonna au Trésorier du Temple de Paris de recevoir de l'abbé de Cluny la subvention à la croisade. Une fois la Bulle de Croisade promulguée, ce sera à frère Aymond qu'il s'adressera pour recevoir le vingtième des biens d'Eglise.

Le 17 novembre 1217, Honorius III répondit à Guillaume de Chartres qui lui avait annoncé le débarquement en Terre Sainte du roi André II de Hongrie, du duc d'Antioche et de nombreux autres chevaliers. Chose grave, il écrivait que le sultan redoutait la venue des armées allemandes complétées par celles du roi de Hongrie. En plus des Italiens, les Frisons, après un arrêt au Portugal pour aider le roi de ce pays à la reconquête, avaient ancré leur flotte dans le port d'Acre. De son côté, une lettre magistrale de Guillaume de Chartres réclamait d'urgence chevaux et vivres.

La croisade commença début novembre 1217 par une petite expédition sur le Jourdain. Les croisés, par le château de la Fève, débouchèrent devant Bethsan. La ville fut prise sans difficulté, pillée, et ses habitants capturés en masse.

Rentrée à Acre, l'armée chrétienne, composée de vingt mille chevaliers et vingt mille hommes à pied, repartit sur le Thabor comme l'avait préconisé le pape. Le siège, dirigé par Jean de Brienne, dura du 29 novembre au 7 décembre sans aboutir. Une fois le siège levé, une troisième expédition fut menée dans la vallée de Litani. Ce ne fut qu'une razzia.

L'hivernage se passa à construire les châteaux de Césarée et d'Athlit (Chateau-Pèlerin). Frédéric II se faisant attendre, les croisés décidèrent de se lancer à l'attaque de Damiette.

Les Templiers venaient de se voir attribuer Château-Pèlerin et la croisade hongroise avait été un échec. Jean de Brienne reprit le vieux projet de Richard Cœur de Lion : attaquer le sultan en Egypte et, de là, le contraindre à lâcher la Syrie. Une première troupe composée de cinq cents chevaliers se mit en route par terre, tandis que la flotte mettait le cap sur l'embouchure du Nil, le 9 mai 1218.

Les navires égyptiens furent surpris et anéantis. La flotte franque débarqua sans encombre, le 20 mai suivant, devant Damiette. Une tour munie de chaînes, que les Francs appelèrent la Tour de la Chaîne, ou la tour de Cosbaine, défendait l'entrée du port. Les galères du Temple et des Frisons mirent trois mois avant de la faire tomber, le 24 août 1218. Cependant, il fallut encore dix mois aux croisés pour la traversée du Nil.

De Rome, Honorius III notifiait le 3 août 1218 aux chefs de l'armée qu'il avait ordonné aux Génois et aux Pisans de transporter jusqu'à Damiette tous les pèlerins qui se présenteraient dans les ports. Les seigneurs de Province donnaient des lettres permettant aux Templiers de charger librement tout le nécessaire pour la croisade, à Waben, La Rochelle, Collioure.

En janvier 1219, frère Martin, trésorier du Temple en Terre Sainte, et frère Jean, maréchal de l'Hôpital, partirent en mission à travers l'Allemagne recueillir les aumônes des paroisses pour la Terre Sainte.

Le pape désigna deux légats pour accompagner la croisade et leur octroya l'autorité suprême sur tous les chefs séculiers.

Le sort voulut que l'un des légats, Robert de Courson mourut. Il restait Pélage, espagnol et évêque d'Albano. Ambitieux, coléreux, il avait déjà à son actif l'échec des négociations entre l'Eglise grecque et l'Eglise romaine. Il revendiqua la direction de la croisade et se fit adresser les subventions intarissables arrivant d'Europe. Bien que censé utiliser ces subsides avec l'assentiment du patriarche, du roi de Jérusalem, des Maîtres du Temple, de l'Hôpital, des chevaliers teutoniques et des princes de l'armée, le légat agit surtout à sa guise. Malgré l'appui des croisés, les Français exceptés, et des ordres religieux,

Pélage conduisit à la défaite. La situation des croisés n'était guère rassurante. Le roi Jean acceptait de négocier. Mais Pélage refusa.

Beaucoup de chevaliers, le duc d'Antioche, le roi de Hongrie, quittèrent l'Orient pour rentrer dans leur pays. La peste faisait ses ravages, sous forme de gangrène des gencives et des os des jambes. Le 26 août 1219 Guillaume de Chartres en mourut. Il fut remplacé par Pierre de Montaigu, Maître en Espagne et en Provence, dont on a dit qu'il était le frère du Maître de l'Hôpital, frère Garin de Montaigu.

Cependant, le siège de Damiette s'avérait plus pénible. Les croisés souffraient durement. Les assiégés étaient à bout sous les bombardements des machines de siège et la famine. Les croisés tentèrent un assaut, le 8 juillet 1219, qui échoua. Le vieux sultan Seif-Eddin était mort au Caire dans le courant du mois d'août. Il fut remplacé par son fils Malek-al-Kâmil qui essaya, encore une fois, de faire la paix avec les Francs. Le nouveau sultan proposa Jérusalem et tout le royaume, sauf le Crac et Montréal, contre la libération de Damiette. Le légat, le patriarche, les évêques, les Templiers, les Hospitaliers, les chefs italiens s'opposèrent à ce projet, et cela pour plusieurs raisons. Le sultan, pensait-on, ferait de plus larges conditions une fois la ville tombée ; les dires du chef arabe n'inspiraient pas confiance ; céder le Crac et Montréal n'était pas de bonne politique, les deux forteresses étant d'importants points stratégiques.

Ces deux châteaux, en effet, ouvraient les chemins de Damas et du Caire, ce qui préoccupait les Templiers. Les marchands italiens préféraient Damiette à Jérusalem, surtout pour des raisons commerciales. Cependant, le pape et ses collaborateurs furent plus écoutés puisqu'ils conseillaient une attaque de Damiette, tête de pont sur l'Orient. On décida donc de prolonger la campagne jusqu'à l'arrivée de l'empereur qui avait annoncé son départ de Rome.

Le 5 novembre 1219 Damiette fut prise d'assaut, malgré ses deux enceintes, ses trente-deux tours et ses tourelles. La rivale commerciale d'Alexandrie ne résista pas à la prolongation du siège. La chronique d'Olivier le Scholastique nous apprend que les croisés trouvèrent de grandes quantités d'or, d'argent, des étoffes de soie et d'immenses richesses. Les murs de la citadelle étaient en bon état, sauf une porte sérieusement endommagée par les assauts templiers.

Les Francs prenaient pied en Egypte. Cela provoqua l'amertume des musulmans. Une certaine inquiétude se mêla à la joie des chrétiens. Dans l'Islam, le retentissement de cette prise fut énorme, d'autant plus qu'en Syrie, le sultan Al-Mu'Azzam n'avait pas obtenu de grands succès malgré les pertes des croisés. Caymont était tombé (29 août 1218) et Césarée n'avait pu être défendue par les Génois.

Cette période est d'une importance capitale pour la « littérature templière ». Devant la situation de Damiette, on vit l'éclosion des prédictions : tel livre prédisait la dévastation de La Mecque par un roi de Nubie qui détruirait le tombeau de Mahomet, au profit de Jérusalem ; tel autre, le livre de Clément, écrit en arabe sur de vieux parchemins, dont la paléographie, quoique arabe, trahit le faux, prédisait la prise d'Alexandrie et de Damas, par deux rois, un d'Orient et un d'Occident qui se rejoindraient, cette année-là, à Jérusalem. C'est aussi de cette époque que date la légende du prêtre Jean. Autant de livres prophétiques que de faux attribués à des auteurs de classe : théologiens, philosophes, médecins...

L'esprit de l'époque, à travers ces prophètes apocalyptiques, voyait déjà la chute complète de l'Islam. Mais cela paraît invraisemblable : dans la ville de

Damiette, les Francs étaient divisés en deux clans : les partisans du roi et des barons, ceux du légat, des évêques et des ordres militaires.

L'Eglise ayant été la promotrice de la croisade, cela renforçait l'autorité de Pélage. Le légat ne connaissait strictement rien à l'art de la guerre et à la topographie. Il suggéra néanmoins une avance sur Le Caire. Jean de Brienne s'y opposa formellement. Le légat mit les troupes du roi en interdit. Cet abus de pouvoir se vit bientôt approuvé, indirectement, par Honorius III. Ecoutant les doléances de son légat, le pape recommanda au patriarche, au roi, aux barons, aux prélats et aux maîtres des ordres militaires « d'obéir avec grande humilité à l'évêque d'Albano puisque le pouvoir temporel comme le spirituel lui avaient été donnés par notre pouvoir. Il peut l'exercer lui-même ou par délégation, comme bon lui semble ».

Malheureusement, les disputes entre les chefs francs donnèrent raison au légat et ne favorisèrent pas la soumission aux ordres royaux. Le pape, de son côté, prévoyait un prochain départ de croisés allemands et fondait de vifs espoirs sur les efforts de la garnison de Damiette. Pendant ce temps, le sultan renoua les pourparlers, tandis que l'empereur d'Allemagne n'arrivait toujours pas.

L'immobilité des troupes croisées fut mise à profit par Al-Kâmil. Il avait appelé à l'aide ses frères de Syrie et de Mésopotamie et avait pris de graves mesures contre les chrétiens indigènes, coptes et melkites. Les musulmans saccagèrent les églises, principalement Saint-Marc d'Alexandrie, le gouvernement les accabla de taxes et le patriarche d'Alexandrie fut mis en prison.

La stratégie déplorable du légat révolta les chefs, principalement Jean de Brienne. Il quitta l'Egypte durant l'été 1220. Le commandement de l'armée revint à Pélage. Les maîtres des ordres ne purent que s'incliner car le pape lui avait donné un droit de veto.

Honorius III soutint, de son mieux, les croisés de Damiette, malheureusement de loin et uniquement sur les données de son légat. Au mois de juillet 1220, il demanda au trésorier du Temple de Paris, frère Aymard, de faire parvenir en Terre Sainte la somme de six mille marcs à prélever sur le vingtième des églises d'Angleterre, et, dans le cas où cette somme ne pourrait être récoltée, de compléter sur son propre fonds. Le frère, connaissant les besoins, doubla la somme et envoya treize mille marcs. Le pape le lui reprocha amèrement. Le 22 septembre, Honorius III adressa une autre semonce au trésorier pour avoir envoyé en Terre Sainte une nouvelle somme d'argent prélevée directement sur les fonds pontificaux.

Le Maître du Temple las d'attendre et soucieux de son ordre, quitta Damiette et rejoignit le roi à Acre. Le 20 septembre, il écrivait à l'évêque d'Elne son inquiétude devant la démarche du légat : « Sachez que le nombre des pèlerins qui débarquèrent après la prise de Damiette, par le premier passage, suffisait avec le reste de l'armée à tenir la ville et défendre le château. Mais un certain seigneur légat opta pour la guerre de mouvement, en accord avec le clergé et prêcha de faire une chevauchée sur les Infidèles. » Cette lettre, assez longue, retrace les folies du légat, son manque de tactique et son abus de pouvoir. Pierre de Montaigu est encore plus déçu de la non-assistance de l'empereur, mais espère tout de même son arrivée car « l'été prochain les deux terres de Syrie et d'Egypte se trouveraient dans une situation précaire. »

Le Maître est inquiet. Comme on peut le lire dans les lettres de ses prédécesseurs, la stratégie templière n'est pas suivie. Comme eux, il a la hantise de voir la terre chrétienne d'Orient encerclée par les troupes musulmanes. La politique du Temple a toujours été de tendre à diviser les Sarrasins d'Egypte et de Syrie, sans effusion de sang, mais par voie diplomatique, en faisant des alliances avec Damas et Alep.

Assurément, Pierre de Montaigu, et nous le sentons bien dans sa lettre, condamnait la politique du légat. L'arrivée, enfin, des renforts allemands sous la conduite du duc de Bavière, et d'une grosse escadre commandée par le comte de Malte, toujours sans Frédéric II, ne réussit pas à convaincre. Les croisés allemands tentèrent de s'emparer de la ville pour empêcher sa remise aux musulmans. Durant ces émeutes, on essaya de piller les maisons du Temple et de l'Hôpital, un frère du Temple et un autre chevalier furent tués en défendant les dépôts confiés à l'Ordre ; il en fut de même d'un frère de Sainte-Marie des Teutoniques.

Au printemps 1221, le Sultan renouvela son offre de paix. Les Templiers et les Hospitaliers se mirent d'accord avec les barons pour accepter les termes de l'accord. Pélage, encore une fois, ne se rendit pas compte de l'importance du fait et refusa tout compromis avec le chef musulman. Il avait toujours l'obsession de pousser sur Le Caire. Les chevaliers séculiers ne voulurent pas avancer. Ils furent tous excommuniés.

Cette cinquième croisade, malgré les treize ans nécessaires à sa mise en œuvre, se soldait par un échec. L'effort entrepris par Innocent III était à reprendre, par la faute du légat pontifical et malgré l'effort des maîtres des ordres militaires et de Jean de Brienne qui se trouva plus ruiné et plus pauvre qu'à son arrivée en Terre Sainte.

La synthèse de toute cette expédition est donnée par une lettre du Maître du Temple, Pierre de Montaigu, adressée à son visiteur d'Angleterre, frère Alain Martel. On remarque le degré d'humilité du Maître qui revendique une part de responsabilité en disculpant le légat et rejetant la faute sur le duc de Bavière.

« L'armée chrétienne resta longtemps inactive après la prise de Damiette, et les gens des deux côtés de la mer nous blâmèrent. Dès son arrivée, le duc de Bavière, lieutenant de l'empereur, déclara à tous qu'il était venu pour se battre contre les Infidèles et non pour être transi dans l'oisiveté. Un conseil fut tenu auquel assistèrent le seigneur légat, le duc de Bavière, les Maîtres du Temple, de l'Hôpital et des Teutoniques, les comtes, les barons et le reste. Tous concentirent unanimement de faire une chevauchée. L'illustre roi de Jérusalem revint avec sa chevalerie, ses galères et ses navires armés. Il trouva les chrétiens sous leurs tentes devant les murs. Après la fête des saints Pierre et Paul, le roi, le légat et toute l'armée chrétienne s'avancèrent en bon ordre par terre et sur le fleuve. Nous allions à la rencontre du sultan et de ses forces nombreuses, qui se dérobaient. Notre armée essaya de se dégager de nuit, par des routes et par le fleuve, mais elle perdit tous ses vivres et un grand nombre d'hommes dans les flots. Le Nil étant en crue le sultan fit dévier l'eau par des sorties secrètes et des rivières creusées durant l'Antiquité, pour empêcher notre retraite. Quand nous eûmes perdu toutes nos bêtes de somme dans les marais, nos harnais, nos armes et nos chars, avec presque toutes nos munitions, nous ne pûmes plus avancer, ni nous retirer, ni fuir en aucune direction. Privés de vivres, nous étions pris entre les eaux comme un poisson dans les filets, nous ne pouvions même pas nous battre contre les Sarrasins, car un lac nous séparait. Ce fut alors que nous fîmes un pacte avec le sultan, par force et contre nos volontés. Il fut convenu de lui rendre Damiette et d'échanger les prisonniers à Acre et à Tyr, contre les chrétiens retenus en pays musulman...

Lors de la crue du Nil, le sultan fit passer des

galères et des galions par un vieux canal et les lança sur le fleuve pour gêner notre navigation et couper nos communications avec Damiette... Nous-mêmes, en compagnie d'autres émissaires, et de l'aveu de toute l'armée, nous rentrâmes à Damiette pour déclarer à la population les termes de notre reddition. Ils déplurent extrêmement à l'évêque d'Acre, au chancelier et au comte de Malte que nous retrouvâmes là-bas. »

A qui devons-nous attribuer l'échec de cette croisade ? Au légat ? Aux ordres militaires ? Aux barons ? Ce fut dû surtout à cause de l'empereur dont l'absence fut néfaste.

Honorius III convoqua les chefs de la croisade. Le Maître des Teutoniques partit le premier pour Rome et se plaignit du légat pour disculper son souverain. Honorius envoya des lettres à Jean de Brienne, aux Maîtres du Temple et de l'Hôpital. Le Maître du Temple envoya, pour le remplacer, le Commandeur du Temple Guillaume Cadel. Pélage fut mal reçu par le pape, et c'est compréhensible. Si Hermann von Salza, Maître des Teutons, lui fut défavorable, il fut soutenu par le Maître de l'Hôpital et le Commandeur du Temple. Néanmoins, il eut la consolation et l'espoir d'un imminent départ de l'empereur d'Allemagne.

CHAPITRE XIV

FRÉDÉRIC II, ROI DE JÉRUSALEM

La conférence de Rome s'étant terminée par le blâme du légat, il n'était pas question d'abandonner la croisade. Jean de Brienne obtint du pape Honorius qu'à l'avenir le roi de Jérusalem commanderait les troupes et serait le bénéficiaire des conquêtes. Honorius conçut un autre projet qui aurait pu être plein de conséquences pour le royaume : marier Isabelle, âgée de quinze ans, fille de Jean de Brienne et de Marie de Jérusalem, héritière du royaume, à Frédéric II d'Allemagne. Cette union permettrait d'assurer à la Terre Sainte la participation des troupes du Saint Empire.

Après avoir compté sur Frédéric II pour la cinquième croisade, Honorius III pensa que, malgré le retard, l'empereur apporterait tout de même un grand concours. Jean de Brienne semblait ébloui d'avoir Frédéric pour gendre, car le futur époux avait accepté ce projet avec empressement. Epousée par procuration à Tyr, au mois d'août 1225, Isabelle fut conduite par l'archevêque jusqu'à Brindisi où Frédéric l'épousa solennellement le 9 novembre 1225. A cette occasion, il exigea de Jean de Brienne qu'il lui remit le royaume. Le roi s'exécuta et reçut, en remerciement, affronts et humiliations de la part de son impérial beau-fils. Isabelle mourut en 1228, laissant un fils, Conrad IV de Hohenstaufen (Conrad II de Jérusalem).

L'appel à la croisade vint d'Egypte et non des Francs. Frédéric l'apprit par l'émir Fakhr al-din, fin 1226. Les négociations recommencèrent et durèrent jusqu'à la fin de 1227. Le sultan Al-Kâmil promit de céder Jérusalem et demanda à l'empereur de venir l'aider contre le sultan de Damas et ses alliés de Khwarizm. L'accord conclu, Frédéric envoya ses troupes au Levant, sous la direction du duc de Limbourg qui débarqua en octobre 1227.

Le nouveau roi de Jérusalem tardait encore, lorsque enfin, au début de 1227, il se mit en route. Après trois jours de mer, l'empereur vira de bord. Il s'arrêta à Brindisi, prétextant une maladie.

Entre-temps, Honorius III était mort, le 18 mars 1227. Il avait été remplacé, le lendemain, par un membre de la famille de Segni qui prit le nom de Grégoire IX. Le nouveau pape, irrité des délais de l'empereur, inquiet de ses transactions avec les musulmans — cela transformait la croisade —, l'excommunia le 28 septembre 1227. Néanmoins, Frédéric continua sa route vers la Palestine. La faiblesse de l'armée causa quelques soucis à Giraud de Lausanne, patriarche de Jérusalem, et aux Maîtres du Temple et de l'Hôpital. En outre, Frédéric réussit à séduire la chevalerie franque, mais son excommunication lui enleva le concours des deux ordres qui ne le protégèrent que de loin.

La trêve avec le sultan dura jusqu'en 1230. Les Francs hésitaient à la rompre pour satisfaire les quelques seigneurs allemands sous la conduite du duc de Limbourg, qui vociféraient « tous ensemble, ou nous romprons la trêve ou nous partirons ». Matthieu Paris rapporte une lettre du patriarche qui relate les conversations des seigneurs : « Le pape vient d'excommunier tous les croisés qui ne se sont pas embarqués sur ce passage, quoiqu'il sache que la trêve dure encore, donc il veut qu'elle ne soit pas observée. »

Au printemps 1228, Frédéric arriva en Orient et débarqua à Chypre, qui relevait de l'Empire puisque l'île avait été concédée par Henri VI à Amaury de Lusignan. L'empereur réveilla la haine de l'illustre et puissante famille des Ibelin et des nobles de l'île en réclamant la régence pendant la minorité du petit roi Henri Ier, en vertu des coutumes de l'Empire. Les Ibelins la refusèrent en vertu des coutumes d'Outre-Mer. Frédéric attira le vieux sire Jean d'Ibelin dans un banquet en compagnie de ses fils et de son frère le connétable de Chypre. Il réclama la cession de la régence. Jean sortit de cette situation sans abandonner ses droits mais dut reconnaître la suzeraineté de l'empereur.

L'excommunication pesait toujours sur l'empereur ; en plus, il s'était attiré la haine des nobles du parti Ibelin en remettant la régence aux représentants du parti chypriote opposé aux Ibelin. Au milieu d'un ressentiment général Frédéric II débarqua enfin le 7 septembre 1228.

Il eut la chance que les deux chefs arabes Al-Kâmil et Al-Ashraf se préoccupassent plus d'enlever Damas à leur neveu Al-Hâsir que de lutter contre les Francs. Ces derniers craignaient surtout que le départ des Allemands influe sur les musulmans. Aussi se mirent-ils d'accord avec eux et rebâtirent-ils les murailles de Césarée et de Jaffa. Ils reconstruisirent également le château de Montfort qui devint la principale place de l'Ordre Teutonique.

Les Templiers, comme les Hospitaliers, suivaient

les événements de très près et avec inquiétude, car Frédéric avait des droits incontestables sur le royaume en temps que tuteur du petit prince Conrad, son fils.

La quarantaine morale dans laquelle le reléguait son excommunication fut aggravée par une atmosphère de réprobation générale. Les Ibelins conservaient des relations amicales avec la plupart des chevaliers, et les Templiers furent très réservés dans leurs contacts. Lorsque l'empereur-roi se dirigea vers Jaffa, où fut conclu le traité du 18 février 1229, le couvent du Temple suivit, mais de loin, ne voulant pas se mettre sous la tutelle de la bannière maudite.

Le traité signé avec les musulmans permit de nombreuses récupérations, et prolongea la trêve de dix ans. Frédéric, en signant cet accord, voyait son domaine s'agrandir, la seigneurie de Sidon retrouvait ses limites anciennes, sauf Beaufort qui restait aux Teutoniques ; celle de Toron fut rendue à ses possesseurs. Le nord du royaume était pratiquement revenu à son état primitif.

Au sud, le territoire de Lydda et de Ramla était complètement cédé aux Latins, ainsi que la route du pèlerinage à Jérusalem. La ville même revint au royaume avec Bethléem. Les musulmans conservèrent toutefois leurs Lieux-Saints, la mosquée d'Al-Aqsa et le dôme de la Roche ou mosquée d'Omar. Il ne fut aucunement question que les frères du Temple, comme les chanoines du Temple, reprennent leurs anciennes possessions au pied de la Roche.

L'empereur arriva à Jérusalem le 12 mars 1229 pour se faire sacrer au Saint-Sépulcre. Sa qualité d'empereur excommunié l'empêchait d'être couronné selon la formule traditionnelle. Il n'y eut aucune cérémonie officielle. Ayant pris la couronne royale, Frédéric se la posa lui-même sur la tête. Ce fut une levée de boucliers générale : le seul roi était le fils de l'empereur et celui-ci ne possédait aucun droit personnel sur le royaume. Le 21 mars, pendant que Frédéric terminait les négociations avec les musulmans, l'envoyé du patriarche, Giraud de Lausanne, faisait promulguer la confirmation de l'excommunication venue de Rome. Le légat du patriarche, Pierre, archevêque de Césarée, avait été chargé, en plus, de jeter l'interdit sur Jérusalem, pour protester contre le semblant de couronnement et l'entente avec l'Egypte.

L'indignation fut générale. Mais l'empereur remonta sur Acre et fit enfermer le patriarche dans son hôtel. Il attaqua la garnison des Templiers, ses pires ennemis, et essaya de s'emparer de Château-Pèlerin pour laisser son pouvoir aux seigneurs allemands et aux chevaliers teutoniques. Le commandeur de la forteresse lui fit savoir « que s'il ne s'en allait pas, ils le mettraient en un lieu d'où il ne sortirait plus. » Frédéric partit sur Acre où sa flotte allait appareiller.

Giraud de Lausanne et Pierre de Montaigu recrutèrent des chevaliers allemands grâce aux fonds reçus du roi de France. Frédéric, ne voulant rien perdre de la validité de ses gens en vue de la guerre en Lombardie, leur ordonna de s'embarquer. Le Maître du Temple lui rétorqua que les accords signés avec l'Egypte ne comprenaient pas le sultan de Damas. S'étant retiré sans rien dire, l'empereur convoqua, pour le lendemain, une assemblée publique sur la plage d'Acre. Au cours de son discours, Pierre de Montaigu reçut une pluie d'injures et d'accusations. L'empereur rentra dans la ville et fit garder, par ses propres arbalétriers, toutes les portes et tous les bâtiments principaux. Quant aux Templiers, les Allemands devaient les laisser sortir mais tirer sur eux s'ils voulaient rentrer. Le patriarche, devant cette mauvaise foi, contre-attaqua par des séries d'excommunication.

Frédéric était pressé de partir. La situation était

impossible pour lui et son entourage. Le patriarche Giraud ; dans une lettre au pape, dit que l'empereur emportait des mangonaux et autres machines de guerre destinés à la défense d'Acre. Il alla même jusqu'à envoyer au Sultan, par amitié, quelques-uns de ces appareils. Il réembarqua d'Acre le 1er mai 1229, poursuivi par une émeute populaire et sous les huées des habitants. Le patriarche, indigné, ajoute : « Dieu veuille qu'il ne revienne jamais. »

Le bilan de la croisade de Frédéric II — croisade symbolique s'il y en eut une — fut un échec complet. Les Allemands, à Chypre et en Terre Sainte, ne firent qu'aggraver les dissensions sur cette terre déjà meurtrie. Dès le départ de l'empereur, la guerre éclata entre Richard Filangiéri, son maréchal, et les Ibelins. Pour les Templiers, ce fut beaucoup plus grave. Frédéric ne leur pardonna jamais de s'être mis sur sa route et, surtout, d'avoir dévoilé au patriarche et aux seigneurs, le double-sens de sa conduite.

Il se vengea, par lettre, « du Temple orgueilleux ». Toutes les cours d'Europe reçurent une lettre dans laquelle il inondait les chevaliers de toutes les accusations possibles. Son fiel débordait et son venin était de plus en plus empoisonné. Frédéric II est à l'origine des soupçons qui pesèrent sur le Temple : il accusa les chevaliers d'intelligence avec l'ennemi, de fêter les émissaires du sultan de Damas, d'assister à la célébration de rites islamiques à l'intérieur de la maison du Temple d'Acre. Tout cela fut repris, d'ailleurs, au procès. Mais le plus navrant c'est de voir comment ces accusations ont été utilisées. Les accusateurs du Temple prirent surtout le côté traîtrise, tandis que les ésotériques sont allés chercher de prétendues philosophies qui ne résistent guère aux textes.

Le patriarche était le seul qui pouvait avoir des idées assez justes sur ces accusations, puisqu'il vécut à la maison d'Acre pendant quelque temps pour se mettre à l'abri des troupes allemandes. Dans plusieurs lettres qu'il adressa au pape, il prouve le contraire. Les Templiers ne furent jamais en contact avec des rites initiatiques islamiques, les alphabets, les pactes avec l'ennemi. Tout cela le patriarche le dément. A moins de voir le patriarche en union très étroite avec les Templiers, ce qui ne nous étonnerait aucunement de la part de certains auteurs voulant justifier leurs théories où se mêlent les données maçonniques du XVIIIe siècle, les mythomanies de Palaprat et des néo-templiers.

Armand de Périgord avait succédé à Pierre de Montaigu comme Maître du Temple. Le nouveau supérieur, auparavant Maître en Sicile et en Calabre, connaissait peut-être trop bien l'empereur Frédéric. Les démêlés impéro-templiers furent souvent tendus, surtout depuis que Jean de Brienne s'était emparé de la Sicile avec l'appui du Temple contre les quelques commanderies teutoniques de l'île. La stratégie du nouveau Maître fut de ne pas se mêler directement de la guerre des Chypriotes, partisans de Filangièri, malgré les liens unissant le Temple aux Ibelins. Jean d'Ibelin mourut en 1236 sous l'habit templier qu'il avait pris en 1232. Il laissa le souvenir d'un seigneur loyal et juste qui sut déjouer les manœuvres de Frédéric et de son maréchal. Il préserva en Orient l'esprit franc face aux brutalités des Allemands.

La Terre Sainte n'avait plus de chef séculier. Le pouvoir revint alors entre les mains du patriarche et des deux Maîtres des ordres du Temple et de l'Hôpital. Les Templiers recherchèrent l'alliance avec le sultan de Damas contre l'Egypte. Le Caire se faisait plus menaçant ; le danger devint plus grand encore quand le « sultan de Sicile », nom donné à Frédéric, invita les émirs d'Egypte et les ambassadeurs du Vieux de la Montagne à une brillante réception dans son palais de Palerme. Malheureusement, les Templiers et les Hospitaliers ne purent s'entendre et une guerre éclata entre les deux ordres. Si les Templiers, unis aux Ibelins, voulaient s'allier avec Damas, les Hospitaliers favorisaient Filangièri et désiraient traiter avec l'Egypte. Ce fut un massacre sans pitié. Les deux ordres s'assiégeaient dans leurs commanderies et s'égorgeaient dans les rues d'Acre. Les Templiers se vengèrent de Frédéric en chassant les Teutoniques d'Acre et en les obligeant à se réfugier dans leur château de Montfort.

De son côté, Frédéric s'était vu retirer l'excommunication par Grégoire IX. Cela ne dura pas longtemps : en 1239, il fut à nouveau mis hors de l'Eglise. Nombreux étaient les pèlerins qui faisaient le voyage Outre-Mer, malgré l'anathème prononcé par le pape à l'égard de ceux qui se rendaient en Terre Sainte au lieu de combattre les Gibelins en Lombardie. Cependant, Frédéric se réconciliait avec l'Hôpital — il avait opté pour l'Egypte et pour le parti gibelin — dont il confirmait les privilèges en juin 1239. Le Temple, par contre, s'attachait à sa politique d'alliance avec Damas.

Le sultan de Damas recherchait, d'ailleurs, l'alliance des Francs contre les Egyptiens. Dès 1235, Grégoire IX, prévoyant la fin du traité de Jaffa de 1229, prêcha la croisade. Frédéric pensa reprendre la croix avec son fils Conrad, mais il déclara être empêché par sa guerre avec les Lombards. Les dirigeants croisés se rabattirent sur Thibaud de Champagne, roi de Navarre. Un revirement des troupes de Damas qui passèrent aux Egyptiens et un renversement des alliances furent lourds de conséquences pour l'unité des Francs de Syrie. Plusieurs suppositions peuvent être faites : les Hospitaliers avaient-ils reçu de Frédéric II des instructions concernant une conclusion rapide de la paix avec l'Egypte ? Est-ce contre les Templiers qu'ils agirent ? Quoi qu'il en soit, le Maître des Hospitaliers encouragea Thibaud de Champagne à conclure la paix avec l'Egypte et le sultan Aiyub. L'Hôpital, les Teutoniques et les Croisés signèrent le traité que les barons de Syrie et le Temple refusaient de ratifier. Thibaud de Champagne s'embarqua au mois de septembre, tandis que les Francs de Syrie, les troupes du Temple, d'Hugues IV de Bourgogne et de Guignes de Nevers stationnaient entre Jaffa et Ascalon.

Un nouveau croisé débarqua à Acre : Richard de Cornouailles, frère du roi d'Angleterre et beau-frère de Frédéric II. Il rejoignit les troupes à Ascalon où elles étaient employées à refaire les murailles. Richard refusa de remettre la forteresse aux Templiers. Les rapports entre Richard de Cornouailles, les Templiers et les barons de Syrie s'envenimèrent assez rapidement. L'orgueil du Temple devenait impossible au beau-frère qui avait fait toute la traversée d'Angleterre en France en compagnie du Grand Précepteur de l'Hôpital. En qualité d'allié de Frédéric, et c'est normal, il favorisa l'Hôpital plutôt que le Temple.

Armand de Périgord dut céder et opter pour une alliance avec l'Egypte. Il confia au bailli de Frédéric le château de Césarée qu'avaient restauré les Anglais.

La mauvaise passe qu'avaient connue les Templiers sous Frédéric II recommençait de plus belle avec Richard de Cornouailles. Ami intime et admiré du moine chroniqueur de Saint-Albans, Matthieu Paris, de tendance très anglicane, il l'encouragea dans ses idées. Il est vrai que ledit chroniqueur manifesta une réelle aversion à l'encontre de la Curie à cause des finances. Son exposé sur la situation en Terre Sainte est complètement défavorable aux Templiers. Son texte est embrouillé, sans logique, obscur et haineux. Malheureusement, Matthieu Paris est souvent le seul qu'écoutent les auteurs. Les faits d'armes rapportés par Philippe de Novaire sont pourtant d'une autre clarté et disculpent les Templiers. Que dire aussi des

Gestes chypriotes que beaucoup ignorent et dont l'objectivité redresserait bien des choses.

Après avoir semé le trouble, comme l'avait fait son beau-frère, le duc de Cornouailles réembarqua le 3 mai 1241 pour son île, sans ménager les Templiers ni les Hospitaliers, « frères jumeaux qui s'égorgent dans le sein de leur mère ». Richard s'attribua tous les avantages reçus ou promis aux chrétiens. Il se posa aussi en libérateur des grandes places fortes telles que Baruth, Sidon, Beaufort, Le Toron, Tabaric, Safed, Nazareth, le Mont Thabor, et en libérateur des prisonniers.

La Syrie, une nouvelle fois, se trouva sans chef. Les responsabilités incombèrent au Maître du Temple, Armand de Périgord. Avec l'approbation des barons, il abandonna le traité avec l'Egypte et revint à sa politique d'alliance avec Damas. Armand écrivit au Maître du Temple en Angleterre, Robert de Sandford. Dans sa lettre, il expose la gravité de la situation, tout en restant confiant : « Le sultan de Babylone promettait de nous rendre Gaza, Saint-Abraham, Nablus, Darum et autres fiefs, mais il nous faussa parole et garda nos émissaires, frères de notre maison, plus de six mois en captivité. Nous nous sommes méfiés de sa perfidie et nous avons conclu une alliance avec les sultans de Damas et de Harus, et le seigneur du Crac, qui nous permettra de subjuger facilement le royaume de Babylone et enfin d'occuper tout le territoire sarrasin qui nous environne. Le sultan de Babylone et le seigneur du Crac ont rendu immédiatement au culte chrétien tout le terrain en-deçà du Jourdain, sauf Nablus, Saint-Abraham et Beissen. Il n'y a aucun doute que cette situation heureuse et prospère pourrait durer longtemps si les chrétiens d'en-deçà des mers voulaient, dès maintenant, agréer cette politique. Mais, hélas, combien de gens en cette terre et ailleurs nous sont contraires et hostiles par haine et par jalousie. Ainsi notre couvent et nous, avec le concours des prélats de l'église et de quelques pauvres barons de la Terre qui nous aident comme ils le peuvent, nous assurons seuls le poids de la défense Nous proposons de construire un château très fort sur le Toron, près de Jérusalem, si les hommes de bonne volonté nous assistent. Nous devons espérer que cette forteresse nous permettra de surveiller facilement le pays et de le défendre contre l'ennemi à perpétuité... »

Ces années furent triomphales pour le Temple. Le Maître nargua même Frédéric II en réintégrant le Temple de Jérusalem et en le fortifiant, provoquant la colère de l'Empereur qui s'écria : « Si le Maître et les frères ne cessent de construire le château de Jérusalem, ce qui est contraire à l'honneur impérial, tous leurs biens en Allemagne et en Sicile seront confisqués. »

Les Templiers revenaient à leur politique positive. Armand de Périgord donnait de l'impulsion à l'ordre et prévoyait les remous qui secoueraient l'Orient. Une marée humaine déferla sur l'Europe. L'expansion mongole avait repris sous Ogödaï, fils de Gengis Khan. Au printemps de 1241, la Hongrie et la Pologne furent dévastées. La même année, une croisade générale fut prêchée contre les Mongols. Le traité de Damas, les fortifications entreprises par les Templiers à Jérusalem poussèrent les populations à se réfugier à l'intérieur de la ville sainte. Le péril grandissait. Armand de Périgord, devant le danger, se réconcilia avec le Maître de l'Hôpital ; les couvents et les barons de Syrie avec leurs amis s'avancèrent sur Gaza où les sultans de Damas et de Mons les rejoignirent.

Les Mameluks d'Egypte et les Karisméniens sous la conduite de l'ancien esclave mongol, Beybars, devenu émir et futur sultan d'Egypte, les attendaient. Une bataille s'engagea le 17 du mois d'octobre. Malgré une résistance héroïque qui dura deux jours, l'armée franque fut totalement détruite. Le Maître du Temple, Armand de Périgord, fut mortellement blessé. Le Maître de l'Hôpital fut capturé avec Gautier de Brienne, comte de Jaffa. Des deux couvents, vingt-six frères du Temple et trente-six de l'Hôpital seulement revinrent de la bataille. Quant au Maître des Teutoniques, Gerhard de Mahlberg, il prit la fuite avec trois de ses chevaliers.

Une lettre du patriarche Robert, qui avait succédé à Giraud de Lausanne, indique que le Temple perdit trois cent vingt-deux chevaliers sur un total de trois cent quarante-huit et trois cent quarante-deux Turcopoles, l'Hôpital trois cent vingt-cinq sur trois cent cinquante et un chevaliers et deux cent vingt-quatre Turcopoles, et les Teutoniques quatre cents hommes. Les chevaliers de Saint-Lazare, les troupes du sire de Cayphas, de l'archevêque de Tyr, du comte de Jaffa, de l'évêque de Lydda, du prince d'Antioche et du roi de Chypre furent complètement anéanties. Le patriarche, qui échappa de justesse à la tuerie, évalue la perte totale à seize mille Francs.

Apprenant cette défaite, Frédéric II fut indigné. Il en accusa les Templiers. Or, ce fut un juste retour des choses. Par cette défaite, on pouvait croire à une fin rapide du royaume. Il subsista encore près de cinquante ans. Mais, à brève échéance, les conquêtes de Frédéric et de Richard de Cornouailles s'effondreront. Bientôt, le royaume sera à nouveau réduit à une frêle bande littorale.

CHAPITRE XV

SAINT LOUIS SA CROISADE ET LE TEMPLE

La deuxième chute de Jérusalem, Gaza et Forbie fut ressentie dans tout le monde chrétien. Un appel fut lancé par l'évêque de Beyrouth. Le concile de Lyon, réuni par Innocent IV en juillet 1245 pour juger Frédéric II, proclama la croisade générale. Dès 1244, le roi de France avait pris la croix, mais le concile de Lyon ayant excommunié pour la troisième fois l'empereur d'Allemagne, seuls quelques croisés anglais, frisons ou brabançons se mirent en route avec les Français en 1248.

En Palestine, la situation n'était pas brillante. L'armée du sultan du Caire avait occupé Jérusalem fin 1244. La prise de Damas, en octobre 1245, privait les chrétiens du profit des dissensions musulmanes. Les départs pour la croisade furent toujours néfastes aux libérations car ils se déroulaient avec trop de lenteur. Les Francs cherchèrent à racheter les captifs de Forbie. Les Templiers et les Hospitaliers s'adressèrent au sultan Aiyûb ; il leur fit répondre que leur supplique serait prise en considération si l'empereur l'appuyait. Frédéric apparaissant comme l'anté-Christ, il n'était pas question de s'adresser à lui. Les deux ordres déclinèrent l'offre.

Innocent IV avait écrit au sultan au sujet d'une trêve. Aiyûb répondit que, suivant le traité de 1229 et conformément au protocole, les négociations avec les chrétiens ne pourraient se faire que par l'intermédiaire de Frédéric II. Le pape fut irrité par cette fin de non-recevoir et crut même que l'empereur avait falsifié la lettre. Par ailleurs, Frédéric empêchait tout transport de vivres et de troupes parce que la papauté avait trouvé là un argument pour extorquer de l'argent aux fidèles.

Le roi de France commença ses préparatifs d'expédition dès 1246. Il ne s'embarqua que le 28 août 1248, en compagnie de sa femme, la reine Marguerite de Provence, de ses frères Robert d'Artois et Charles d'Anjou, de la comtesse d'Anjou et de toute la chevalerie du royaume. Partie d'Aigues-Mortes, l'escadre débarqua son premier contingent, le 17 décembre, à Nicosie, où les croisés passèrent tout l'hiver.

Les Templiers, depuis 1245, avaient un nouveau maître en la personne de Guillaume de Sonnac. Il entretenait des liaisons secrètes avec les émirs musulmans afin de les mettre en rapport avec le roi de France pour entamer des négociations de paix, ou tout au moins un compromis, ou encore afin de créer une diversion dans le camp musulman.

Le manque total de souplesse de saint Louis lui fit refuser tout pourparler. Il blâma vivement le Maître du Temple et lui fit défense de recevoir des émissaires turcs sans son autorisation expresse. Le 20 décembre 1248, le roi de France reçut la visite de deux ambassadeurs d'un général mongol, dans le but de nouer des relations avec les troupes franques afin de mener une action contre les musulmans. Le roi, intéressé par les propositions et ne songeant qu'à la conversion des Mongols, envoya en janvier 1249 l'ambassade d'André de Longjumeau, qui revint en 1251, sans aucun résultat.

Le roi voulut quitter Chypre au mois de février 1249, mais les disputes entre les Pisans et les Génois retardèrent le départ. Ce ne fut que le 30 mai 1249 que l'armée royale, avec deux mille huit cents chevaliers, s'embarqua pour Damiette où elle arriva le 4 juin.

Le 12 mai 1249, une grande réunion des dignitaires du Temple se tint sous « la tente du Commandeur de Jérusalem ». Assistaient à cette réunion, Guillaume de Sonnac, Maître de l'Ordre, Renaud de Vichiers, Maréchal et ancien Maître en France qui avait suivi le roi, Etienne de Hautetour, trésorier de l'Ordre, Ferrand l'Espagnol, commandeur d'Antioche, Amaury Jaures, le drapier, et plusieurs autres frères. Cette assemblée avait pour but de négocier un emprunt de dix mille byzantins, fait par Otto Tornello en échange de trois mille sept cent cinquante livres tournois.

Saint Louis débarqua le 5 juin avec toutes les troupes. L'armée égyptienne déployée sur la plage fut mise en déroute. Le lendemain, le roi fit son entrée à la tête de ses chevaliers par le pont que les citadins avaient réparé et qui, dans la débandade de la veille, n'avait pas été détruit. La ville fut transformée en ville latine. Le légat et tous les chapelains purifièrent la mosquée et chantèrent le Te Deum, les chefs croisés reçurent des habitations, les ordres religieux installèrent leurs couvents, tandis qu'un archevêque prenait possession de la cathédrale Notre-Dame, construite par Jean de Brienne et qui avait été depuis transformée en grande mosquée. Le reste de l'armée, les couvents du Temple et de l'Hôpital, dressèrent leurs tentes sur l'île de Maalot.

Saint Louis aurait voulu atteindre Le Caire, mais les crues du Nil qui commençaient l'en empêchèrent.

Le comte de Bretagne préférait une marche sur Alexandrie, afin d'asphyxier l'Egypte en s'emparant du port, ce qui obligerait le sultan à des concessions.

Une attaque du port fut décidée, lorsque Robert d'Artois s'opposa à toute stratégie autre qu'une avance sur Le Caire. L'armée sortit de Damiette le 28 novembre, mais avec prudence, essayant d'éviter les embuscades. La reine Marguerite et les femmes des chefs croisés restèrent dans la cité gardées par les équipages de la flotte.

Les Egyptiens s'étaient massés à Mansùra, attendant les armées franques. Les galères remontaient le Nil en ramant contre le courant et le vent. Les mameluks galopaient à l'horizon. Le 6 décembre, jour de la Saint-Nicolas, les Templiers formant l'avant-garde de l'armée, et impatients devant les lenteurs de la campagne, eurent la joie de pouvoir bouger un peu. Les musulmans attaquèrent et désarçonnèrent un chevalier de l'escorte du maréchal Renaud de Vichiers. Le roi avait formellement interdit d'engager un combat, mais, comme le dit Joinville : « Frère Renaud s'écria : « Or à eux, de par Dieu, car je ne pourrai plus souffrir une pareille chose ! » Brochant ses éperons, et tous les siens avec, et comme leurs chevaux étaient frais et ceux des Turcs déjà las, les païens furent occis et jetés au fleuve ou noyés. »

Les Francs mirent un mois pour atteindre Mansùra, ville située à la jonction du Nil et du Tanis. Les Turcs s'étaient retranchés sur l'autre rive. Le roi de France essuya quelques attaques égyptiennes et, à la fin du mois de décembre 1249, il fit entourer le camp de tranchées. Les Francs essayèrent de construire une digue en travers de la branche de Tanis et du fleuve. Les Egyptiens ripostèrent en creusant au fur et à mesure les rivages opposés, ce qui empêchait de terminer la digue. Les Francs érigèrent deux tours roulantes en bois et dix-huit perrières, pour protéger les travaux, car, en dehors du courant, les musulmans empêchaient les travaux par des tirs de flèches.

L'armée de saint Louis dut faire face à deux guerriers de choix, l'émir Fakr-Eddin, l'ami de Frédéric II, et Beybars, le mameluk au sang mongol qui avait brisé les armées franques à Gaza. Un indigène se présenta au roi de France et lui révéla l'existence d'un gué, à une lieue environ, en aval du camp. Saint Louis ordonna de passer en ordre et l'armée se regroupa sur l'autre rive. L'avant-garde dirigée par Robert d'Artois avait à peine atteint la rive qu'il la lança à l'assaut du camp musulman, le 8 février 1250. Le camp fut enlevé par surprise, le général égyptien fut tué et l'armée contrainte à la fuite. Robert, malgré les ordres du roi, acheva sa victoire en poursuivant les fuyards, anéantissant l'armée ennemie et enlevant Mansûra. Le Grand Commandeur du Temple, qui était à l'avant-garde avec son couvent, chercha à retenir le royal frère, mais fut traité de lâche. Il se résigna à suivre la folle chevauchée d'Artois.

La surprise fut complète. Le roi avait envoyé au galop dix chevaliers ordonner à son frère de l'attendre. En vain. En compagnie de frère Gilles, le Commandeur du Temple, Robert pénétra dans la forteresse. Là, ils se trouvèrent en face des mameluks regroupés par leur chef, Beybars. La charge des croisés fut brisée. Les habitants de la ville aidèrent les combattants en élevant des barricades et en jetant des pierres des toits. Trois cents chevaliers séculiers périrent avec le comte d'Artois, tandis que les Templiers, d'après Joinville, perdirent deux cent quatre-vingts « hommes armés et tous à cheval ».

L'armée royale n'avait pas fini de traverser le gué. L'arrière-garde, sous les ordres d'Hugues IV de

Bourgogne, était encore sur l'autre rive quand Beybars attaqua le corps dirigé par saint Louis. L'armée franque était ainsi divisée en trois parties, sans qu'aucune puisse défendre l'autre. Les mameluks et les Turcs-Arabes s'en donnèrent à cœur joie. Mais l'héroïsme de saint Louis, sa prudence, permirent à l'armée de tenir une journée. Les croisés, refoulés vers le canal, attendirent que le corps du duc de Bourgogne ait pu les rejoindre avec les arbalétriers. L'armée égyptienne, face aux arbalétriers, finit par battre en retraite, et cette affreuse journée se termina en victoire.

Le 11 février, Beybars lança une contre-attaque. Les chrétiens, retranchés sur les deux rives du fleuve, ne surent pas se dégager à temps. Le premier choc fut soutenu par le comte d'Anjou et les barons. Joinville raconte cette attaque : « Derrière Monseigneur Gautier était frère Guillaume de Sonnac, Maître du Temple, avec tout le peu de frères qui lui restait de la bataille de mardi. Il avait fait élever des défenses devant lui, avec les engins pris aux Sarrasins. Ceux-ci vinrent l'assaillir et jetèrent le feu grégeois sur ce retranchement. Le feu prit facilement, car les Templiers avaient fait mettre de grandes planches de sapin. Et sachez que les Turcs n'attendirent pas que tout fut brûlé, mais ils coururent sus aux Templiers, à travers les flammes. A cette bataille, frère Guillaume, le maître du Temple, perdit un œil, et l'autre il l'avait perdu le jour du Mardi-Gras. Il en mourut, ledit seigneur Dieu absolve. Sachez aussi que, derrière les Templiers, il y avait un arpent de terre si chargé de javelots lancés par les Sarrasins, qu'on ne voyait plus le sol.

Derrière les Templiers se trouvait le corps de bataille de Monseigneur Gui de Mauvoisin, que les Turcs ne purent jamais vaincre... »

Les croisés brisèrent l'attaque des Turcs, mais ces

deux victoires furent en vérité une véritable défaite. Le canal était rempli de cadavres, les vivres manquaient et les Francs se nourrissaient de poissons gavés de chair humaine. Une épidémie se déclara dans le camp, et, comme cela s'était passé en 1221, les Egyptiens construisirent une escadre pour reconquérir la maîtrise du Nil, privant l'armée de saint Louis de tout ravitaillement. La partie était perdue.

Le roi de France chercha à traiter avec le nouveau sultan Turân-shâh. Sans succès. La retraite fut décidée, mais le décrochement fut difficile. A une étape de Damiette, le roi tomba malade. Philippe de Montfort venait d'obtenir une capitulation en sacrifiant Damiette lorsque la trahison d'un sergent convainquit les croisés de déposer les armes. Ce fut un massacre général des malades, tant sur les vaisseaux que sur terre. Les prisons du Caire s'ouvrirent sur le restant de l'armée, saint Louis en tête. On était le 6 avril 1250.

La reine occupait toujours Damiette et le roi se vit réclamer la ville et toute la Syrie franque. Sur son refus, le roi de France n'ayant aucun droit sur la Terre Sainte, il fut menacé de la torture. On fit alors un accord : Damiette servirait de rançon pour le roi ; pour l'armée, seigneurs et chevaliers, il serait versé une somme collective de cinq cent mille livres. Ce traité permettait de sauver ce qui restait de l'armée croisée.

Les Templiers de Terre Sainte avertirent leurs frères de France : après une grande bataille les Francs avaient déposé les armes, Eudes de Chateauroux, légat pontifical, et Robert le patriarche s'étaient échappés, trois Templiers seulement avaient pu s'évader. Chez les Hospitaliers, on savait seulement que quatre chevaliers étaient prisonniers et qu'un autre se trouvait auprès du roi. Après un traité, les Français cédaient Damiette au sultan mais gardaient les places de Terre Sainte : Jaffa, Césarée, Château-Pèlerin, Cayphas, Nazareth, Saphet, Beaufort, Tyr et Le Toron. Cette lettre passe sous silence l'évasion du Maréchal Renaud de Vichiers et la nomination de frère Etienne d'Otricourt, comme Grand Commandeur de l'élection.

Le nouveau sultan Tûrân-shâh s'attira la haine de ses soldats, esclaves, mameluks, et le 2 mai 1250 il fut assassiné par sa propre garde. Le 6 mai, Damiette était remise aux musulmans qui massacrèrent les malades dans les hôpitaux, pensant en faire autant avec les barons. Le roi était dans la galère qui l'avait ramené du Caire, tandis que la première tranche de la rançon, c'est-à-dire deux cent mille livres était comptée. Joinville raconte assez clairement comment fut payée cette rançon : « On commença le paiement de la rançon le samedi matin. On mit à le faire le samedi et le dimanche, toute la journée jusqu'à la nuit, parce qu'on payait à la balance, chacune valant dix mille livres. Le dimanche au soir, les gens du roi qui faisaient le paiement lui firent savoir qu'il leur manquait trente mille livres. Il n'y avait alors avec le roi que le roi de Sicile, le maréchal de France, le Maître de la Trinité et moi. Tous les autres étaient à faire le paiement. Je dis au roi qu'il serait bon qu'il envoyât chercher le Commandeur et le maréchal du Temple, car le Maître était mort, pour leur demander de lui prêter trente mille livres, afin de délivrer son frère. Le roi les envoya chercher et me dit de leur parler. Quand j'eus fini, frère Etienne d'Otricourt, le Commandeur du Temple, me répondit : — « Sire de Joinville, ce conseil que vous donnez n'est ni bon, ni raisonnable, car vous savez que nous recevons les fonds en commandite de telle manière que, d'après nos serments, nous ne les pouvons remettre à personne, si ce n'est à ceux qui nous les ont baillés. »

Il y eut assez de dures et injurieuses paroles entre moi et lui. Alors, frère Renaud de Vichiers, qui était Maréchal du Temple dit : — « Sire, laissez aller cette dispute entre le seigneur de Joinville et notre Commandeur. Comme il vous l'a dit, nous ne pouvions rien bailler sans être parjures. Lorsque le Sénéchal vous conseille de prendre, si nous ne voulons pas prêter, il ne dit pas là bien grande nouvelle. Vous en ferez à votre volonté. Mais si vous prenez du nôtre, nous avons bien assez du vôtre en Acre pour nous en dédommager. » Je dis au roi que j'irais, s'il le voulait. Il me le commanda. J'allai à la maîtresse-galère du Temple où était le trésor. Je demandais au Commandeur du Temple de venir voir ce que j'allais prendre, mais il ne daigna pas le faire. Le Maréchal dit qu'il viendrait voir quelle violence je lui ferais. Lorsque je fus descendu auprès du trésor, je demandai au Trésorier du Temple qu'il me baillât les clés d'une huche qui était devant moi. Mais lui me voyant maigre et décharné par la maladie et dans l'habit que j'avais porté en prison, refusa de m'en bailler aucune. J'aperçus une cognée qui gisait là, je la levai en disant que j'en ferai la clé du roi. Lorsque le Maréchal vit ceci, il me prit par le poing et me dit : — « Sire, nous voyons bien que c'est violence que vous nous faites. Nous vous ferons bailler les clés. » Alors, il commanda au Trésorier de me les donner. Quand le Maréchal lui eut dit qui j'étais, il en fut bien ébahi. Je trouvai que ce coffre était à Nicolas de Choisy, un sergent du roi. Je jetai dehors l'argent que j'y trouvai, puis allai m'asseoir à la proue du vaisseau qui m'avait amené. »

L'attitude des frères du Temple mérite quelques explications. Il n'y avait pas encore de Maître et le sort de la maîtrise se joua à cette occasion. Les deux dignitaires avaient chacun leur jugement sur cette affaire. Le commandeur se retranchait derrière la Règle, tandis que Renaud de Vichiers, en offrant au roi un prêt illimité, ne risquait pas de s'attirer les foudres du futur Maître ni même du chapitre général. Le roi ne sembla aucunement s'indigner, malgré les paroles du Maréchal.

Quant à l'affaire du coffre, il faut y voir de la part des Templiers une protection des biens qui leur étaient confiés.

Joinville ne garda aucune rancœur aux Templiers. Jouait-il la comédie ? C'est très possible, puisqu'il avoue plus loin que frère Renaud fut rempli de courtoisie vis-à-vis du roi lorsqu'ils étaient en prison.

Les Templiers, de leur côté, approuvèrent l'attitude de leur Maréchal et le choisirent comme Maître dès son retour à Acre. Le roi lui témoigna une grande estime et en fit le parrain de son fils, Jean Tristan, qui naquit à Château-Pèlerin. Tout cela montre quel sens nous pouvons donner au récit de Joinville.

Une fois libéré, le roi et son armée débarquèrent à Acre sous les acclamations d'une foule en délire et avec de nombreuses marques d'affection. Damiette perdue, il fut accueilli en vainqueur. Pendant les deux ans qu'il passa encore en Terre Sainte, il fit fortifier les grandes villes côtières : Jaffa, Césarée, Acre, Sidon, et entamma des négociations avec le sultan du Caire pour la libération des chrétiens qui se trouvaient encore prisonniers dans la capitale égyptienne. Il prit soin, toutefois, de rétablir la Terre Sainte dans ses frontières de 1248.

L'état lamentable dans lequel se trouvaient les forteresses se traduisit par une vaste campagne de construction. Acre reçut les premiers soins par le quartier de Montmusart, jusque là non fortifié. Dès 1254, la rue des Anglais fut tracée ; un hôpital destiné aux pèlerins bretons fut à l'origine de l'ordre de Saint Martin des Bretons, fondé par Gilles de Tours. L'ordre de Saint-Thomas et de Saint-Jean-d'Acre était devenu militaire tout en conservant le caractère hospitalier de ses origines.

Les Templiers profitèrent de l'accalmie pour revenir à leur idée : l'entente avec Damas. Beybars avait conquis la ville syrienne en 1245, mais les habitants profitèrent de la révolte égyptienne pour reprendre leur indépendance. Pour le Temple, cette démarche en vue de renouer ses anciennes relations était difficile sans l'assentiment du chef de croisade : les Templiers pouvaient être accusés de traîtrise.

Mais en mars 1252, saint Louis songea à une alliance avec les Egyptiens. Une trêve fut signée pour une période de quinze ans, spécifiant, outre la libération des prisonniers depuis l'avènement de Frédéric II au trône de Jérusalem en 1226, l'abandon aux Chrétiens des pays à l'ouest du Jourdain avec Jérusalem, Melion et Naplouse. Le sultan conservait Gaza, Saron, Gibelin et Grand-Gerin en Galilée.

Sous l'influence du khalife de Bagdad, les musulmans se réconcilièrent et les Damasquins se vengèrent du royaume latin en menaçant Jaffa. Les arbalétriers francs les repoussèrent le 6 mai 1253. Au mois de juin suivant, Sidon, dont l'enceinte n'était pas encore construite, essuya une attaque et mille deux cents chrétiens furent tués.

Saint Louis, laissant les murs de Jaffa pratiquement terminés, gagna Sidon et lança son armée, sous le commandement de Philippe de Montfort et des deux Maîtres du Temple et de l'Hôpital. Lorsque le rempart de Sidon fut terminé, le roi entra à Acre, le 7 mars 1254 ; il arma chevalier Balian, le fils de Jean Arour, le 12 avril, comme il l'avait fait en 1252 pour Bohémond IV. Le 25 avril, il s'embarquait pour la France.

Pendant ce temps, les Templiers Renaud de Vichiers et son Maréchal Hugues de Jouy, profitant d'une affaire de redevances prélevées à Saphet, reçurent l'émir de Damas et signèrent un accord avec lui. Les Templiers gardèrent cette rencontre secrète. Ils avaient trop en mémoire le souvenir des reproches adressés par saint Louis à Guillaume de Sonnac.

Le roi, informé de ces démarches, s'indigna profondément et résolut de punir l'insubordination et l'indiscipline de la maison. Le jugement est rapporté par Joinville : — « La quatrième amende fut celle-ci : frères Hugues de Jouy, maréchal du Temple, fut envoyé au sultan de Damas par le Maître de l'Ordre, pour négocier au sujet d'une grande terre que tenait les Templiers et dont le sultan voulait la moitié. Les conventions furent faites, mais suspendues à l'accord du roi. Frère Hugues amena un émir du sultan de Damas apportant les conventions écrites que l'on appelait « montre-foi ». Le roi, lorsque le Maître lui expliqua les choses, en fut profondément ému et dit que c'était bien hardi d'avoir négocié avec le sultan sans lui en parler : il en voulait réparation. Ce qui fut fait de cette manière. Le roi fit lever les pans de trois de ses pavillons et là se mit tout le commun de l'armée qui voulut venir. Le Maître du Temple vint avec toute la communauté, sans chausses, à travers le camp, parce que leurs tentes étaient en-dehors. Le roi fit asseoir devant lui le Maître du Temple et le messager du sultan, puis il dit tout haut : — « Maître, vous direz au messager du sultan qu'il vous pèse d'avoir traité avec lui sans m'en parler, et que, pour cela, vous le tenez quitte de toutes ses promesses. » Le Maître prit les conventions et les bailla à l'émir en ajoutant : — « Je vous rends les conventions que j'ai mal faites et cela me pèse. » Alors le roi fit lever le Maître et tous ses frères, puis leur ordonna : « Agenouillez-vous et faites amende honorable pour être allés contre ma volonté. » Le Maître, à genoux, tendit le bout de son manteau au roi. Il lui abandonna tout ce qu'ils avaient pour que le roi prenne en réparation ce qu'il choisirait. — « Je demande, fit le roi, tout d'abord, que frère Hugues qui a fait les conventions, soit banni de tout le royaume de Jérusalem. Ni le Maître qui était cependant compère du roi pour le comte d'Alençon, né à Châtel-Pèlerin, ni la reine, ni personne, ne purent aider frère Hugues et il lui fallut vider la Terre Sainte et le royaume de Jérusalem. »

Malgré l'humiliation reçue, Hugues de Jouy partit pour l'Espagne où il fut nommé Maître en Aragon et Catalogne. Il eut des ennuis avec quelques chapelains de l'Ordre et dut faire intervenir le pape. Alexandre IV lui écrivit de Naples, le 11 mai 1255, la bulle « Insinuasti nobis », dans laquelle il l'autorisait à déplacer les chapelains de l'Ordre qui refusaient de lui obéir et qui avaient un esprit de rébellion.

Saint Louis avait quitté le royaume latin après avoir réussi à faire évoluer la situation délicate, et cela bien que Conrad IV soit le seul roi en droit. Le roi de France fit preuve, sans titre juridique, d'une autorité due à son prestige moral, à son esprit de justice et à son grand héroïsme pour la foi chrétienne.

La paix était revenue. Mais au moment où il était important de remettre en état la Terre Sainte, les seigneurs et les nobles allaient se livrer au jeu stérile des partis.

CHAPITRE XVI

LES ASSISES

En quittant la Palestine, saint Louis ne laissait derrière lui qu'un pauvre royaume sans autorité centrale ni frontières stratégiques.

Cependant le royaume latin était, au XIIIe siècle, à l'apogée de sa prospérité commerciale. Plusieurs documents signalent des navires du Temple, des pontons et des ports d'attache. Certes, la marine marchande était peu importante comparée à celle de guerre ou encore à celles de Gênes, Pise ou Venise.

En 1244, le vicomte de Toulon donna libre franchise aux frères du Temple et les autorisa à construire des « auberges » au plus près de la mer, pour leurs marchandises. Les états des marchandises transportées par les navires templiers, nefs ou gallions, sont des plus intéressants. Dès le début du XIIIe siècle, à Rouen et à La Rochelle, on débarquait le poivre, la muscade et le clou de girofle. D'Acre et de Tyr, les navires transportaient les matières nécessaires à la fabrication des médicaments : rebeth, aloès, camphre, rhubarbe, myrrhe. Des Indes arrivaient, au ponton templier d'Aiach, en Petite Arménie, la cannelle, le gingembre et la cardamome. Il en était de même des produits industriels. Ainsi, en 1271, les Templiers consignaient dans leur port de Petite Arménie du coton, du bois et de l'alun. Du zinc et de la laque sont mentionnés en 1246.

Pour les offices liturgiques, on transportait l'encens venu d'Arabie. Sans parler des produits miniers ou des produits alimentaires, comme les agrumes, les melons ou les huiles.

En Palestine, tous les châteaux appartenaient aux ordres militaires. Cependant, la situation extérieure de la Terre Sainte était plus que désespérée. Les luttes partisanes déchiraient l'embryon de paix laissée par saint Louis. Voulant évincer Frédéric II, les barons offrirent la couronne à Alix de Chypre, fille d'Isabelle de Jérusalem et d'Henri de Champagne. En 1258 eut lieu un démêlé qui permet de comprendre ces luttes. La plupart des seigneurs francs, le Temple, les Pisans et les Vénitiens reconnurent comme roi de Jérusalem le petit-fils d'Isabelle, Hugues de Chypre. De leur côté, les chevaliers de l'Hôpital, les Génois et les Espagnols optèrent pour Conrad, le fils de Frédéric II.

Les Hospitaliers, pendant tout le XIIIe siècle, se guidèrent surtout sur leur propre intérêt. Ils allèrent jusqu'à se dresser contre l'ensemble des seigneurs francs. Nous verrons l'attitude de cet ordre au moment du Procès. Mais nous pouvons dire déjà que l'honnêteté des chevaliers du Temple ne se rencontra pas à l'Hôpital. L'exemple le plus flagrant est l'affaire de Frédéric II. Pour obtenir les grâces de l'empereur, la reconnaissance des privilèges, les confirmations de biens, ils n'hésitèrent pas à mettre la Syrie dans une situation délicate que saint Louis redressa avec difficulté.

Rien n'était pire pour la monarchie franque que ces luttes intestines. En choisissant Hugues de Chypre, les Templiers se trouvèrent dans le parti Gibelin, allié aux Vénitiens, que favorisait le nouveau patriarche, Jacques Pantaléon. Originaire de Troyes, en Champagne, il fut évêque de Verdun en 1252 avant d'être nommé patriarche de Jérusalem et légat du Saint Siège, le 7 décembre 1255. En 1261, alors qu'il était à la cour apostolique pour les affaires de Terre Sainte, il fut élu pape, après la mort d'Alexandre IV le 29 avril, et prit le nom d'Urbain IV.

Entre temps, le Temple s'était donné un nouveau Maître, Thomas Béraud. Essayant de se soustraire aux disputes des barons et autres seigneurs, marchands et bourgeois, il intervint en 1258, comme l'indique clairement les Gestes chypriotes des chroniqueurs arméniens. Cette année-là, lors d'une attaque navale des Génois sur le port d'Acre, les Pisans et les Vénitiens n'osèrent pas gagner leurs vaisseaux, de peur de voir leur quartier envahi et occupé par les Génois d'Acre et surtout par leurs alliés, les Hospitaliers. Ils demandèrent conseil à Jean d'Ibelin, comte de Jaffa, qui les envoya au Maître du Temple, Thomas Béraud. Celui-ci se trouvait dans la maison de Saint-Lazare avec son couvent. Il s'était retiré de cette émeute « car la maison du Temple était mult près des Pisans. »

Le comte de Jaffa et le Conseil de Pise parlèrent au Maître, avec le bailli de Venise. Thomas Béraud leur promit de les aider et d'envoyer des frères chevaliers et des sergents à pied pour garder les rues et les maisons, tant que le combat se déroulerait sur mer. Ce qui fut fait.

La tâche des Maîtres du Temple allait devenir de plus en plus rude. Les deux derniers, Thomas Béraud et Guillaume de Beaujeu, se montrèrent à la hauteur de leur fonction. Les responsabilités s'accrurent avec l'accumulation des désastres qu'activait l'indifférence totale des royaumes et puissances d'Europe.

Thomas Béraud fut accusé de maintes choses ignobles. Dupuy ne reprend-il pas, dans son procès, la fameuse phrase : « Ce fut sous sa maîtrise que l'Ordre se corrompit. » Les accusateurs du Temple, même modernes, laissèrent aller leur imagination à partir de cette phrase sans chercher la vérité.

La Règle de Barcelone met en évidence tout autre chose. Elle montre l'Ordre du Temple comme un gouvernement constitutionnel où les Chapitres Généraux veillaient avec soin aux bons usages et coutumes de la maison. On retrouvait ce soin même dans les petits chapitres de commanderies. La Règle de Barcelone date de la fin de XIIIe siècle. Les Egards des manuscrits de Rome et de Paris furent ajoutés sous la maîtrise de Thomas Béraud. Cette réforme témoigne de la primauté accordée à la codification des statuts.

Le Maître acquit la volonté de maintenir et surtout de renforcer l'autorité de la Règle et la justice de l'Ordre. L'Ordre ne fut pas corrompu, bien au contraire. Durant cette période où le royaume latin s'écroulait, le Temple vit son esprit de corps se resserrer et la discipline se raidir, ce que ne manqueront pas signaler les deux patriarches Elie Ier et Nicolas de Hanapes, ce dernier pourtant dominicain.

Les Egards sont un véritable rapport sur l'état de la Terre Sainte à la fin du royaume latin. Les invasions mongoles comme les luttes intestines des barons y sont signalées. Les Mongols passèrent la frontière de Syrie en 1257. L'article 576 de la Règle du Temple laisse entrevoir le souci de Thomas Béraud de sauvegarder la vie des frères.

Les Tartares, après avoir enlevé Damas et plusieurs places importantes aux Turcs, après avoir été mis en déroute à Tibériade par le sultan d'Egypte en 1260, s'allièrent aux Templiers. Jacques de Molay, dans sa lettre au roi d'Angleterre, dit qu'il a été obligé de signer un traité semblable pour lutter contre les musulmans, « notre ennemi commun ».

Or, les Tartares menacèrent les frontières de Palestine. Thomas Béraud, voyant le péril, adressa une lettre aux douze frères qui étaient à Jérusalem avec leur commandeur, et leur montra qu'ils couraient un grand danger. Il leur demanda de se retirer sur Jaffa avant d'être assaillis par les Tartares. Le Commandeur des chevaliers refusa de partir sans les frères de l'Hôpital qui eux n'avaient pas reçu de rappel. Alors, « un frère qui était le plus vieil homme de ma maison » fit savoir à tous qu'ils devaient obéir au Maître, de peur de la justice de la Maison.

Ce récit résume la situation. La ville était en ruine ; les chevaliers, peu nombreux, étaient unis avec ceux de l'Hôpital devant le danger et les menaces de destruction.

Les Templiers ne cesseront d'alarmer l'Occident sur ces raids tartares. Le 4 octobre 1256, Gui de Basainville, commandeur du Temple, écrit à l'évêque d'Orléans que les Tartares ravagent Iconium et que le roi d'Arménie pense qu'ils marcheront sur Jérusalem d'ici le printemps. Quatre ans après, c'est le Grand Maître qui annonce au roi d'Angleterre, Henri III, que les Mongols ont envahi la Syrie jusqu'aux portes d'Acre et qu'ils ont occupé le pays pendant quarante jours. La lettre du Maître est intéressante par les détails qu'elle apporte sur les armées mongoles. Celles-ci, écrit-il, font marcher les réfugiés devant leurs troupes, couvrant ainsi leur avance ; les femmes tartares se battent comme les hommes, et tous tirent à l'arc aussi bien en avant qu'en arrière. Il signale aussi que les tribus de Hulagu-Khan sont arrivées, commandées par le général Kitboga. Les troupes entrèrent en Syrie et prirent Damas. Kitboga continua sa marche sur l'Egypte et fut arrêté par l'armée musulmane, dirigée par Beybars, qui reprit Damas.

Le Maître écrivit le 4 mars 1261 au Trésorier du Temple en Angleterre, frère Amédée, pour l'alerter. Les ordres militaires se partagèrent le travail d'information en Occident. Il fallait essayer d'émouvoir l'opinion occidentale qui oubliait complètement la Terre Sainte. L'Angleterre serait informée par frère Amédée, et l'Espagne par frère Etienne. Les Hospitaliers se chargèrent de la France, et les Teutoniques de l'Empire. Thomas Béraud signalait aussi que les marchands génois avaient quitté Acre et que le Temple était à court de fonds, faute de changeurs.

Peu de temps après, le Maître du Temple écrivit à nouveau à Gui de Basainville qui, dans une lettre au commandeur d'Auvergne, frère François de Borne, exprimait les inquiétudes du Couvent. Le Maître devait envoyer des émissaires en cour de Rome pour traiter des cinq points importants concernant le salut de la Terre Sainte : les affaires du royaume de Jérusalem et de Sicile, les Tartares, l'aide à Constantinople et l'alliance des Mongols avec le roi d'Arménie, le prince d'Antioche et le roi de Russie.

Saint Louis ne resta pas sourd aux rapports des Templiers. Seul, délaissé par les autres puissances, il méditait une nouvelle croisade, et malgré le traité de Damas, il conservait pour les Templiers considération et sympathie. Ne géraient-ils pas le trésor royal ? Le Maître en France était devenu un personnage important, aussi le roi donnait son avis pour la nomination. Saint Louis, en 1264, proposa Amaury de la Roche, avec discrétion et sagesse. Le Temple, puissance souveraine sans territoire, ne pouvait recevoir d'ordres. Le roi écrivit au pape, lequel, dans sa lettre à Thomas Béraud, reprit les mêmes termes flatteurs : « Si vous considérez avec quel soin le roi de France défend votre ordre et ses droits ; de quelle protection il vous entoure, combien il vous estime, vous accéderez immédiatement à ce qu'il vous demande, étant donné que votre complaisance trouvera sa récompense par de nouvelles faveurs. Voilà la preuve de son affection, transmise par des lettres à votre adresse, dans lesquelles il vous demande instamment de nommer un commandeur en son royaume, une personne qui lui inspire une grande confiance, notre cher fils Amaury de la Roche. »

Le pape ne fait qu'appuyer la requête du roi, puisqu'en parlant de frère Amaury, il témoigne de la même confiance : « Nous en avons besoin à propos des affaires ecclésiastiques en France, et nous ajoutons nos prières à celle du roi. »

Le Maître accéda à cette demande aussi pressante que flatteuse. Frère Amaury sera Maître en France dès la fin de 1265 et le restera jusqu'en 1271. C'est à lui que s'adressera l'ancien évêque d'Agen devenu patriarche de Jérusalem, Guillaume II, pour un transfert urgent de fonds en Terre Sainte : « Il faut que nous ayons assez d'argent déposé dans la ville d'Acre pour la nourriture des arbalétriers ; il faut ensuite soixante livres tournois pour payer les chevaliers au nombre de cinquante, venus avec le comte de Nevers et Evrard de Valérie. Les chevaliers de Geoffroi de Sergines nous coûtent dix mille livres tournois par an ; même Geoffroy a hypothéqué son patrimoine pour trois mille livres. Vous devez rendre aussi les mille huit cents livres tournois que nous avons empruntées aux marchands par l'intervention de la banque de Paris, pour payer cinquante-huit chevaliers de la garnison d'Acre pendant cinq mois. Pour l'amour de Dieu, nous vous demandons de faire la paix avec les Génois et les Vénitiens, d'empêcher les pauvres et les débiles de faire le voyage en Orient, d'obtenir pour nous la dîme des royaumes de Chypre et de Jérusalem pour la défense d'Acre et de Jaffa, de hâter enfin le départ d'une nouvelle croisade. Adressez-vous au pape pour tout ceci et aidez-nous de votre mieux. »

Le royaume latin, privé d'assistance et déchiré par les luttes intérieures, vit au XIIIe siècle l'éclosion de toute une littérature juridique avec Le Livre au roi, les assises de la Cour aux bourgeois et celles sur la Ligère. Les assises de Jérusalem sont les plus importantes. Elles possèdent un caractère de formalisme soigneusement entretenu par les juristes de l'Orient qui cherchèrent toujours à tourner les difficultés constitutionnelles par l'utilisation de la procédure.

Perdu dans des discussions sans fin et dans l'indifférence des occidentaux, le royaume latin ne résista pas à l'attaque lancée par le sultan Beybars dès 1265. Le sultan craignait que le Grand Khan mongol Hulagu, qui préparait une expédition de grande envergure sur l'Egypte, ne trouvât des alliés dans les villes franques. Les armées du sultan balayèrent toute la Syrie. En octobre 1265, lorsque le comte de Nevers et Eudes de Bourgogne débarquèrent à Acre avec cinquante chevaliers, Beybars sembla hésiter. Césarée était tombée le 27 février 1265, et Arsuf le 26 avril de la même année. Au début de 1266, après avoir tenté de prendre Acre et Montfort, les musulmans s'attaquèrent à Saphet. Ce fut un siège très meurtrier pour les troupes de Beybars, mais le sultan réussit à diviser l'armée franque et la trahison de Léon, le casalier du Temple, amena la capitulation. Violant tout droit de guerre, et principalement celui de la capitulation, le sultan fit massacrer tous les Templiers de la garnison : certains furent torturés, d'autres écorchés vifs avant d'être battus de verges. Les Templiers refusèrent d'abjurer, comme le raconte la chronique franciscaine de l'époque : — « Ils ne levèrent pas le doigt pour crier leur foi. » Les habitants d'Acre demandèrent d'enterrer les victimes de Saphet. En réponse, Beybars fit massacrer tous les chrétiens de la banlieue d'Acre : il y aurait ainsi des martyrs à portée de main. Cela se passait en juillet 1266.

L'année 1268 fut la plus meurtrière. Le 7 mars, Jaffa tomba, le 5 avril ce fut Beaufort, autre château du Temple, le 26 avril Banyus et le 15 mai Antioche.

La perte du château de Gastein, pratiquement ignorée, est signalée par un seul document, la Règle catalane du Temple. Forteresse du Temple dans la vallée de l'Oronte, c'était une des places-fortes les plus importantes de la terre d'Antioche.

« Il advint que frère Gérard de Sauzat était commandeur de la terre d'Antioche. Le sultan sortit de Babylone avec toutes ses forces et s'en vint sur Antioche. Avant qu'il fut à Antioche, le commandeur manda au Maître qu'il avait attendu que le sultan soit en route, et qu'on disait que le sultan venait contre Antioche et que le Maître envoyât, pour Dieu, des sergents et de quoi garnir le château, car tout faisait défaut à Gastein. Le Maître lui répondit que le sultan venait vers Antioche et qu'il enverrait des renforts et ce qu'il aurait besoin, mais qu'il savait qu'une attaque n'était pas à craindre. Mais le sultan vint devant Antioche et prit la ville en sa venue ; car il ne fut que deux jours avant qu'il ne l'eût prise.

« Et quand le sultan eut pris Antioche, les frères qui étaient à Gastein furent beaucoup ennuyés, car ils manquaient de tout, d'armes et de vivres, et aussi de chefs expérimentés comme il en aurait été besoin pour garnir le château. Pendant que les frères mangeaient, un frère qui avait pour nom frère Gui de Belin s'empara des clés du château, monta à cheval et les porta au sultan, en lui disant que le château de Gastein était à lui, car les frères qui étaient dedans voulaient se rendre. « Et voici les clés du château que je vous apporte. » Lorsque le sultan vit cela, il rassembla beaucoup de gens.

« Les frères sergents qui étaient là dire au commandeur qu'il réunît le conseil, car ils voyaient bien qu'ils ne pourraient se défendre. Le Commandeur répondit qu'il se défendrait tant qu'il le pourrait et que ce serait à la volonté de Dieu. Les frères dirent qu'ils feraient comme il le voudrait et le commanderait. Les sergents dirent qu'ils s'en iraient car ils voyaient qu'ils ne pourraient pas défendre et qu'ils ne voulaient pas mourir. Et, sur ce, le Commandeur, voyant que la ville d'Antioche avait été prise, et qu'ils n'avaient pas d'armes pour pouvoir se défendre et que le Maître ne pouvait leur donner du secours et que le Sultan connaissait leur affaire, ils décidèrent de démanteler le château et de partir à la Roche-Guillaume qu'ils devaient renforcer, car la Roche-Guillaume était assez démunie. Et quand ils virent les gens du Sultan, ils quittèrent le château et emportèrent tout ce qu'ils pouvaient et détruisirent tout ce qu'ils purent. »

Le texte continue en précisant que lorsque les nouvelles de la prise d'Antioche arrivèrent, « les frères eurent une grande peine et une grande inquiétude sur le sort de Gastein. » Tout le monde était d'accord : Gastein ne pouvait tenir, et l'envoi de secours était pratiquement impossible. Le conseil décida d'envoyer un frère avec un gonfanon, porteur d'un message demandant à la garnison de démanteler le château et de regagner la Roche-Guillaume. De peur que le messager n'arrive à temps, le conseil tomba à genoux, priant Dieu de donner assez de sens au Commandeur pour agir selon son bon gré.

« Et quand il fut là, le frère Pelestrot, qui portait le message, trouva qu'ils avaient démantelé le château, comme il est dit ci-dessus. Le frère les trouva à la Roche-Guillaume et les ramena à Acre où les frères de Gastein demandèrent miséricorde d'avoir abandonné le château. »

C'est alors que se déroula un débat capitulaire de la plus grande importance. D'après le message du Maître, on pourrait penser qu'une grâce ait été rendue à Dieu pour ce miracle, les frères de Gastein ayant anticipé les vues et volontés du Conseil. Bien au contraire, on discuta longuement et on se posa la question : « Pouvaient-ils demeurer encore dans la maison ? » Il est vrai que selon la Règle — et les Templiers la suivaient scrupuleusement —, tout abandon de poste était condamné par le renvoi de l'Ordre. Malheureusement, la moitié du folio 56 verso du texte, ne nous permet pas d'en savoir davantage. Le Maître demanda certainement avis à d'autres dignitaires, en Espagne ou en France. Quoi qu'il en soit, les avis donnèrent raison au Commandeur et à ses compagnons. Ils furent toutefois punis d'un an et un jour. Cette peine infamante, d'après les Egards, n'empêcha pas Gérard de Sauzet de se retrouver, à la fin de sa vie, commandeur d'Auvergne.

Gastein pris, le Temple reçut encore un coup très dur. Mais le Maître fut courageux et eu surtout une attitude loyale pour maintenir la Règle. Et l'affaire du Maréchal de l'Ordre est une preuve de l'honnêteté de Thomas Béraud.

A cause du Maréchal Etienne de Sissey, le Temple fut aux prises avec le pape Urbain IV. Déjà l'affaire d'Hugues de Jouy l'avait brouillé avec Louis IX. Ces deux cas furent humiliants pour l'Ordre qui, chaque fois, dut faire amende honorable.

Lors du scandale d'Etienne de Sissey, quatre bulles pontificales furent envoyées, mais elles nous renseignent mal sur le motif de l'affaire. Urbain IV, au mois de septembre 1263, convoqua ledit frère à Rome et le déclara indigne et déchu de son rang. C'est alors qu'intervient un point particulier du droit templier qui montre l'indépendance totale de l'Ordre. Etienne refusa de renoncer à sa charge de Maréchal : ce n'était pas le pape qui l'avait nommé, mais le Chapitre et le Maître. En agissant ainsi, il ne faisait que respecter les Règles de l'Ordre. Il ajouta que jamais il n'avait entendu dire qu'un pape se mêlât des affaires internes de l'Ordre ; pour lui, il avait toujours servi le Maître et le Chapitre aussi honnêtement que le voulaient les statuts. Urbain IV l'excommunia sur le champ et « il s'en retourna à son couvent en état de contumax. »

Jusqu'à présent on a vu dans Etienne de Sissey le traître de l'Ordre. On l'accusa d'avoir abandonné en 1260 le seigneur de Barut non loin d'Acre. Or, d'après le manuscrit arabe 1312 de la bibliothèque de la Grande Mosquée de Constantinople, nous savons qu'il n'en est rien. Seulement étourdi, le Maréchal fut laissé pour mort. Ce texte est repris en entier dans notre Histoire générale de l'Ordre du Temple, au tome VIII. Le Maréchal tint bon, non pas avec l'assentiment du Maître, mais du couvent en entier. Il se cacha au Temple de Paris, puis dans la Commanderie de Certalla en Italie, en attendant la mort d'Urbain IV. Lorsque Clément IV fut élu, Etienne crut que l'affaire allait s'estomper, mais le nouveau pape écrivit au Maître trois bulles d'une très grande sévérité. Le Maréchal vint se jeter aux pieds du pape et implora le pardon. L'excommunication fut retirée, mais Clément IV lui fit jurer de rentrer en Palestine, où il dût, suivant les statuts, faire la pénitence d'un an et d'un jour. La brouille papauté-Temple ne dura pas.

Nous devons revenir sur l'acte d'accusation contre Thomas Béraud qui est à l'origine de la corruption du Temple. On doit cela à deux chroniques, le continuateur de Guillaume de Tyr et Gérard de Montréal, auteur de la troisième partie des Gestes chypriotes qui voit et fait de l'affaire du Maréchal du Temple un crime passionnel. Ce dernier nous dit que « le Temple, le Couvent d'Acre, de Saphet, de Château-Pèlerin et de Beaufort et messire Jean d'Ibelin, seigneur de Baruth, Jean de Giblet maréchal du royaume de Jérusalem et plusieurs autres chevaliers d'Acre se liguèrent et allèrent briser l'herbage des Turcs vers Tabarie et ils furent mal déconfits... frère Etienne de Saisi, maréchal du Temple échappa, duquel il fut dit qu'il fit sa pointe mauvaisement, et sans coup férir, mais tourna ou par défaillance de cœur, ou qu'il le fit volontiers par mauvaise volonté contre le seigneur de Baruth, par envie d'une folle jalousie d'une dame du pays. Mais, ou qu'il fut ainsi ou autrement, le Maître du Temple le manda outre-mer et lui leva l'habit, lequel demeura à la cour de Rome jusqu'à ce que fut pape Grégoire Plaisanty, qui était en Acre quand il fut élu pape, et ce frère Etienne de Saisi vint pour lui en Acre et alors par ce pape recouvra l'habit du Temple et alla outre-mer avec ledit pape. »

Ce beau roman ne ressemble en rien à la réalité. Tout d'abord, les bulles pontificales évoquant une coalition Maître-Maréchal-couvent contre le pape n'existent pas. Ensuite, aucun pape ne s'appela Grégoire Plaisanty. Les deux papes qui engagèrent une procédure dans cette affaire furent Urbain IV, Jacques Pantaléon et Clément IV, Guy Foulques.

Devons-nous alors prendre la chronique de Gérard de Montréal pour argent comptant, comme l'ont fait certains ? Non, en ce qui concerne tout ce qui se passa avant la maîtrise de Guillaume de Beaujeu, dont il était l'intime, car il se fia un peu trop aux versions populaires d'un scandale qui prouva la discrétion du Temple et de la Règle.

Pouvons-nous accuser Etienne de Sissey ? Nous répondons par la négative puisqu'en 1271 il était commandeur d'Apulie et le procès de Florence nous le montre comme un frère intègre suivant la Règle. Et les dépositions du procès de Bologne ne disent rien de néfaste contre lui. Il faut croire qu'il reçut les grâces du Sacré-Collège, car en 1271 il vint en Palestine avec Foulques de Letrie, chevalier de Charles d'Anjou, pour ramener Théobald Visconti qui venait d'être élu pape et qui prit le nom de Grégoire X.

Etienne paraît surtout s'être opposé aux légats envoyés en Terre Sainte par Urbain IV pour venir chercher les Croisés, les déliant de leurs serments et leur accordant des indulgences pour aller en Italie contre Manfred. Les Templiers furent outrés de cette façon d'agir, surtout que Grégoire IX s'était déjà conduit de la sorte. Il y avait en plus la levée d'excommunication en faveur de l'empereur d'Allemagne et le fait qu'Urbain IV ayant été patriarche de Jérusalem connaissait particulièrement les problèmes de la Terre Sainte. La situation était désespérée en Orient sans quelque secours. Aussi est-il compréhensible que le Temple, devant ce désintéressement total de la papauté, exprime sa déception et réagisse avec force.

Les frères vivaient dans un état d'abandon et de désespoir total, surtout après la défaite d'Arsuf en 1265. La mort de leur protecteur saint Louis et la levée d'excommunication de l'empereur aggravèrent encore les choses.

Dans ces années cruciales, s'écriront les plus belles pages de l'Ordre. Plusieurs frères, se faisant les interprètes des autres, adresseront des suppliques à Notre Dame. Dans ce siècle passionné, l'amour courtois se mêlera à la colère et à la douleur. C'est le désespoir le plus complet, les Templiers se sentent abandonnés « car Dieu dort qui veillait autrefois... » ; « qui veut lutter contre les Turcs puisque Jésus Christ ne leur conteste plus rien »... « Le pape fait grande largesse de pardons à ceux qui l'aideront contre les Allemands... Nos légats, je vous le dis pour vérité, vendent Dieu et Son pardon pour de l'argent. » L'auteur de ce poème, un frère du Temple, peut-être Olivier, chante Notre Dame. Elle sauvera tout, « car Elle fut le commencement de notre ordre et en Elle et en son honneur sera, s'il plaît à Dieu, la fin de nos vies et la fin de notre Ordre. »

Il est impossible de conclure à une déchéance du Temple et du Grand Maître. Comme nous le verrons pour le Procès, comment des frères, mis à la tête de provinces ou de commanderies, auraient-ils pu avoir la confiance du Chapitre Général et quelquefois de deux Maîtres et même de trois, Thomas Béraud, Guillaume de Beaujeu et Jacques de Molay, s'ils avaient pratiqué les sacrilèges dont ils furent accusés ? Pouvons-nous penser un seul moment qu'Amaury de la Roche, ami de saint Louis, ait pu fauter lui-même ou même tolérer quoi que ce soit contre la Règle ?

Les Templiers sont abandonnés dans leur mission de défendre les lieux saints. S'ils crachaient, ce n'était pas sur le Christ mais sur la trahison de Rome et l'indifférence totale de l'Eglise. Furent-ils infidèles à Dieu ? Non. Fidèles à Notre Dame, ils ne peuvent être à l'origine d'une déchéance de leur foi.

CHAPITRE XVII

LA FIN DU ROYAUME

THOMAS Béraud mourut le 25 mars 1273. Il fut remplacé le 13 mai suivant par Guillaume de Beaujeu. Son magistère est plus connu grâce à la « Chronique du Templier de Tyr ». Il s'agit des mémoires de Gérard de Montréal, secrétaire de Guillaume de Beaujeu en 1285, et qui n'était pas frère du Temple. L'auteur connaissait l'arabe et son rôle peut être identifié à celui d'écrivain sarrasinois, fonction attachée directement aux Maîtres. Nous lui devons de précieux renseignements sur l'Ordre pendant les vingt dernières années du royaume.

A partir de 1273, à la suite des campagnes de Beybars, la terre chrétienne était réduite aux villes d'Acre, de Tripoli, de Baruth et de Tortose, aux châteaux templiers de Château-Pèlerin et de Sayète, à Margat, forteresse des Hospitaliers, et à Montfort appartenant aux Teutoniques.

L'enchevêtrement politique durant la fin de la domination franque en Syrie est très compliqué. Les générations se succèdent, vite ruinées et sans avoir le temps de subir un affaiblissement de sang. Il y avait toujours deux candidats au trône de Jérusalem. Marie, petite-fille d'Amaury de Lusignan et d'Isabelle de Jérusalem réclama la couronne au concile de Lyon en 1275, et la céda à Charles d'Anjou, frère de Saint Louis, comte de Provence et roi de Sicile.

Guillaume de Beaujeu et les Templiers, connaissant l'incapacité des Lusignan, rois de Chypre, soutinrent le parti de Charles. Le Maître du Temple n'était pas sans se rappeler l'égarement du nouveau roi lors de la croisade de Tunisie. Cependant, il le savait énergique et ambitieux. Il pouvait faire beaucoup pour la Terre Sainte, ses propres intérêts étant en jeu.

Le roi de Sicile était trop occupé dans son île pour se soucier de la bande de terre de Syrie. Guillaume de Beaujeu, devant ce désintéressement total, se tourna vers Henri II de Chypre, en 1285.

La Méditerranée orientale était devenue un véritable terrain de chasse. Les Génois, rejetés hors d'Acre, s'étaient réfugiés à Tyr et faisaient la course aux Vénitiens et aux Pisans. Alexandrie était maintenant le grand port de commerce entre les Indes et l'Occident. Guillaume de Beaujeu, malgré une alliance avec les Gênois, préserva le plus possible la neutralité de l'Ordre. Cependant, il avait eu la faiblesse, au début de sa maîtrise, de soutenir les seigneurs de Giblet, dont le chef, Guy II, était confrère du Temple ; cela le conduisit à combattre Bohémond VII d'Antioche. Le résultat en fut le pillage de la maison du Temple de Tripoli par les sergents du comte en 1275.

A la demande de Guy, le Maître du Temple amena des troupes à Giblet ; en union avec le seigneur du lieu, il s'avança jusqu'à Tripoli et détruisit le château de Boutron. Guillaume de Beaujeu retourna à Acre, laissant quelques chevaliers à Giblet. Mais le comte de Tripoli se dirigea vers la ville avec une grande troupe. Guy de Giblet se porta à sa rencontre et lui infligea un sérieux et sanglant échec. A la suite de cet événement, une trêve d'un an fut conclue.

En 1279, un an après la signature de la trêve, les deux partis remirent l'affaire en jeu. Le château de Nephin fut assiégé par les Templiers et le seigneur de Giblet. Une nouvelle bataille éclata entre les deux antagonistes. Le comte de Tripoli la perdit. Le 16 juillet 1279, il se résigna, par l'intermédiaire de Nicolas de Lorgne, nouveau Maître de l'Hôpital, à conclure la paix avec les Templiers.

Paix plus apparente que réelle, puisque le 12 janvier 1282 Guy de Giblet, excité par le Temple, se lançait sur Tripoli, après deux tentatives infructueuses.

Pendant ce temps, ce qui restait du royaume s'amenuisait encore, jusqu'en 1285 où la ville de Tyr accepta le protectorat des Mameluks.

En 1287, à la mort du dernier prince d'Antioche, les habitants de Tripoli rejetèrent l'autorité de l'évêque de Tortose, Barthélémy, qui avait été nommé régent par Bohémond VII. Ils créèrent une commune en faisant appel aux Génois.

Les trois maîtres des ordres militaires essayèrent de réconcilier les citoyens de la ville et la sœur du prince défunt, héritière du fief. Lorsque le sultan d'Egypte apprit la chose, il envoya ses émirs, fit appareiller les navires et mit en route les caravanes de chameaux. L'amiral-émir Salah, chargé d'informer le Maître du Temple du déplacement des armées, prévint Guillaume de Beaujeu. Ce dernier s'empressa d'avertir les Tripolitains. Ils crurent que le Maître voulait seulement les effrayer.

Le sultan Qelaoun avançait toujours. Le Maître du Temple envoya le frère Reddeceur, chevalier espagnol, en éclaireur. Tandis que le frère rentrait à Acre rendre compte de sa mission, le sultan arrivait sur les marches de la ville. Au dernier moment, tout fut mis en œuvre pour défendre la cité. Les Chypriotes et l'Hòpital amenèrent leurs contingents de chevaliers et de sergents. Le Temple envoya les siens, avec le Maréchal Geoffroi de Vendac et le commandeur d'Acre, Pierre de Moncade, l'ancien Maître en Espagne. Les Vénitiens, qui étaient à l'origine du désastre, participèrent à la défense. Pas pour longtemps : devant l'échec total, ils gagnèrent le large à bord de leurs vaisseaux, laissant la garnison qui, à leur suite, évacua la place. Le Maréchal du Temple, le commandeur du Temple et le chef des Chypriotes réussirent à s'échapper. Pierre de Moncade, Guillaume de Cardona furent tués, les frères Reddeceur et Hugues, ce dernier fils du comte d'Ampurias, furent faits prisonniers.

Après la perte de Tripoli, une nouvelle trêve fut signée entre le roi de Jérusalem et le sultan. Cette défaite remua l'Occident. Le pape envoya aussitôt vingt galères de secours. Mais les croisés, par leur brutalité et leur ignorance, précipitèrent la tragédie finale.

L'année 1291 arrivait à grands pas. Philippe le Bel était roi de France, et l'ancien patriarche de Byzance, Girolamo Masci, était pape, sous le nom de Nicolas IV. Déjà, en 1289, Jean de Grailly, capitaine des compagnies françaises de Saint Jean d'Acre, avec les deux dominicains Hugues et Jean, le frère du Temple Bertrand et celui de l'Hôpital Pierre d'Hezquam, s'étaient rendus à Rome implorer du secours. Le pape se trouva seul en Occident pour ranimer le zèle. Il fit prêcher la croisade et alla jusqu'à faire négocier un accord auprès d'Argoun, le khan des Mongols, d'Hethoum II d'Arménie, des Jacobites, des souverains d'Ethiopie et de Géorgie. Le 5 janvier 1291,

Nicolas IV adressait à toute la chrétienté une suprême et déchirante prière en faveur de la Terre Sainte.

L'appel du pape se poursuivait et les prédicateurs recommandaient avec passion aux fidèles de rallier Edouard d'Angleterre. C'est pendant ce temps que le fils de Qelaoun s'empara de Saint Jean d'Acre. Ce fut la catastrophe suprême.

Néanmoins, le prestige de Guillaume de Beaujeu ne cessait de s'accroître. Il s'imposait même à ses ennemis, et le sultan lui écrivit en ces termes : « Le sultan des sultans, roi des rois, le seigneur des seigneurs, Melec el Esseraf ; le puissant, le redouté, le chasseur des rebelles, le chasseur des Francs et des Tartares et des Arméniens, l'arracheur des châteaux aux mains des mécréants... à vous, le Maître, noble Maître du Temple, le véritable et sage, salut et notre bonne volonté. Parce que vous avez été homme véritable, nous vous mandons lettres de notre volonté et nous vous faisons assavoir que nous venons en vos parties pour amender les torts faits, pour quoi nous ne voulons pas que la communauté d'Acre nous mande lettres ni présents, car nous ne les recevrons point. »

Depuis quelques années, les débris des populations chassées petit à petit des côtes de Syrie refluaient vers les murailles protectrices de la première cité franque d'Orient. On y voyait accourir aussi, chaque année, des milliers d'aventuriers venus d'Occident avec le titre pompeux de croisés.

A l'intérieur de l'enceinte résidaient les états-majors et les principaux contingents des ordres militaires : Temple, Hôpital, Teutonique, Saint-Lazare, Saint-Thomas, Saint-Martin et Saint-Laurent, et les petits corps d'armée entretenus en Syrie par le pape, les divers souverains d'Occident et le roi de Chypre. Saint-Jean-d'Acre était devenu le siège des Ordres Militaires et le port d'attache des riches marchands.

La ville semblait offrir une résistance extraordinaire.

La brutale indiscipline des Occidentaux fournit, trop tôt, l'occasion d'une rupture, en apparence légitime. Le sultan cherchait depuis longtemps un prétexte pour en finir avec Saint-Jean-d'Acre. Un traité ayant été conclu entre les deux partis, les articles en furent minutieusement examinés pour trouver prétexte à un conflit. Fath-ed-dîn, le jurisconsulte du sultan qui avait rédigé le traité, était décidé à suivre son maître. Mais personne ne voulait se prononcer sur la poursuite de ce conflit.

Un émir, lié d'amitié avec les chevaliers du Temple, informa les trois Maîtres des ordres des préparatifs secrets du sultan. C'est à ce moment que se situe la lettre du sultan au Maître du Temple. Le sort de Saint-Jean-d'Acre, écrivait-il, était décidé, et il était tout à fait inutile de tenter de le fléchir par une ambassade.

Entre-temps, le bruit que le sultan marchait sur Acre avec toutes ses forces commençait à se répandre en Syrie. Au début de 1291, Qelaoun annonça à ses peuples qu'il allait venger par la prise d'Acre toutes les violations des trêves commises par les chrétiens. Les troupes franques se répartirent en quatre forces. La première fut placée sous le commandement de Jean de Grailly et d'Otton de Granson. La seconde sous celui du chef des Chypriotes et du Maréchal Henri de Bolanden. La troisième sous celui des Maîtres de l'Hôpital et de Saint-Thomas. La quatrième sous celui des Maîtres du Temple et de Saint-Lazare. Chacune de ces divisions montait la garde sur le rempart pendant huit heures consécutives, à partir de la sixième heure. La second moitié la remplaçait, et ainsi de suite. La moitié qui ne veillait pas sur les remparts, gardait les portes.

La ville était, elle aussi, divisée en quatre secteurs

de défense. Les Templiers et les Hospitaliers, renforcés par les chevaliers de l'Epée et du Saint-Esprit, s'occupaient de la partie Nord, depuis la mer jusqu'à la tour maudite. De ce point, jusqu'au Midi se trouvaient Jean de Grailly et Otton de Granson. Conrad, le Maître des Teutoniques, se plaça avec les Chypriotes, à la Tour ronde et à la Tour maudite.

Le 4 novembre 1290, le sultan quitta enfin Le Caire. Mais il tomba malade et mourut le 10 à Mardjed-ad-Tûr. Sur son lit de mort, il fit jurer à son fils, Malek-el-Ashraf, de mener à bonne fin le siège d'Acre.

Voulant accomplir les dernières volontés de son père, celui-ci expédia, dans toutes les provinces, un ordre de mobilisation générale. En février 1291, il envoya au Liban l'émir Izz ed-dîn Aibek Afram veiller à la construction des machines de guerre. Le 15 du même mois, plusieurs pièces furent montées sous les ordres de l'émir Alam-ed-din Sindschar.

La chronique d'Ibn Ferat apporte ensuite d'autres détails, concernant surtout l'arrivée des troupes. Un autre historien arabe, Abou'l-Féda, entra dans Damas à la tête d'un contingent de l'armée de son père, le prince de Hamah.

Dans la nuit du 24 février 1291, le nouveau sultan, désireux d'illustrer le début de son règne, réunit pour une grande fête au tombeau de son père, tous les notables, les cadis, les docteurs de la Loi. Le 6 mars, ce fut le départ pour Damas. A la fin du mois, les premiers contingents musulmans pénétraient dans la plaine de Saint-Jean-d'Acre.

Le 5 avril, le sultan en personne, à la tête de son immense armée, arriva sous les remparts de la ville, et le siège commença. Face aux 70 000 cavaliers et 150 000 fantassins de l'armée musulmane, la population d'Acre comprenait seulement 40 000 habitants dont 700 chevaliers et écuyers et 800 fantassins. Avec les renforts de la croisade, les latins ne pouvaient opposer que 15 000 combattants environ.

En outre, l'armée musulmane possédait des catapultes et des machines de guerre que l'historien arabe Abou'l Pharadj évalue à trois cents, tandis que le chroniqueur Amadi cite le chiffre de quatre-vingt-douze.

Six jours plus tard, les machines se trouvaient en place, montées et installées. Le 12 avril elles s'attaquèrent à la haute muraille chrétienne. Un autre historien arabe, Abou'l Muhaçen, dit que ces machines étaient si puissantes qu'elles pouvaient soulever des rocs pesant un quintal.

Dans la nuit du 15 au 16 avril, la lune brillait comme en plein jour. Les Francs entreprirent une sortie par la porte Saint-Lazare. Les Sarrasins furent avertis et les croisés durent vite battre en retraite. Certains d'entre eux eurent la tête tranchée. Le lendemain, le prince Hamah fit suspendre chaque tête aux cous des chevaux qui avaient été pris et les expédia au sultan.

Les musulmans n'ayant pas les moyens de bloquer le port, le roi de Chypre débarqua avec des renforts, le 4 mai suivant. Peu de temps s'était écoulé lorsqu'une sortie fut tentée par la porte Saint-Antoine. Ce fut encore un désastre et un carnage sans nom.

Les mineurs musulmans travaillaient sous la tour Maudite, préparant l'attaque de l'émir Schughaï. Le roi Henri de Chypre, que l'on accusa injustement de mauvaise foi, prit la décision d'ouvrir des pourparlers avec le sultan. Ce dernier répondit qu'il laisserait aux chrétiens la vie et les biens contre la reddition de la ville. Les émissaires refusèrent et le siège reprit.

Le 15 mai, la façade de la tour du Roi Edouard tomba définitivement. Ses débris comblèrent entièrement le fossé, facilitant le passage de l'ennemi qui couvrit les ruines de sacs de sable pour en faire une chaussée. Les douves traversées, les Musulmans s'emparèrent du restant de la tour.

Le 16 au matin, aux premières lueurs du jour, le sultan, à la tête de toute son armée, se rua à l'assaut du rempart par toutes les brèches praticables. Les chrétiens n'opposèrent pratiquement plus de résistance aux assaillants. Le fossé de la Porte Saint-Antoine fut comblé par toutes sortes de matériaux qu'avaient apportés plus de trente mille bêtes de somme. Les défenseurs se retirèrent dans les maisons, jusqu'au moment où l'on vit accourir le Maître du Temple et son couvent, venus d'une autre extrémité de la ville. L'espoir revint, Matthieu de Clermont, Maréchal de l'Hôpital, prit la tête des croisés et alla de l'avant.

Les défenseurs d'Acre, reprenant courage, réussirent à repousser l'ennemi au-delà de la muraille. Un repos de courte durée permit une réunion des autorités de la cité avec les chefs militaires dans la maison de l'Hôpital. Pendant ce temps, d'autres chefs faisaient armer les quelques navires pour tenter de sauver les vieillards, les femmes et les enfants. En vain. Les bâtiments génois étaient trop petits et la mer était déchaînée. Le patriarche Nicolas de Hanapes harangua l'assemblée et prédit la victoire. Une messe solennelle fut célébrée pendant laquelle les rudes chevaliers se donnèrent le baiser de paix et coururent, après avoir pris le repas du soir en commun, prendre leur place sur les remparts.

La journée du 17 se passa dans l'attente. Mais, le 18, ce fut l'assaut final. Aux premières lueurs du jour, l'armée ennemie, au grand complet, se dirigea vers la ville dans un vacarme infernal de cris de triomphe, de trompettes de guerre et de tambours portés à dos de chameaux.

A la tête des colonnes se trouvaient les troupes

de rénégats, les fakirs fanatiques et les derviches aux longs cheveux noirs. L'armée assaillante était divisée en cent cinquante sections de deux cents hommes chacune. Ils se ruèrent sur les brèches que les habitants d'Acre avaient si péniblement rebouchées. Les premières colonnes avaient pour mission d'attaquer la tour Ronde, ou tour du roi de Chypre, gardée par de nombreux Templiers et Hospitaliers, l'élite de l'armée assiégée.

Les chrétiens luttèrent avec courage tant qu'ils eurent des munitions. A épuisement, ils continuèrent avec des bâtons et des faux. C'est à ce moment que le Maréchal de l'Hôpital, Matthieu de Clermont, changea, pour quelques instants, la face du combat. Le répit fut de courte durée. Aux troupes repoussées succédaient des bandes fraîches et surexcitées par les promesses coraniques et celles du sultan. Les mines aidant, une première troupe força les trois brèches de la tour du Roi. Une fois cette tour prise et occupée par les musulmans, le reste des assaillants se rua sur la barbacane, entre la première et la seconde muraille. Les vainqueurs se séparèrent en deux corps. Le premier s'engouffra sous la porte Maudite pour marcher sur l'église Saint-Romain où les Pisans tenaient leur machine de jet, l'autre se dirigea vers la porte Saint-Antoine où combattaient les chevaliers syriens et chypriotes.

Ceux-ci tenaient encore quand Guillaume de Beaujeu, Maître du Temple et Jean de Villiers, Maître de l'Hôpital accoururent avec, tout au plus, une douzaine de chevaliers. Cette lutte inégale se poursuivit avec héroïsme, mais l'ennemi était trop nombreux. Les musulmans tiraient des feux grégeois avec fougue. La fumée, dit la chronique, était si grande que l'on voyait à grand-peine. Quelques chevaliers se trouvèrent pris sous une décharge de grenades provoquant d'horribles blessures, et sous une pluie de flèches qui ne cessait de labourer le ciel. Le Maître du Temple, sans cuirasse, fut atteint à l'épaule droite par une de ces flèches « qui pénétra d'une paume de canne dans son corps ». Transporté loin du combat, avec peine, il expira peu après, sans avoir retiré la flèche qui l'avait mortellement blessé afin de la montrer à ses compagnons de lutte l'accusant d'avoir fui le combat. Il ne resta que dix Templiers, sept Hospitaliers, et aucun Teutonique. Ce fut un carnage atroce. Gérard de Montréal, à qui nous empruntons ce récit, continue en ces termes : « Sachez que ce fut horrible à voir, car dames et bourgeoises et religieuses et autres menus gens allaient fuyant par les rues, leurs enfants en leurs bras, et étaient pleureuses et éperdues, et fuyaient à la marine pour se garantir de la mort ; et quand les Sarrasins les rencontraient, l'un prenait la mère et l'autre l'enfant, et les portaient de lieu en lieu... et quelquefois, la femme était emmenée et l'enfant allaitant en était jeté par terre que les chevaux foulaient et était ainsi mort ; et de telles dames qui étaient grosses et étaient si étouffées en la presse qu'elles mouraient sur pied, et la créature qui était en son corps aussi... »

Le Grand Maître de l'Hôpital, Jean de Villiers, fut blessé grièvement, mais put être transporté sur un navire et échappa au massacre. Le valeureux maréchal de l'Hôpital mourut au combat, près de la rue des Génois.

D'autres groupes musulmans s'étaient rués sur les défenseurs pisans de la porte Saint-Romain. Après un court mais violent combat, ils s'engouffrèrent dans la rue des Allemands où les chevaliers de Saint-Thomas furent battus et repoussés.

De l'autre côté, Jean de Grailly et Otton de Granson résistaient encore, mais les bandes ennemies arrivant par la porte Saint-Nicolas, obligèrent les deux vaillants chevaliers à s'enfuir. Le patriarche prit, lui aussi, la fuite, mais en montant sur le navire il trébucha et se noya.

Le bourg du Temple était séparé du reste de la ville par un rempart. Le maréchal Pierre de Sevry prit le commandement des troupes restantes. Plus de dix mille personnes s'étaient réfugiées dans la maison de l'Ordre, car le Temple était fortifié et situé sur une plage d'où les frères purent faire embarquer la population.

Les chevaliers résistèrent dix jours. Le sultan, désespérant de les réduire, leur offrit la reddition pure et simple. Le Maréchal accepta. Mais les musulmans, en pénétrant dans l'enceinte, molestèrent le peu de femmes chrétiennes qui se trouvaient encore là. Cette attitude révolta les Templiers qui reprirent les armes et massacrèrent les agresseurs. Le sultan continua les pourparlers auxquels Pierre de Sevry eut le tort de se fier. Il se rendit lui-même auprès des vainqueurs en compagnie des chevaliers encore valides. Le sultan leur fit trancher la tête. Les musulmans se précipitèrent sur la tour du Temple et la minèrent.

Quelques Templiers, avec Thibaud Gaudin, Grand Commandeur de l'Ordre, avaient réussi à se réfugier à Sidon pour attendre des renforts. D'autres frères tenaient encore les châteaux de Sagette ou Sayette, Baruth et Château-Pèlerin. Ne voyant rien venir, le Commandeur se retira, avec tous les frères, au château de Sayette, où la garnison se constitua en Chapitre Général et l'élut comme Maître. Il partit pour Chypre avec les archives de l'Ordre et les vases sacrés. Accusé de lâcheté pour avoir abandonné la Terre Sainte, il demeura dans l'île où le reste des chevaliers du Temple de Sayette et de Château-Pèlerin vint le rejoindre. Quant à ceux de Baruth, ils ouvrirent leurs portes sur la foi d'un émir turc et furent tous massacrés.

C'était la fin d'un drame. La prise d'Acre sonnait le glas des dernières cités encore aux mains des chrétiens sur la côte syrienne.

CHAPITRE XVIII

L'ENTRE-DEUX

ACRE tombé, la Terre Sainte perdue, beaucoup cherchèrent asile à Chypre. Mais les Templiers furent les plus désemparés. Ne possédant que peu de biens sur l'île, ils n'avaient pas une forte garnison comme les Hospitaliers.

Les Teutoniques avaient déplacé le gros de leurs forces sur la Prusse. Les chevaliers de Saint-Thomas avaient leur attache à Nicosie. Les Hospitaliers se préparaient à une attaque sur mer. Les Templiers, eux, restaient avec leur lourd sacrifice. Le tort du Maître fut de ne pas porter les efforts de l'Ordre sur la Péninsule Ibérique et de poursuivre la guerre contre les Maures, au lieu de partager son effectif entre Paris et Chypre. Les Templiers espéraient toujours se rétablir en Orient et reprendre la croisade.

A Paris, l'Ordre possédait deux maisons. L'une située sur la rive droite de la Seine, à l'intérieur des murs de Philippe-Auguste, derrière l'église Saint-Gervais. On l'appelait le Vieux Temple. L'autre, ou Temple Neuf, au Faubourg du Temple, était située hors de l'enceinte. Il était formé d'imposants bâtiments. De vastes locaux servaient à loger les hôtes de marque du royaume et quelquefois le roi lui-même. De plus, la Tour abritait le trésor du royaume.

Si le public acceptait les Templiers comme de véritables moines, l'Eglise leur était hostile à cause de leur rôle de banquiers et de gérants du Trésor royal.

Pratiquement, depuis le milieu du XIIe siècle, la maison de Paris était le tremplin entre l'Orient et l'Occident. Aucune maison de l'Ordre ne l'égalait, en dehors du Temple de Londres qui joua un rôle diplomatique et financier important.

Après la chute d'Acre, Paris devint la maison générale du Temple sans que le Maître y logea en permanence. Thibaud Gaudin, pendant sa courte maîtrise, n'y vint jamais. Son successeur Jacques de Molay n'y viendra qu'au début du XIVe siècle.

Thibaud Gaudin mourut le 16 avril 1292. Le choix de son successeur, Jacques de Molay, ne fut pas sans diviser les membres du Chapitre. Les uns penchaient pour Hugues Perraud, visiteur de France, ce qui aurait pu être décisif, et les autres pour Molay.

Dès le mois de janvier 1293, il entra dans ses fonctions de Grand Maître. La même année, il nomma Guy de Foresta Grand Précepteur d'Angleterre. On ne connaît pratiquement rien de sa vie et il n'occupa aucun poste important. Il passa la plupart de son temps en Orient. A plusieurs reprises, il voulut reconquérir la Terre Sainte. En 1303, il participa à la malencontreuse attaque sur Tortose et, en 1307, il se trouvait à Chypre où l'on discutait d'une éventuelle tentative.

L'antipathie envers le Temple se manifesta surtout lorsque les dignitaires de Paris devinrent de véritables technocrates, le domaine administratif prenant le pas sur la fonction militaire.

L'Ordre s'enlisait par sa propre faute, ce qui donna

naissance au projet d'union avec l'Hôpital. Déjà, le concile de Lyon, en 1274, avait eu cette intention. Cet objectif entrait dans le programme de réforme de l'Eglise.

La papauté pencha du côté du Temple pour une récupération de la Terre Sainte. Cependant, il ne semble pas que le roi de Chypre ait accepté avec joie le Maître de l'Ordre à ses côtés. Le 21 juillet 1295, Boniface VIII demandait au chef de l'île de garder les frères de l'Ordre en vue de cette idée.

Une question se pose encore. Tous les Templiers, après trois ans de maîtrise, étaient-il satisfaits du choix du Chapitre ? Cela paraît impensable, car le pape demanda aux évêques et prélats d'obliger les Templiers rebelles de leurs diocèses à prêter obédience au Maître.

Il faut dire que Molay attira le malheur sur son Ordre. D'esprit étroit et de caractère borné, il entraîna l'Ordre sur une pente dangereuse en ne voulant jamais accepter de concession. Cela fut d'autant plus grave qu'il prit de haut certains accords qu'envisageait le roi de Chypre. Boniface VIII interviendra personnellement, par la bulle du 20 mars 1298, demandant au Maître du Temple de faire la paix avec le royaume de Chypre.

Le biographe de Guillaume de Beaujeu poursuivit sa tâche après la mort de son ami. Parlant de Jacques de Molay, il nous le montre ladre et étroit, même dans les plus petites choses, et il ajoute qu'il « se porta mult escharchement vers le pape et les cardinaux, car il était mult eschars hors de raison. » (eschars : chiche).

L'Ordre passait par une seconde crise, la plus cruciale, celle de la « reconversion ». Une fois de plus, il n'eut pas d'homme à la hauteur de la tâche. La première fois, en 1184, il se donna à un fou en la personne de Gérard de Rideford. En 1292, pour la crise la plus importante, les Templiers se livrèrent à un médiocre. Il est mort en martyr, certes. Néanmoins, durant près de quinze ans, l'irrésolution marqua tous les actes de sa maîtrise et il condamna pratiquement lui-même l'Ordre.

Philippe le Bel fut souvent accusé de convoitise. Cependant, ce ne fut pas uniquement l'attrait du Trésor du Temple qui activa sa suppression. Ce fut un point sensible, il ne faut pas le nier, car il confisqua les fonds en espèces et surtout, se libéra de toutes les dettes qu'il avait envers l'Ordre. Mais le Temple le gênait dans son œuvre d'Etat. Imbu de droit romain, désirant le pouvoir absolu, il venait de mener une véritable campagne diffamatoire contre Boniface VIII avec l'aide de ses légistes, l'infâme Nogaret et Guillaume de Plaisians, et il s'attacha un publiciste en la personne de Pierre Dubois.

Le successeur de Boniface VIII, Benoît XI, n'eut pas le temps de subir les contrecoups de la liberté que le roi de France voulait recevoir du pouvoir pontifical. Il leva même l'excommunication lancée par son prédécesseur.

Des troubles incitèrent la papauté à chercher refuge hors de la Ville Eternelle. C'est ainsi que Clément V, successeur de Benoît XI, reçut la tiare à Lyon, le 5 juin 1305. Philippe le Bel, tout en s'opposant à la puissance spirituelle de l'Eglise, avec plus de discrétion que Frédéric II, se présentera comme le défenseur du pape en exil qui résidera la plupart du temps à Poitiers, en qualité d'hôte du roi. Il détruisit ainsi l'indépendance de l'Eglise de France. Le Temple n'était pour lui qu'un ensemble puissant groupant, dans son gouvernement synarchique, les trois grandes forces d'un Etat de cette époque : la puissance à la fois ecclésiastique, financière et militaire, le gouvernement constitutionnel en collégialité et le droit international qui faisait fi des frontières.

Les premières accusations prirent naissance dans la région d'Agen, au début du siècle, par l'intermédiaire d'un certain Floyrans de Béziers, prieur de Montfaucon. Il colporta ses ragots au roi d'Aragon qui ne voulut le croire ni l'écouter. Aussi s'adressa-t-il au roi de France qui semblait n'attendre qu'une étincelle pour déclencher le feu.

Il fallait, à tout prix, que le Temple disparaisse afin d'arranger la politique du roi. Philippe, dès 1305, endoctrina le nouveau pape qui, dans sa bulle « Faciens misericordians » reconnut les accusations invraisemblables et incroyables. Le roi, avec l'appui de Nogaret, continua à envoyer des rapports. Guillaume de Nogaret, comme nous le verrons, se trahit lui-même, car il chercha des renégats, des rebelles et des expulsés de l'Ordre, qui voulaient se venger.

Les Templiers, et Molay le premier, sentirent monter l'orage et tentèrent de le devancer. Le 24 août 1307, Clément V annonçait à Philippe le Bel que le Maître lui avait demandé d'ouvrir une enquête, ce qu'il allait faire, les cardinaux ayant donné leur avis.

CHAPITRE XIX

LA FIN

« Le roi Philippe est religieux, fervent et champion de la foi, vigoureux défenseur de la sainte mère l'Eglise, bâtisseur de basilique, comme ses ancêtres. Il est chaste, humble, modeste de visage et de langue. Jamais il ne se met en colère ; plein de grâce, de charité, de piété, il n'a de haine pour personne... » Ainsi s'exprime Guillaume de Nogaret, en traçant un portrait idyllique de l'un des tyrans les plus rudes qui aient été. La tradition n'en a pas moins gardé, à bon droit, la figure d'un bourreau : ce fut le roi des procès.

Cinq épisodes accablent la mémoire de Philippe : le procès de Boniface VIII, le procès de l'Ordre du Temple, le procès de l'évêque de Troyes, l'arrestation des Lombards et l'arrestation des Juifs. Ils accusent les mêmes tendances, on y reconnaît les mêmes procédés et tactiques. La lutte de Philippe le Bel contre le pape n'est que le début d'une grande entreprise préfigurant la destruction du Temple.

Boniface VIII passait pour un pape mondain et

très dur. Son tempérament autoritaire le rendait impopulaire, comme l'orgueil traditionnel des chevaliers du Temple. Nogaret tabla là-dessus.

Nogaret, fils d'Albigeois, immola un pape, un évêque, un ordre religieux, avec le fer sacré de ses propres armes adroitement avivées par la calomnie. Il les accabla sous la terrible et grave accusation d'hérésie. Toutes les rigueurs de la procédure de l'Inquisition furent utilisées par ce singulier défenseur de l'orthodoxie et de la discipline ecclésiastique, plus catholique que le pape.

Ses qualités d'homme d'action, il les affirma dès 1303 en proposant de chasser hors du royaume de France tous ceux qui ne voulaient pas adhérer à son manifeste contre Boniface. Il alla même jusqu'à mener les bandes de la Romagne à l'assaut du palais d'Agnani.

La confiscation des biens du Temple, comme ceux des Juifs en 1306, porte la trace de la pénurie des finances royales. Les Templiers ne pouvaient être soumis à l'arbitraire. Ils étaient protégés par l'immunité ecclésiastique. Contre eux, la violence ne suffisait pas. Il fallait inventer un système d'artifices juridiques et esquisser des apparences de légalité. On osa néanmoins entreprendre de dépouiller le Temple, comme on avait déjà dépouillé les Lombards et les Juifs.

Pendant que Clément V essayait de sauver le Temple et de gagner du temps en gardant la chambre, plusieurs princes, et les chefs du Temple eux-mêmes, savaient que le roi de France accusait l'Ordre d'énormités relatives à la foi, et que Nogaret avait bâti tout un assemblage de calomnies.

Au début de l'automne 1307, Philippe le Bel arriva dans sa chère abbaye de Maubuisson et fit savoir à l'abbesse, Isabelle de Montmorency, qu'il s'installait pour quinze jours. Il avait à ses côtés, Gilles Aycelin, archevêque de Narbonne et Garde des Sceaux, Guillaume de Paris, conseiller intime du roi, et l'indispensable Nogaret. Le roi avait décidé d'arrêter tous les Templiers. Pour Gilles Aycelin, toute arrestation serait illégale ; plus cet acte pouvait dresser contre le roi le nouveau pape Clément V et réveiller la vieille querelle du spirituel et du temporel. Nogaret et Guillaume de Paris, plus subtils à saisir la pensée royale, émirent l'idée de ne pas mettre l'Ordre entier en cause, mais simplement les membres français. Aycelin s'entêta, le roi passa outre. Vexé, le Garde des Sceaux se leva et se démit de sa charge. Le roi la confia sur le champ à l'avide Nogaret qui scella aussitôt l'ordre d'arrestation daté de Maubuisson. La séance se tint le 23 septembre 1307. Le sort du Temple fut placé entre les mains inexorables de Nogaret. Les chevaliers ne se méfiaient aucunement. Molay était persuadé avoir justifié l'Ordre lors de son entrevue avec le pape. Le 12 octobre, il assista même aux obsèques de Catherine, femme de Charles de Valois, belle-sœur du roi, et il porta un des cordons du poêle.

Le 13 au matin, de bonne heure, et au même moment, tous les chevaliers de France furent arrêtés et leurs biens mis sous séquestre, au nom de la sainte et infaillible Inquisition.

Nogaret avait sournoisement et silencieusement préparé son coup. Le Grand Inquisiteur, Guillaume de Paris, avait envoyé des instructions à tous les prieurs dominicains pour leur enjoindre de recevoir et d'interroger les Templiers qui leur seraient présentés, et cela dans les plus brefs délais. Ce lavage de cerveau rapide était nécessaire en vue d'un interrogatoire général.

Philippe le Bel et Nogaret révélèrent leur caractère par l'intérêt qu'ils mirent à accomplir leur tâche dramatique. Dès les premières heures du 13 octobre,

Nogaret fit une proclamation à la foule pour justifier l'arrestation, comme il l'avait fait quelques années auparavant contre Boniface VIII. Dans le prologue de son discours, il se montra verbeux et prétentieux. En juriste éclairé, on ne peut pas le nier, Nogaret savait que, malgré un réquisitoire fondé, il était plus important de donner au peuple une procédure régulière. Il s'empressa de démontrer que le roi n'avait d'abord pas cru un piètre mot de l'accusation lancée. Le pape, les évêques, les prélats et les barons ayant été consultés, le roi avait dû céder aux supplications de « son bien-aimé en Notre Seigneur frère Guillaume de Paris, inquisiteur de l'hérésie, qui avait invoqué spontanément le secours du bras séculier. » Le discours emphatique du Garde des Sceaux fut lu ensuite dans toutes les villes de province. Et le dimanche 15 octobre, une assemblée populaire eut lieu dans les jardins du palais, semblable à celle de 1303 contre Boniface, qui avait été une sorte de répétition générale.

Pour exhorter les frères à parler, on leur proposa le pardon ou la mort. Les inquisiteurs devaient les interroger pour examiner la vérité et, comme dit le texte, « par torture, si besoin est. »

Les instructions furent si bien suivies que le Grand Inquisiteur et ses acolytes expédièrent au siège même de l'Ordre, cent trente-huit prisonniers.

Les archives possèdent encore les procès-verbaux des enquêtes et des interrogatoires menés par les inquisiteurs en Champagne, en Normandie, en Quercy, en Bigorre, en Languedoc, en Ile-de-France et ailleurs.

Les Templiers de Paris comparurent dans leur propre maison, devant ces moines blancs, fils de Saint-Dominique, qui croyaient posséder la science infuse, tenir la clé de la théologie et l'esprit même de la pure philosophie, mais qui n'étaient pas à un crime près, s'étant exercés sur les Cathares.

Les moines-chanoines blancs de la prédication étaient assistés des greffiers, des bourreaux et d'une foule de spectateurs triés sur le volet. Les comptes rendus notariés n'enregistrent que les dépositions, sans mention de tortures. Ce n'est que plus tard que les victimes en parleront.

Jacques de Saci signale qu'il vit mourir vingt-cinq frères des suites de la question. Aux récalcitrants, on attacha des poids aux parties génitales. D'autres furent mis au pain et à l'eau pendant le mois précédant leur comparution.

La preuve de l'intensité des supplices est l'unanimité des aveux. Tous les interrogatoires disent exactement la même chose. Sur cent trente-huit frères qui comparurent, deux seulement sont mentionnés comme n'ayant pas parlé : le frère Jean, âgé de 24 ans, qui n'avoua rien, et le frère Lambert de Toysi, âgé de 40 ans, qui récita les statuts de l'Ordre pendant tout son interrogatoire. Quelques-uns essayeront de lutter, mais en vain. Le frère Gautier de Bullex, de la commanderie de Bayeux « essaya de s'échapper par des prières et des tergiversations, mais les frères prêcheurs, à force d'objurgations — c'est le compte rendu qui le dit —, de bonnes raisons et d'inductions, l'encouragèrent à parler. » Après avoir reçu de « bonnes paroles » de l'Inquisition, il se jeta à genoux en pleurant et avoua la moitié des crimes formulés contre l'Ordre.

Un autre Templier de Troyes, âgé de 28 ans, avoua l'insulte au crucifix. Comme l'on continuait à le torturer, un moine poussa un cri d'humanité arraché à la carapace des habitudes professionnelles dominicaines : « Ne lui faites pas trop de mal, il est si jeune ! »

Les trois grands dignitaires de l'Ordre, malgré leur bravoure, parlèrent eux aussi sous la torture. Il est compréhensible que des subalternes, pour complaire à leurs bourreaux, aient inventé des perfidies inédites — tels Guillaume de Gi sur les rapports sexuels avec le Maître, ou Reysüer de Larchent qui suggéra aux inquisiteurs de rechercher l'allusion aux actes dans le début du psaume que les Templiers chantaient lors de leur profession.

Les inquisiteurs de Province firent leur métier avec conscience : on leur avait demandé non pas de rechercher la vérité « mais de faire reconnaître des choses comme vérité ». Pourtant, un dominicain, Pierre Dumarais, déclarera plus tard aux commissaires du pape qu'il avait assisté aux dépositions de nombreux Templiers. Certains avouèrent et d'autres nièrent, dira-t-il, et « J'ai beaucoup de raisons de croire que ceux qui niaient méritaient plus de créance que les autres ».

Le pape fut courroucé d'apprendre le coup de main, pratiquement accompli sous son nom et en son nom. Se ressaisissant, il écrivit au roi pour se plaindre d'un procédé qui outrageait l'Eglise entière. Puis, revenant sur sa décision, par le jeu diplomatique de Nogaret, il publia en novembre 1307, la bulle « Pastoralis Praeminentiae » ordonnant aux rois de toute l'Europe de saisir les biens du Temple.

En 1308, nouveau revirement pontifical : Clément V condamna les inquisiteurs, les prélats, et les suspendit de leurs fonctions. L'Ordre aurait été peut-être sauvé si Clément avait persisté. Mais le perfide Nogaret et le cupide roi de France ne reculèrent devant rien et entamèrent une campagne contre le pape. Pierre Dubois, qui sous Boniface VIII avait fait sensation avec ses pamphlets, recommença à distiller son venin.

La campagne contre Clément fut une des plus furieuses qu'on ait jamais vues : « Que prenne garde le pape, il est simoniaque, il donne par affection de sang les bénéfices de la Sainte Eglise de Dieu à ses proches parents. Il est pire que Boniface qui n'a commis autant de passe-droits. Cela doit lui suffire. Qu'il ne vende pas la justice. On pourrait croire que c'est à prix d'or qu'il protège les Templiers, coupables et confessés, contre le zèle catholique du roi de France. Moïse, l'ami de Dieu, nous enseigne la conduite qu'il faut tenir vis-à-vis des Templiers quand il dit : Que chacun prenne son glaive et tue son plus proche voisin. » Nogaret, lui aussi, renoua avec sa verve pompeuse dans une lettre de convocation : le roi était l'ennemi des hérésies et le défenseur de la foi catholique ; les abominables erreurs du Temple avaient bouleversé même le ciel, dit-il, et que c'était au peuple de France d'en purger le monde.

Clément V prit peur et revint à Philippe. Une entrevue eut lieu à Poitiers, en mai 1308. Le pape accepta de prendre en main l'affaire des Templiers, qui serait aussitôt remise, au nom de la Sainte Eglise, aux officiers royaux. Les biens seraient administrés par des commissaires payés, à la fois par le roi, le pape et les évêques diocésains. Quant à l'hérésie, Clément la considérait comme un crime, mais il en distinguait deux sortes : crime de l'Ordre en tant qu'ordre et crime particulier à chacun des membres. La question de l'Ordre devait être réglée par un concile général qu'il convoquait à Vienne, pour octobre 1310, tandis que pour chaque membre le procès serait repris dans l'intervalle.

Le pacte était donc signé. Mais l'Inquisition ne pardonnait pas. On n'échappait jamais à ce tribunal dit chrétien présidé par de prétendus théologiens. Le sort du Temple était déjà jugé. Cependant, pour convaincre le pape, une comédie des plus odieuses fut montée par le Grand Inquisiteur et Nogaret. On amena devant le pape et le Sacré-Collège quelque soixante-dix Templiers, extraits des prisons de Paris, assouplis par la torture, et prêts à persister dans leurs aveux. Philippe le Bel se montra d'une fourberie sans nom. Après avoir fait de Clément V son complice, il eut la prétention insolente de le convaincre.

Les deux procès furent menés de front. Le 9 août 1309 la Commission Pontificale, réunie dans l'abbaye Sainte-Geneviève de Paris, annonça qu'elle était prête à entendre les dépositions. Nogaret et Philippe le Bel se méfiaient de ce tribunal, composé d'hommes modérés, indépendants, hostiles à la torture. Aussi, ne le laissèrent-ils agir que lorsqu'ils furent assurés de le contrôler. L'audience initiale ne commença que le 26 novembre.

Cette première séance nous révèle l'état pitoyable des frères du Temple, leur état d'âme surtout, car ils étaient à peu près libres de parler sans crainte du fouet, de la table, de l'entonnoir ou du réchaud. L'audience s'ouvrit par la déposition du Maître qui surprit les commissaires par sa franchise et sa modestie. Les dépositions enregistrées font défiler devant nos yeux des hommes de toutes sortes : simples, prudents, lâches, sincères, exaltés. Les malheureux prisonniers n'ont plus leur esprit à eux. La torture de l'Inquisition les a complètement transformés. On les voit trembler, mentir, combiner, s'indigner, fondre en larmes.

Beaucoup se plaignirent de la torture, tel le frère Ponsard de Gisi qui déclara que lui-même et les autres frères avaient fait des aveux devant l'Inquisition sous l'effet de la torture, mais que tout était faux. — « Avez-vous été torturé ? » demanda le commissaire. — « Oui, trois mois avant ma confession, on m'a lié les mains derrière le dos, si serré que le sang jaillissait des ongles, et on m'a mis dans une fosse, attaché à une longe. Si on me fait subir encore de pareilles tortures, je nierai tout ce que je dis maintenant, je dirai tout ce qu'on voudra. »

Là encore, les gens du roi présentèrent une dénonciation contre le Temple. Mais Ponsard de Gisi défendit son Ordre comme le firent tant d'autres Templiers.

Le 28 mars 1310, cinq cent quarante-six Templiers étaient défenseurs de l'Ordre. Le 3 avril, une cédule, écrite par Jean de Montréal au nom d'un grand nombre de frères, fut lue à l'assemblée : — « Dans les églises du Temple, le plus grand autel était celui de Notre-Dame... les Templiers faisaient de belles processions aux grandes fêtes... noter que le roi de France et d'autres rois ont eu des Templiers comme trésoriers et comme aumôniers, les auraient-ils choisis si le Temple avait été coupable ? etc. »

Une légion de défenseurs se trouvait à Paris. En mai 1310, l'affaire du Temple semblait en bonne voie. Philippe le Bel se ressaisit et vit le danger. En vertu du droit, il fut conclu que les Templiers, en temps que personnes, devaient être jugés par un concile provincial, présidé par l'archevêque de Sens, métropolitain de Paris et frère d'un ministre du roi, Enguerrand de Marigny. Tout fut rattrapé pour satisfaire Philippe le Bel. Le 12 mai, cinquante-six Templiers furent empilés dans des charrettes et brûlés publiquement devant l'abbaye de Saint-Antoine des Champs. Ils étaient condamnés comme relaps. C'était la justice dominicaine de l'Inquisition.

Il était impossible d'avoir la moindre illusion sur un soupçon de liberté de la défense. Entre les doigts crochus, sataniques et avides de sang de l'Inquisition, il était impensable de se retrouver libre. On faisait avouer sous la torture, et si on se rétractait, on était relaps. Dans les deux cas, la condamnation était automatique.

Le Concile de Vienne, maintes fois prorogé, s'ouvrit enfin au mois d'octobre 1312, après avoir centralisé une véritable cargaison de preuves contre ceux qui étaient déjà condamnés. On savait pertinemment qu'en Occident un bruit courait : « Les Templiers ont nié partout, excepté ceux qui ont été places sous la main du roi de France. » Pour couper court à ces rumeurs, on exhorta le roi d'Angleterre, de Portugal et d'Aragon, à employer la torture.

De quoi était accusé le Temple ? D'être tout entier corrompu par des superstitions impies et par les illusions de la magie islamique. Les formulaires pontificaux de l'Inquisition contiennent cent vingt-sept rubriques indiquant qu'il était plus précisément inculqué aux néophytes lors de leur réception, des insultes variées au crucifix, des baisers obscènes, et que la sodomie était autorisée parmi ses membres.

Les prêtres, en célébrant la messe, auraient omis, volontairement, de consacrer les hosties. Les Templiers n'auraient pas cru à l'efficacité des sacrements, et se seraient adonnés à l'adoration d'une idole, en forme de tête humaine ou de chat. Ils auraient aussi porté, nuit et jour sur leurs chemises, des cordelettes enchantées par leur séjour autour de cette idole. Telles étaient les accusations majeures. Il y en avait d'autres : le Grand Maître, bien qu'il soit laïque, se serait cru le droit d'absoudre les frères de leurs péchés ; les biens étaient mal acquis, l'hospitalité mal exercée, les aumônes mal faites. Selon le réquisitoire, tous ces crimes étaient recommandés par une règle secrète de l'Ordre depuis une très haute antiquité.

Les officiers allèrent jusqu'à perquisitionner dans les commanderies, en vue d'y découvrir des objets compromettants, des exemplaires de la règle secrète, des idoles, des livres hérétiques.

Ils ne trouvèrent rien, sinon quelques reliquaires et ouvrages de piété, des livres de compte et quelques exemplaires de la Règle. Les quatre cent quatre-vingt-deux inventaires que nous avons retrouvés concernant les commanderies du royaume n'indiquent que les livres liturgiques, bréviaires, missels, lectionnaires, évangéliaires, et seulement soixante-quatre mentions de la Règle. Il en est de même dans les autres royaumes.

Les dépositions, si nombreuses qu'elles soient, perdent toute valeur lorsqu'on pense qu'elles ont été arrachées par la procédure des dominicains inquisiteurs.

L'expérience de tous les procès menés par des théologiens prêcheurs, durant les décades précédentes, montre que de cette façon on fâisait avouer aux gens tout ce que l'on voulait : les maléfices, les rapports avec Satan, les cavalcades à travers le ciel sur des manches à balai, et bien d'autres choses encore, impensables, inimaginables, que l'Inquisition gardait en réserve. Et cela, pas seulement sous Philippe le Bel, mais avant ou après les Templiers. Qu'on se rappelle les procès contre les Cathares, l'Inquisition de Pauvers et Jeanne d'Arc. Qu'on se rappelle aussi le mot de frère Aimery de Villiers-le-Duc : « J'avouerais que j'ai tué Dieu. »

Les dépositions des Templiers ne prouvent strictement rien lorsqu'ils avouèrent. Quant à ceux qui n'avouèrent pas, on se garda bien de les enregistrer. Les Dominicains, si cultivés en exégèse, auraient pu prendre le seul procédé légitime : examiner toutes les attestations à la lumière de la vraisemblance et du bon sens.

Que n'a-t-on pas raconté sur les Templiers ! Qu'ils avaient pratiqué les rites de la superstition, qu'ils étaient cathares ! En vérité, le procès du Temple ne fut pas un procès, car il n'y eut que des interrogatoires, et, de plus des interrogatoires de l'Inquisition. Il n'y eut pas de procès du Temple et encore moins des Templiers.

A la lecture de tous ces interrogatoires, on a souvent établi que les Templiers étaient coupables. Certains, aux idées quelque peu étranges, pensent que le Temple avait terminé sa mission et que Clément V lui eût permis de regagner l'ombre. Là encore, les imaginations sont trop fécondes. Si le Temple avait eu « une quelconque mission » il s'y serait pris autrement. En ce sens, il aurait été plus secret qu'il ne l'a été et n'aurait jamais fait et appliqué au grand jour, devant la face du monde, tout ce que nous savons. Le Temple est trop simple, c'est pour cela qu'on lui a inventé tout un réseau de secrets, de mystères.

La condamnation des Templiers n'est pas fondée sur le droit. La véritable cause, il faut la chercher ailleurs que dans les pratiques secrètes qui leur furent reprochées et qui ne furent que des prétextes. La seule raison fut la puissance, la richesse et l'influence de l'Ordre.

En lisant attentivement les documents, les dépositions de vingt-sept commissions à Paris, à Florence, en passant par la Péninsule Ibérique, l'Angleterre et l'Allemagne, on met en évidence l'innocence des Templiers, et même les motifs de leur condamnation. Essayons de donner à l'affaire sa véritable physionomie.

En lisant avec attention les protocoles du procès, on est forcé de convenir que le Temple était aussi pur et innocent que le pape lui-même. Toute étude sur l'affaire des Templiers doit avoir comme base les notes et les documents des interrogatoires — non pas seulement l'étude de Michelet, mais tous les documents. La plupart de ces pièces ont été mises à jour, ou sont conservées dans les archives visibles. Les coffres du Vatican ne contiennent rien de secret. Les interrogatoires effectués dans certaines villes, et qui prouvent l'innocence, sont eux aussi, visibles.

Les auteurs qui soutiennent la thèse de la culpabilité du Temple se bornent à reprendre des études dénuées de toute critique. Le dernier document découvert aux Archives Vaticanes, le compte rendu de l'interrogatoire de Medina del Campo, en Espagne, nous révèle que le Temple n'a subi qu'une condamnation de l'Inquisition, mais surtout, que ce ne sont que dans les audiences où furent présents les Dominicains qu'il y eût du sang. En Espagne, seuls les frères de la région, très localisée, de Badajoz, furent mis à mort dans leur propre forteresse de Jerez de los Caballeros.

Au cours de ses deux cents ans d'existence, le Temple fut un ordre de chevalerie religieuse. Cette base religieuse devait jouer un rôle que l'on ne connaît peut-être pas assez. L'esprit religieux et l'activité politique se partageaient le pouvoir. Dans le contexte de l'histoire du XIIIe siècle, devant les campagnes menées par les Templiers, il est logique que l'Ordre, dans son ensemble, soit devenu davantage une société politique, avec sa propre politique interne. Tout en restant, d'une façon générale, le soutien le plus fidèle du Saint-Siège et de ses intérêts, le Temple n'en était pas moins une puissance indépendante, ce qui constituait un danger pour Philippe le Bel, imbu de pouvoir absolu.

Néanmoins, nous pouvons affirmer, sans crainte, que la condamnation du Temple repose sur une dépréciation excessive de la puissance royale en France et sur une appréciation exagérée de la puissance de l'Ordre. On ne pouvait reprocher aux Templiers une tentative de révolte contre le pouvoir royal. Les fonctionnaires royaux ont usé de procédés injustes envers leur gouvernement. Pour leur part, ils observèrent toujours une attitude de soumission et de respect à l'égard de la personne royale, représentant, elle aussi, un pouvoir. Et, à la lecture des dépositions, les façons de s'exprimer des frères montrent que l'Ordre n'était pas un adversaire dangereux. Mais la principale occupation de Philippe le Bel fut de faire plier, sous la puissance royale, toutes les forces de l'Etat. Il est certain que les Templiers, gardes du corps de la papauté, étaient trop liés au Saint-Siège, et les rapports de l'Ordre avec la noblesse française, l'un des plus importants partis contre Philippe le Bel, mettaient la monarchie dans la gêne et l'embarras. Ce que l'on reproche à Philippe le Bel, ce sont les méthodes qu'il employa : l'accusation d'hérésie, le recours à l'Inquisition.

Ces deux moyens perfides sont trop peu connus. Si l'on a accusé, avec juste raison, Philippe le Bel et Nogaret, on a négligé l'Inquisition. Elle ne doit pourtant pas être reléguée au second plan. Son rôle fut décisif, surtout en France. Nogaret, Philippe le Bel et l'Inquisition ne font qu'un dans la condamnation de l'Ordre. Ils étaient tous étroitement liés.

Les Templiers étaient riches. On leur reprochait leur cupidité et d'avoir usé de procédés peu délicats pour amasser leurs richesses. Mais la prospérité matérielle du Temple, comme de toute communauté sociale, est une chose aussi naturelle que d'avoir eu une politique personnelle. Comment les Templiers auraient-ils pu se soustraire à une quelconque ambition financière ? Le but même de l'Ordre demandait d'importants moyens. La protection, la défense, le recouvrement de la Terre Sainte exigeaient de l'argent. N'est-il pas le nerf de la guerre ?

Si les Templiers étaient orgueilleux, comme le dirent si lâchement Guillaume de Tyr et Frédéric II, il faut comprendre leur ambition. Ils étaient conscients des services rendus à l'Eglise, ils avaient la conviction d'être indispensables pour la croisade, et sa poursuite était le plus saint des devoirs. Aussi, avaient-ils la plus haute opinion d'eux-mêmes et de leur Ordre dont ils fermèrent les portes, au XIIIe siècle, à tous ceux qui ne pouvaient prouver une naissance aristocratique.

Les soupçons furent entretenus par l'isolement volontaire et les pratiques secrètes des Chevaliers du Temple. Malheureusement, ces pratiques secrètes n'ont jamais existé en tant que telles. La seule explication valable, c'est que les Templiers étaient des guerriers, des spécialistes de la guerre. Or, dans les chapitres importants, surtout en Terre Sainte, on décidait des expéditions militaires et on dressait les plans d'attaque, les plans stratégiques qui, comme aujourd'hui encore, demandent le secret. Ensuite, il fallait éviter, comme le dit la Règle, que les rapports communiqués au Chapitre ne fussent à l'origine de disputes dans la communauté ou de jalousies entre les membres. Les pièces du « procès » montrent l'effet produit sur l'opinion publique par ce système plus ou moins clandestin. Mais tous les ordres religieux pratiquent encore ces réunions « secrètes » à toute personne étrangère à leur confrérie. Ces accusations de secret, d'occultisme ont été une preuve de l'antipathie que les Templiers suscitaient chez le peuple et du danger qui pouvait en résulter, même pour des membres de la bourgeoisie, au Moyen Age.

En ce qui concerne l'époque moderne, les choses sont différentes. Il s'agit davantage d'une psychose. Le Temple aurait eu, dit-on, une mission à remplir : encore faut-il que les hypothèses puissent trouver une origine et un fondement logique. Une accumulation de suppositions ne peut suffire.

Le Temple ne fut pas perdu uniquement à cause du manque de sympathie du peuple, mais aussi et surtout parce qu'il s'était aliéné tout pouvoir, clérical, administratif, politique et même financier, affectant une indépendance totale, fondée sur les nombreux privilèges pontificaux.

La réputation des Templiers n'était pas si mauvaise que le disent les pièces des interrogatoires. Prenons le cas des mœurs. Il était impossible de porter une accusation grave, car les pratiques de sodomie ou d'homosexualité étaient au Moyen Age assez répandues, même dans le clergé. On ne peut croire que ces habitudes, parmi les membres de l'Ordre, fussent aussi générales qu'on l'a prétendu. Quant au Grand Maître, un témoin nous apprend la rigueur avec laquelle il sévissait. Bien sûr, deux témoins l'accusent. Néanmoins, une telle dissolution morale pouvait-elle s'allier avec la bravoure dont les frères témoignèrent pendant les croisades, devant leurs juges, ou encore devant la mort ?

On leur a reproché d'être hérétiques. Cela reste à jamais le sujet d'étonnement. Les Templiers ont conservé, jusqu'à la fin, suivant les préceptes de leur Règle, les marques d'un attachement spontané et indéfectible envers l'Eglise de Rome. Ils honoraient la Vierge et les Saints de l'Eglise. Le peu de manuscrits liturgiques qui restent encore, soulignent cette caractéristique de l'esprit templier. Aussi est-il impossible de nier l'orthodoxie des dogmes, sans laquelle l'Ordre n'aurait pas eu sa raison d'être. La confession de Jacques de Molay, le 28 novembre 1309, ne laisse aucun doute. L'orthodoxie du Temple était parfaite, et c'était pour les frères un point d'honneur.

L'abjuration du christianisme en faveur de l'islamisme était extrêmement rare chez les Templiers, contrairement aux autres croisés et même aux chevaliers de Saint-Jean. Faire de cas isolés une tendance générale est aussi absurde que d'attribuer à tous les Français des sympathies pour l'ennemi durant la dernière guerre. Les Grands Maîtres qui eurent, soi-disant, les contacts les plus directs avec les rites islamiques, furent ceux qui combattirent le plus les armées infidèles. Bien sûr, va-t-on dire, c'était pour avoir, eux seuls, la science ésotérique de ces pratiques ; ce à quoi nous répondons que tous les Maîtres qui périrent sous l'épée du Sultan, tous sans exception, préférèrent la mort plutôt que « lever le doigt et reconnaître Allah et Mahomet son prophète ».

Il en est de même pour les Cathares, les Albigeois

et les sectes hétérodoxes chrétiennes. Le Templier avant d'être fils de l'Eglise était un chrétien et, d'après les statuts, il était interdit de guerroyer contre les chrétiens quels qu'ils soient. Les Templiers étaient-ils Cathares ? Encore une question qui fit couler beaucoup d'encre, sans apporter de réponse définitive. Mais les Cathares, tout comme les Montanistes de l'Asie, avaient la passion du supplice et leur seule force se retrouvait dans les répétitions de l'endoctriné. Chez les Templiers, rien de tout cela. La joie sacrée était inconnue et l'espérance en présence de la persécution n'était pas un de leurs buts. C'est pourquoi ils endurèrent leurs supplices avec cette obstination qui ne s'explique que par l'amour de la vérité.

Les Templiers avaient, alors, une secte à eux, et les chefs de l'Ordre, d'un pseudo-ordre secret, étaient les seuls à connaître les secrets de la secte, dira-t-on. Si les Templiers avaient réellement pratiqué les rites secrets qui leur sont attribués, ils auraient vécu une vie spirituelle intense et il se serait trouvé parmi eux des fanatiques ou des enthousiastes, comme on voudra, pour demander à participer aux joies mystiques du martyre. Or, pendant tout le procès, aucun Templier ne s'est obstiné dans les erreurs de sa prétendue secte. Tous ceux qui ont avoué le reniement du Christ et l'adoration de l'idole, les ont abjurés et ont demandé l'absolution. Pouvons-nous croire que la doctrine hérétique du Temple n'aurait pas eu de martyrs ? Des quantités de chevaliers, de sergents, d'écuyers sont morts dans les geôles, dans l'étau des mains des tortionnaires, sur le bûcher, sans jamais se sacrifier, pour des croyances. Ils ont préféré mourir qu'avouer ou persister dans leurs confessions.

Les chefs de l'Ordre ne pouvaient donc pas connaître les secrets de la secte. Parmi les milliers d'hommes qui passèrent dans le Temple, pendant près de deux siècles, beaucoup se seraient révoltés s'ils avaient été obligés à des pratiques blasphématoires. Et les non-dignitaires auraient soulagé leur conscience, au moment du « procès ». Or, les aveux furent obtenus par la contrainte et la torture ; si cela avait été, les inquisiteurs n'auraient pas eu à s'adjoindre des bourreaux. Ce qu'il y a eu de magnifique, au contraire, c'est que les frères subalternes se comportèrent de la même manière que leurs supérieurs.

Lorsque les Templiers furent interrogés sur leurs pratiques blasphématoires, aux excès qui leur furent reprochés, tous auraient donné des descriptions semblables. Ce fut le contraire qui se passa, et, à la lecture des dépositions, les seules concordances que l'on trouve, sont celles qui traitent des règles et cérémonies religieuses prévues dans les statuts. Pour le reste, c'est la diversité la plus totale.

Cela se comprend ! Interrogés les uns après les autres et article par article, sur le même canevas d'accusations, les traits essentiels des aveux leur furent suggérés à tous dans les mêmes termes, ce qui n'empêche pas d'y trouver les signes de la fantaisie individuelle.

Afin de montrer que notre idée ne contient aucun parti-pris, faisons état de la parole de Michelet. Persuadé des désordres du Temple, il remarque que « les dénégations sont identiques, mais que les aveux sont tous variés de circonstances spéciales ». Et il en tire une étrange conclusion : « que les dénégations étaient convenues d'avance et que les différences des aveux leur donnent un caractère particulier de véracité ». Soyons logique ! Si les Templiers étaient innocents, les réponses qu'ils donnaient aux mêmes chefs d'accusation ne pouvaient pas être semblables, s'ils étaient coupables, leurs aveux auraient dû être pareillement identiques.

Par exemple, le cas de l'idole en forme de tête ! Les accusateurs lui donnèrent cette forme. De nombreux

Templiers avouèrent l'avoir adorée, mais les aveux s'infirment d'eux-mêmes par leur diversité. Pour certains, l'idole était dévoilée uniquement pendant les cérémonies d'initiation. Bien en peine serait celui qui pourrait décrire ces cérémonies. Pour d'autres, on ne l'adorait qu'en Chapitre secret. Tous ceux qui avouèrent, dirent « je l'ai vue ». Lorsqu'on leur demanda de la décrire, la tête était noire pour le premier, blanche pour le second, dorée pour le troisième, le quatrième avait vu des yeux flamboyants d'escarboucle, un cinquième deux faces, d'autres trois têtes, deux jambes, deux parties de jambes, ou encore un chat. Celui-ci dit que c'était une statue, celui-là une peinture, l'un qu'elle représentait le Sauveur, l'autre Bahomet ou Mahomet. Enfin, autant de questions que de réponses. Certains même, l'ont entendue parler. Quelques-uns l'ont vue se transformer en chat, ou en corbeau, ou en démon, sous forme de femme. Voilà l'état protéique dans lequel on a reconnu saint Jean-Baptiste et le Makroposopus de la Kabbale. Voilà avec quoi s'amusent les plus ou moins « détenteurs de l'art royal ou de la science ».

Le rôle de l'Inquisition fut important comme on l'a vu. L'hostilité des inquisiteurs envers les Templiers se situe dans la fausse accusation d'hérésie portée contre les frères. C'est le Chapitre, la phase du procès la plus intéressante. Jusqu'à présent, Philippe le Bel et Clément V se voyaient attribuer la part capitale de la ruine de l'Ordre. Ils y participèrent, ne les disculpons pas. Mais on n'avait cité l'Inquisition que comme un facteur secondaire. Or, le procès des Templiers fut un procès d'Inquisition, avec toute la rigueur habituelle des tribunaux de cette corporation, sans atténuation aucune. On sait la place importante qu'a joué la torture. A Paris seulement, trente-six Templiers moururent dans les tourments, vingt-sept dans le diocèse de Sens, et combien d'autres encore.

Les doux agneaux de l'Inquisition, qui, dans les procès-verbaux, déclarent que les aveux ne furent pas arrachés par la crainte des cachots et des tortures, ne peuvent se disculper. Bien plus, on y doit chercher la preuve flagrante de leurs indignes mensonges. Pour revenir à Ponsard de Gisi, le procès-verbal décrit les tortures qu'il endura et leurs effets. Michelet le rapporte, et nous pouvons voir comment les gentils prêcheurs faisaient avouer.

Autre cas, plus terrible encore, celui du frère Bernard de Vado. Le 17 février 1310, il déclare devant la commission d'enquête qu'il a été soumis à la question et tenu si près du réchaud que la chair entourant ses articulations a été grillée et qu'en peu de jours ses os sont tombés. Comme il fallait des preuves, le frère montre les os à la commission. Comment ne pas être frappé, les faits sont probants. Lorsqu'on pense que des milliers de personnes furent maltraitées dans de pareilles conditions par les prétendus défenseurs de la foi, qui auraient dû avant tout mettre en pratique ce qu'ils prêchaient, il n'y a pas à insister longuement pour réduire à néant toutes les preuves de culpabilité produites par l'Inquisition.

La torture a joué un très grand rôle dans le « procès » du Temple, et c'est elle « ménagée par des captivités longues et pénibles qui a fait périr dans les geôles de France un nombre de Templiers beaucoup plus important qu'on l'imagine. »

Il est indéniable que l'Inquisition ne se serait jamais attaquée aux Templiers si Philippe le Bel n'en avait été l'instigateur et n'avait pris part à ces attaques.

On a voulu faire de Philippe le Bel un roi sans reproches. Pourquoi alors, les Templiers de France furent-ils les seuls à subir ces affreux tourments et à être condamnés, sans autre forme de procès ?

Cynique, fourbe, lâche, Philippe le Bel ne recula

devant rien pour faire de sa volonté la raison suprême de l'Etat. Rien ne l'arrêtait ; son absolutisme et la conviction de sa propre infaillibilité étaient ses seuls conseillers. Le mensonge, la tromperie et la duplicité étaient sa seconde nature. Préférant toujours les détours et les traverses, il arriva au comble de la malhonnêteté par ses intrigues diplomatiques, cachant des intentions hostiles sous les aspects de l'amitié.

Cette fausseté et cette perfidie interdisent de reconnaître en Philippe le Bel, malgré de très grandes qualités d'homme d'Etat, un homme supérieur et, à plus forte raison, de le ranger parmi nos rois de France qui méritent le nom de Grand. Il éleva le sentiment national, certes, et sut allier ses propres desseins aux intérêts de son pays. Mais, dans l'affaire qui nous intéresse, comme dans celles de Boniface VIII, des Juifs, des Lombards, de l'évêque de Troyes, il fit des hommes d'Eglise, des prélats, du clergé et même du pape, les instruments de sa volonté.

Dans ses attaques contre le Temple, il s'assura ainsi des appuis divers. Mais il ne pensa jamais au caractère international du Temple. Tout cela devait le conduire à sa plus grave erreur. Avoir raison de la puissance du Temple, c'était se mettre en face d'un autre grand obstacle, contre lequel il se heurta d'ailleurs, la papauté.

Le roi de France n'apprécia jamais Clément V à sa juste valeur. Malgré toutes les garanties et les accords cyniques qu'il pensait trouver en la personne du pape et dans les membres de la Curie, la papauté, en tant que pouvoir juridique, se montra plus forte et plus difficile à vaincre. Et pourquoi le cacher, la capitulation de Clément V demeure la défaite la plus honteuse que le Saint-Siège ait subie, une tâche perpétuelle et indélébile dans l'histoire de l'Eglise.

D'ailleurs la papauté ne revint jamais sur cette

décision, car ç'aurait été reconnaître, aux yeux du monde entier la preuve flagrante de son erreur.

Quant à Clément V, le troisième personnage de l'affaire, il était d'un caractère mou et, surtout, il manquait de force morale. Ambitieux, avide, malgré son habileté, il était dangereux. Sa nature ambitieuse ne l'avait-elle pas poussé à faire des concessions et des promesses pour obtenir la tiare ? Cela le lia au roi de France, lien qui se prolongea dans le sein même du Sacré-Collège, de la Curie. Il livra le Temple avec toute la complaisance et la dévotion au roi dont il était capable. C'est justement dans ces rapports Philippe-Clément, que se trouve la clef du drame et pas ailleurs.

L'histoire du concile de Vienne est très obscure. Les actes du concile, par un singulier hasard, n'ont jamais été retrouvés. Ils manquent même dans les archives pontificales. Pourtant, dans l'ombre se dessinent les intrigues malpropres d'un roi de France forçant la main d'un pape, et d'un pape escamotant les sentences d'un concile. Clément V se sentait maître de certains pères du concile soumis au roi de France, mais ils n'étaient qu'un petit nombre perdu au milieu de trois cents autres. Le concile était œcuménique, aussi vit-on arriver les prélats d'Allemagne, d'Aragon, du Portugal, de Castille, quelques-uns d'Italie, qui, pour la majeure partie d'entre eux, avaient acquitté les Templiers dans leurs circonscriptions juridiques. A la majorité, les évêques réclamèrent une discussion en règle. L'embarras fut à son comble lorsque sept chevaliers du Temple, qui avaient réussi à s'enfuir dans les montagnes du Lyonnais, se présentèrent inopinément au milieu de l'assemblée, demandant à être entendus dans la défense de leur Ordre. Clément dénonça à Philippe les fugitifs du Lyonnais. Le roi, sans perdre de temps, les fit enfermer, sans autre droit que celui de la force. L'indignation de certains prélats ne toucha pas le pontife, et le conflit entre ces prélats et le pape dura trois mois. Le roi pensa que le concile ne finirait jamais s'il n'allait pas lui-même à Vienne. Le stratagème de Tours, en 1308, fut expérimenté à nouveau à Lyon. Les dociles et fidèles Etats-Généraux se réunirent et permirent au roi de montrer une fois de plus sa lâcheté. Il dépêcha Enguerrant de Marigny pour annoncer son arrivée au pape. Le roi arriva, en effet, mais entouré d'une véritable armée. Il parut au milieu des évêques et s'assit à côté du pape sur un siège plus bas.

Devant les pères du concile silencieux face à cette intrusion royale, le pape s'empressa de faire lire une bulle qu'il avait élaborée d'avance en collaboration avec les gens du roi. C'était le 22 mars 1312. Par cette bulle « Vox in excelso » le pape supprimait l'ordre du Temple pour les motifs suivants :

— l'Ordre est fortement entaché d'hérésie,
— le Maître et beaucoup de membres ont fait des aveux touchant à l'hérésie et à la débauche,
— l'Ordre est odieux aux prélats et au roi,
— aucun homme de bien n'a voulu prendre sa défense,
— l'Ordre n'est plus d'aucune utilité pour la Terre Sainte en vue de laquelle il a été créé,
— la levée de la sentence pourrait amener la perte des biens.

La soumission et la lâcheté de Clément éclatent en pleine lumière. Cependant, il avoue qu'il n'existe aucune preuve suffisante pour justifier une condamnation canonique. Il fallait une solution provisoire. Le pape, n'ayant pas le droit de juger définitivement et de se substituer à un concile, suivit l'avis de l'évêque d'Angers, Guillaume de Maine, fidèle partisan de Philippe le Bel, selon lequel il pouvait juger par voie de provision.

Clément V supprima donc l'Ordre du Temple, mais la question juridique fut renvoyée à un autre concile qui ne se réunit jamais. Seul un nouveau concile pouvait dire si l'Eglise condamnait ou acquittait le Temple. L'Eglise n'avait aucun pouvoir pour approuver et débouter, car la bulle « Vox in excelso » fut ratifiée par Jean XXII mais ne fut pas mise en application dans toute sa teneur.

Ainsi périt le Temple, supprimé mais non condamné. Il fut égorgé injustement, car il est dit : malheur à qui gêne l'homme puissant ! Il fut égorgé sans résistance car les Templiers reçurent la mort avec douceur. Le courage actif de la résistance ouverte, les Templiers ne l'eurent pas. Ils ne firent preuve que d'un héroïsme passif de victimes. Cette attitude les décharge complètement de l'accusation que l'histoire a portée sur eux : être un Etat dans l'Etat.

Qu'à aucun moment de leur procès, les Templiers de France n'aient eu la velléité de se servir contre l'Eglise de leur épée bénite par l'Eglise, malgré l'asservissement d'un pape aux passions d'un prince temporel, voilà la trace la plus manifeste de leur innocence, de leur soumission et, pourquoi pas, de leur faiblesse.

CHAPITRE XX

LA SUITE - LES LÉGENDES ET LE FOLKLORE

La bulle de Clément V régla définitivement le sort du Temple. Les biens, cause de sa ruine et de sa persécution, avaient mis en appétit presque tous les rois, dès 1307. Quelques-uns n'avaient-ils pas songé à faire subir le même sort aux Hospitaliers et aux Teutoniques ?

Après le concile de Vienne, la proie fut écorchée. La fortune déjà confisquée semblait être entre de bonnes mains. La théorie veut que toutes les propriétés de l'Ordre furent transférées au Saint-Siège qui les remit, aussitôt, aux Hospitaliers ; dans la pratique, cela n'empêcha pas Philippe le Bel d'en retenir la meilleure part.

Bien qu'il ait horreur de la législation canonique, le roi de France en prit ce qui l'avantageait. A partir de 1307, les comptes royaux ne furent plus dans l'embarras. Tout d'abord, les canons interdisaient de payer leur dû aux hérétiques ; d'où l'acharnement d'accuser les Templiers d'hérésie ; ensuite, Philippe avait fait main basse sur tout le numéraire accumulé, ce dont il ne rendit aucun compte. Le Trésor du Temple de Paris fut transformé en caisse royale.

La cupidité le poussa encore plus loin. Dès que les dépouilles du Temple furent remises aux Hospitaliers, le roi prétendit que tous ses comptes avec le Temple n'avaient pas été réglés. Il restait créancier pour des sommes considérables, dont il ne pouvait fournir le montant, avouant qu'il ne possédait aucun écrit authentique. Or, nous savons maintenant que lui-même, le jour de l'arrestation des Templiers, fit disparaître toute trace de compte pour anéantir ses créances, mais surtout ses dettes. Les Hospitaliers, après diverses transactions, furent mis dans l'obligation de payer, le 21 mars 1313, la somme de 200 000 livres tournois.

Les biens mobiliers furent gardés par le roi lui-même jusqu'à sa mort. Il en perçut les revenus et mit quelquefois aux enchères certains bouts de propriété. Ainsi commença l'aliénation de la ferme des domaines du Temple de Paris. Les prix du fermage furent si élevés que beaucoup de fermiers se ruinèrent, et ne pouvant pas payer, Philippe le Bel fit saisir leurs biens. Les Hospitaliers, de leur côté, pour entrer dans leurs domaines, suivant la bulle pontificale, durent verser des sommes énormes au roi. Et les fils de Philippe le Bel, aussi avides que lui, sous le prétexte d'indemniser les frais de procès, de torture et de geôle, réclamèrent des sommes fabuleuses qui mirent les Hospitaliers au bord de la faillite.

Le pillage et le chantage auxquels se livrèrent certains princes appauvrirent plutôt l'héritier de ces biens qu'ils ne l'enrichirent.

Durant ce trafic, il y avait des Templiers en prison. Ceux qui acceptèrent l'humiliation des aveux furent relâchés : les uns vagabondèrent sur les routes de pèlerinages, d'autres allèrent chez les Hospitaliers, certains se marièrent, plusieurs partirent pour l'Espagne et le Portugal. En Allemagne, la plupart des frères se mirent sous la croix teutonique.

Les « relaps » connurent une autre fin. Ils furent frappés des châtiments de la loi inquisitoriale : prison perpétuelle et bûcher. Nous connaissons les deux plus célèbres, que le pape s'était réservé de juger lui-même, Jacques de Molay, le Maître de l'Ordre, et Geoffroy de Charnay, le Maître en Normandie. Ils restèrent en prison en attendant leur sort. Clément ne se pressa pas ; peut-être se sentait-il trop coupable. En décembre 1313, il décida enfin d'intervenir. Il choisit trois cardinaux pour examiner les chefs d'accusation. Mais l'affaire traîna en longueur. Le 11 mars 1314, jour fixé pour le jugement, les deux dignitaires furent conduits au portail de Notre-Dame pour entendre la sentence qui les condamnait à la détention perpétuelle, pour les crimes avoués. En prison, depuis sept ans, et quelle prison ! les deux frères, après avoir reçu maintes fois l'espérance d'une prochaine délivrance, furent condamnés au « mur », selon le terme employé à l'époque. Jacques de Molay, qui avait attendu de longs mois le moment de témoigner devant le pape lui-même, et le Précepteur de Normandie se rétractèrent. Leur déclaration produisit son effet sur les auditeurs : « Nous ne sommes pas coupables des choses dont on nous accuse, mais nous sommes coupables d'avoir bassement trahi l'Ordre pour sauver nos vies. L'Ordre est pur, il est sain et les accusations sont absurdes et les confessions menteuses. »

La foule commençait à remuer. Philippe le Bel et Nogaret surent se servir de la populace. Jacques de Molay reprit ce stratagème qui n'eut pas le temps d'aboutir. Les cardinaux, prévoyant la colère du roi, ne voulurent pas attendre un autre jugement ecclésiastique et livrèrent les deux dignitaires au prévôt de Paris. Le roi, de sa propre autorité, fit en toute hâte condamner les accusés au bûcher par le Conseil de la Couronne. Le soir même, le tas de bois se dressa, dans l'île aux Juifs, entre l'église des Augustins et le jardin du Palais.

L'Ordre qui avait été détesté par le peuple durant sa prospérité connut un revirement de sympathie en sa faveur.

Vers 6 heures du soir, le bûcher crépitait. Jacques de Molay et Geoffroy de Charnay « y parurent soutenir les flammes avec tant de fermeté et de résolution que la constance de leur mort et de leurs dénégations finales frappèrent la multitude d'admiration et de stupeur », raconte Guillaume de Nangis.

Dans une sorte de frénésie, la foule se rua vers le bûcher, à peine le supplice terminé, et recueillit les cendres encore chaudes pour en retirer les morceaux calcinés des deux martyrs qui, au dernier moment de leur vie, surent se montrer dignes de leur fidélité chevaleresque.

La destruction du Temple est et restera le déni de justice le plus honteux. C'est par la torture que le Temple fut mené à une ruine que l'Inquisition regarde comme légitime. La seule chose légitime, serait de mettre en application les termes mêmes de la bulle de Clément V : réunir un concile pour juger le Temple. L'Eglise se doit de prendre position, ne serait-ce que pour rendre justice à la mémoire des martyrs et à leurs souffrances. Cela ne se fera pas, car elle se condamnerait, elle-même, au grand jour.

Un noble provençal, Bertrandet de Pellissier, écrivait, quelques années après la mort de Philippe le Bel, la plus belle oraison funèbre qui soit, à l'intérieur même de son testament :

— « J'ai souvent réfléchi aux vicissitudes des choses humaines, en pensant au sort pitoyable de cet ordre magnifique que j'ai vu si haut, en un clin d'œil est tombé si bas. Comment ne pas pleurer, surtout quand les malheurs privés se joignent aux désastres publics ? Je ne sais pas comment j'ai pu survivre à la mort déplorable de mes frères Pons et Guiraud, de mes proches et de mes amis sacrifiés !... Cet Ordre si illustre, qui avait formé tant de braves chevaliers, cet Ordre à qui mes ancêtres étaient si redevables, que tant de mes cousins et de mes oncles, les Pellissier, les Pellipaire, ont servi sous ses auspices duquel ils ont suivi la voie de gloire et de la vertu militaire, il fut, hélas ! et s'est évanoui ! Présent me sera toujours ce jour fatal, signe terrible de l'indignation céleste ! Je voudrais que mes fils l'eussent toujours devant les yeux, pour apprendre l'horreur de la richesse, de la mollesse, de l'ivrognerie, des séductions féminines et de tous les vices que la paresse engendre... »

Certes, dans toute société, il y a des « brebis galeuses ». Certains Templiers se rendirent coupables d'orgueil, de débauche, et peut-être d'irrévérence. Mais les Templiers n'étaient pas coupables des atrocités relevées par l'Inquisition.

Condamnés sans procès en France, les Templiers ne subirent pas partout le même sort. Beaucoup de souverains s'emparèrent des biens, mais ne touchèrent pas à leurs personnes.

En Angleterre, le roi Edouard leur redonna leurs commanderies. Dans d'autres régions, ils furent claustrés dans des monastères. En Lombardie, cependant, ils furent condamnés. Cela s'explique : une société de banquiers ne pouvait aller de pair avec des marchands et vivre en bonne entente avec les mêmes personnes qui, en 1291, avaient été arrêtées par Philippe le Bel, puis relâchées, après s'être fait extorquer de fortes sommes.

En Allemagne, l'interrogatoire se passa un peu différemment. Hugues de Salin, commandeur de Grumbach et visiteur d'Allemagne, en compagnie de vingt chevaliers, tous avec l'épée, la lance, l'écu et le visage couvert du heaume, forcèrent les portes du Synode de Mayence. Les évêques de Mayence et de Trèves, qui présidaient, écoutèrent les protestations d'innocence ; puis, avec dédain, les Templiers tournèrent le dos aux juges. Ils s'en allèrent libres et acquittés.

En Aragon, où ils étaient protégés par le roi, ils s'enfermèrent dans leurs maisons-forteresses. A Monzon, ils opposèrent une résistance aux armées royales. Réduits à merci, ils ne furent pas maltraités.

En France, beaucoup périrent dans la pourriture des cachots, ou allèrent par les chemins, sans foyer et sans asile. En 1318, Jean XXII réglementera le cas des anciens Templiers. Ayant appris que plusieurs cherchaient à se marier, il fit savoir que leur mariage était nul et qu'ils étaient encore liés par les vœux. Le successeur de Clément V reconnaissait ainsi l'orthodoxie en les autorisant à entrer dans les ordres.

Les Templiers ne moururent pas, heureusement. Dans la Péninsule Ibérique, les conciles de Tarragone, d'octobre 1310 à novembre 1312, celui de Salamanque, en octobre 1310 et celui de Lisbonne, en janvier 1310, prononcèrent un verdict de non-culpabilité.

C'est dans la Péninsule Ibérique que les Templiers survivront, et uniquement là. L'Espagne et le Portugal virent naître sur leur sol les deux seuls ordres véritables successeurs du Temple : l'Ordre du Christ et l'Ordre de Montesa.

Le 14 août 1318, le roi Dinis du Portugal intervint auprès du pape Jean XXII au sujet des biens du Temple existants au Portugal, et pour lui demander de nommer un Maître pour administrer les biens placés sous sa tutelle. Le roi délégua dans ce but le chevalier Joao Lourenço de Monsaraz et D. Pedro Peres, chanoine de Coïmbra. Jean XXII autorisa la fondation de la Milice de Jésus-Christ, par la bulle « Ad ea ex quibus », du 14 mars 1319. Il fixa le siège à Castro

Marin, dans le sud de l'Algarve, à l'embouchure du Guadiana. Le pape désigna comme premier Maître Don Gil Martins, Maître d'Avis. Chose remarquable, le nouvel Ordre prit le nom primitif du Temple : « Milice de Jésus-Christ ». Il entendait bien être le continuateur du Temple, sans l'avouer ouvertement. Mais Jean XXII était entré dans le jeu.

Le 14 mai 1320, le roi célébra officiellement, à Santarem, la création de l'Ordre. Le premier Chapitre Général eut lieu à Lisbonne, le 11 juin 1321. Presque tous les chevaliers étaient des anciens Templiers du royaume. A cette première réunion, il fut décidé que Castro Marin abriterait soixante-neuf chevaliers, neuf chapelains et six frères servants. Les cent vingt-trois Commanderies du Temple furent les premiers biens de la Milice, mais le Roi créa, d'un seul coup, quarante et une nouvelles Commanderies. Don Vasco Fernandes, ancien Maître du Temple au Portugal, reçut la commanderie de Montalvaõ.

Don Gil Martins mourut peu après la fondation de l'Ordre, le 13 novembre 1321. Il fut enterré dans l'église Notre-Dame, au pied de la forteresse de Tomar qui avait été le siège du Temple. Symbole d'un juste retour des choses, il fut placé à côté de Don Gualdin Pais, premier Maître du Temple, mort le 13 octobre 1195, comme l'indique la pierre tombale.

Sous la maîtrise de Joao Lourenço, second Maître, qui fit les démarches en cour de Rome, le Chapitre Général de 1326 décida que le nombre des chevaliers ne serait pas limité. De Castro Marin, le siège revint à Tomar en 1356.

Les chevaliers du Christ n'eurent plus à combattre les musulmans sur le sol du Portugal, les Templiers ayant déjà participé au refoulement. Ils allèrent les combattre sur la terre d'Afrique ; en 1415, ce fut la prise de Ceuta. Le dernier Maître du Christ fut Don Lopo Dias de Sousa. Après lui, les fils du roi devinrent les administrateurs ; le premier en fut Don Henrique le Navigateur, rendu célèbre par ses explorations maritimes. De nombreux explorateurs portugais appartenaient à l'Ordre du Christ, arborant fièrement la croix rouge qui timbra les voiles des caravelles avant de devenir l'emblème de la monarchie portugaise.

En 1551, une bulle du pape Jules III, réunissait à la couronne les trois ordres militaires portugais : Avis, Sao Tiago et le Christ. Mais déjà, en 1542, Paul III avait exempté l'Ordre de la juridiction des abbés cisterciens. A partir de cette époque, il était le principal ordre honorifique du Portugal. Sécularisé en 1789, il devint la première décoration du royaume, et les derniers chapelains furent chassés de Tomar en 1834.

Parallèlement au Portugal, Jean XXII se réserva le droit de créer des chevaliers en Italie. Ce fut la fondation de l'Ordre pontifical du Christ, indépendant du Maître portugais. Sécularisé, il devint sous Pie IX, l'ordre suprême pontifical. Il ne peut être conféré qu'aux chefs d'Etat catholiques. Un seul protestant le reçut, Bismarck.

Entre-temps, le roi d'Aragon avait créé l'Ordre de Montesa. Les origines de cet Ordre vont paraître étranges, car si le Christ reçut tous les Templiers du Portugal, ce ne fut pas le cas de Montesa. Dès 1316, les biens des Templiers dans le royaume de Valence, furent employés à créer Montesa. Le 10 juin 1317, Jean XXII, dans sa bulle « Pia mater ecclesia », à la demande du roi Jaime d'Aragon et de Valence, fonde « un nouveau monastère dans le castillo de Saint-Georges de Montesa, au diocèse de Valence, dans lequel s'installeront des frères et chevaliers de l'Ordre de Calatrava pour défendre ledit royaume de Valence. Ce monastère jouira, dès maintenant, de tous biens et immeubles, où qu'ils soient, qui appartenaient à l'Ordre du Temple au moment de son extinction, ou qui devaient lui appartenir, ainsi que tout ce que l'Ordre de l'Hôpital possède dans ledit royaume de Valence... »

En 1318, le couvent-forteresse fut édifié à Montesa. Le 22 juillet 1319, dans la cathédrale de Barcelone, en présence du roi d'Aragon, le Grand Commandeur d'Alcañiz de l'Ordre de Calatrava, donna l'habit à trois chevaliers ayant appartenu à l'ordre de Saint-Jean de Jérusalem. Les Templiers rentrèrent dans les rangs et de nombreux Français vinrent grossir la nouvelle milice qui fut très puissante. Les rois d'Aragon ayant porté leurs efforts à la conquête de l'Italie, la Sicile et la Sardaigne, le champ d'action de Montesa fut surtout la Méditerranée occidentale. Ce qui ne l'empêcha pas de participer à la reconquête du royaume de Grenade, où le Maître fut tué devant Beiza.

Lorsque le pape Adrien IV, par sa bulle du 4 mai 1523, incorporera les Ordres à la couronne de Castille et de Léon, Montesa y échappera, se trouvant dans le royaume de Valence. L'incorporation de l'Ordre de Montesa fut effective en 1588, par bulle pontificale.

Le 25 juillet 1835, le gouvernement espagnol supprimait les monastères. Le 1er octobre, l'exclaustration fut signifiée par le Conseil des Ordres. A l'abdication de la régente, en 1840, le sort des ordres militaires ne fut pas réglé. La situation changea sous Isabelle II, par la signature d'un concordat entre la reine et le pape Pie IX, concordat dont l'article 9 disait :

« Etant urgent d'apporter remède aux graves inconvénients que produit dans l'administration ecclésiastique le territoire disséminé des quatre ordres militaires, et devant, d'autre part, conserver soigneusement les souvenirs glorieux d'une institution qui a rendu tant de services à l'Eglise et à l'Etat, et les prérogatives des rois d'Espagne comme Grands Maîtres des Ordres par concession apostolique, on désignera dans la nouvelle démarcation ecclésiastique un nombre déterminé de villes qui formeront « coro redondo » — territoire sous tutelle unique — pour que le Grand Maître continue à y exercer la juridiction ecclésiastique selon la concession et les bulles pontificales. »

Ce nouveau territoire se nommera « Prieuré des ordres militaires » et le Prieur aura le caractère épiscopal avec titre d'église « in partibus ». Ainsi naquit le territoire nullius des Ordres, avec comme siège Ciudad-Réal. Le pape Pie IX, dans sa bulle « Ad apostolicam » de 1875, confirma le concordat. Après la guerre civile de 1939, l'existence des Ordres militaires reprit forme sur des bases honorifiques, mais le concordat de 1953 conserva le Prieuré et les chevaliers.

Ces deux Ordres ont droit aux titres de Templiers, frères du Temple, étant donné que seul un concile peut mettre un terme aux interrogatoires de Philippe le Bel. Jean XXII en ratifiant la bulle « Vox clamantis » donna à l'Ordre du Christ et à celui de Montesa la Règle de Calatrava. Ceci était d'autant plus légitime que Clément V écrivait : — « Nous supprimons par une sanction irréfutable et valable à perpétuité, non sans amertume et sans douleur dans le cœur, l'Ordre des Templiers, son état, son costume et son nom, non par une sentence définitive mais par manière de provision ou d'ordonnance apostolique, et nous le soumettons à une interdiction perpétuelle, avec l'approbation du Concile, défendant expressément à qui que ce soit d'entrer désormais dans cet ordre, de recevoir ou de porter son costume et de se faire passer pour Templier. Quiconque y contreviendra encourra la sentence d'excommunication ipso facto. »

*
* *

Ces deux Ordres ont vu se créer à leur côté de prétendues chronologies de grands Maîtres. Deux listes sont données, tout au moins parmi les plus connues. On possède cinq chronologies et combien de mystères.

Ces cinq chronologies descendent des loges maçonniques du XVIIIe siècle, et les travaux scientifiques effectués sur de pseudo-documents donnent le même résultat que les prétentions à un héritage, quel qu'il soit, de l'Ordre du Temple. Les Néo-Templiers ne produisent pas de titres prouvant la validité des droits à une succession de Jacques de Molay. Des deux principales chronologies, l'une se situe dans le cadre philosophique qui l'a vue naître au XVIIIe siècle, l'autre n'est que le canulard pur et simple de la mythomanie de Fabre-Palaprat. Par contre, si nous en croyons les idéologies, la franc-maçonnerie descendrait directement du Temple. Là, nous faisons nôtre la parole du Maître de la Grande Loge de France, qui, dans une émission à la radio, a répondu sur ce point : « — Nous ne connaissons rien des origines de la Franc-Maçonnerie. »

Dans le discours historique de réception des « chevaliers de la Bienfaisance de la Cité Sainte et du Saint-Sépulcre de Jésus-Christ », nous pouvons lire : « Trois de nos ancêtres, possédant le grand secret, trouvèrent le moyen d'échapper aux recherches générales et particulières que l'on fit contre eux. Ils errèrent longtemps dans les bois et les montagnes, de royaume en royaume ; enfin ils se retirèrent dans des cavernes situées proche d'Heredown en Ecosse où ils vécurent, servis et secourus par les chev.·. de Saint-André du Chardon, les anciens amis et alliés des Templiers. Ces trois Templiers firent une nouvelle alliance avec les chev.·. de Saint-André... Ils sont connus parmi nous, sous le titre de Grands.·. R.·.+ ou membres du Gd.·. Chapitre, les chev.·. de Saint-André et les FF.·. de ce dernier grade sont les seuls qui puissent espérer parvenir à cet éminent degré... »

Les textes ne donnent pas de noms. La plus ancienne version connue d'une chronologie de la Franc-Maçonnerie templière date de 1760, et se trouvait dans un manuscrit découvert à Strasbourg. Tous les manuscrits concernant une descendance du Temple par les grades maçonniques datent du XVIIIe siècle, et nous ne pouvons leur accorder aucun crédit.

Avant d'entreprendre le récit de cette succession, il est une phrase du duc de Brunswick, de la loge des « Trois Mortiers » en Savoie, qu'il faut rappeler : « Quand nous supposerions que les Templiers, ou, ce qui paraît seulement possible, quelques-uns d'entre eux, aient possédé la Science, ce ne serait point une raison pour nous de prétendre nous identifier avec leur Ordre. »

Schiffman, en 1892, donnait en appendice de son livre sur les Francs-Maçons au XVIIIe siècle, le récit complet de cette chronologie, dite du neveu de Molay ou d'Aumont. Le baron Hund, de son côté, la reprend en partie en lui donnant pour origine le Maître provincial d'Auvergne, Pierre d'Aumont, qui s'enfuit en Ecosse avec deux autres commandeurs et cinq chevaliers. Or, le dernier commandeur d'Auvergne fut frère Humbert Blanc et, d'après le texte du procès, il était encore en prison en 1311, en Angleterre. Une fois libéré, il entra chez les Cisterciens de Tharne, non loin d'Oxford. Ces deux chronologies n'ont déjà pas le même point de départ, mais elles sont d'accord pour faire d'Aumont un Grand Maître.

Le fondateur du système est le baron Hund. Son récit ne tient pas dans toute sa teneur. Les Templiers ayant échappé au supplice se réfugièrent les uns en

Ecosse, les autres en des lieux écartés. Molay avait déjà compris le sort réservé à son Ordre, mais il se résigna au sien et songea aux moyens à employer pour « conserver, propager et perpétuer les sublimes connaissances et les principes fondamentaux de l'Ordre. » Ayant jeté les yeux sur son neveu, le comte de Beaujeu, « qui avait témoigné une vocation décidée pour entrer dans l'Ordre », il le fit venir, quelques jours avant la date fixée pour son supplice. Il lui ordonna de descendre pendant la nuit dans la crypte réservée à la sépulture des Grands Maîtres du Temple et de prendre, sous un des cercueils, un « écrin de cristal monté en argent » dans lequel se trouvait la relique d'un doigt de saint Jean-Baptiste. Le jeune comte s'acquitta de sa tâche. Molay l'initia aux mystères, et lui fit jurer de perpétuer l'ordre suivant les temps et jusqu'au jour du jugement dernier où Molay lui demanderait des comptes « devant le Grand Architecte de l'Univers. »

Le Maître prisonnier remit alors à son neveu trois clés et lui révéla secrètement que le cercueil, sous lequel il avait trouvé l'écrin, renfermait le coffre des annales et des papiers secrets de l'Ordre, la couronne des rois de Jérusalem, le chandelier à sept branches en or et les quatre évangélistes d'or qui ornaient l'église du Saint-Sépulcre. Ces objets avaient été transportés, en secret toujours, par Molay lui-même, de Chypre à Paris.

Après le supplice du Maître, Beaujeu et neuf chevaliers mêlèrent leur sang et firent vœu de maintenir l'Ordre tant qu'il y aurait neuf Architectes Parfaits. Le plus beau de la légende se situe dans le déménagement du cercueil, avec l'autorisation de Philippe le Bel. L'ordre fut secrètement reconstitué et Beaujeu fut élu Grand Maître. Un nouveau rituel fut nécessaire et le nouveau Maître l'emprunta en partie aux usages anciens.

A la mort de Beaujeu, l'autorité suprême échut à Aumont, un des Templiers fugitifs qui avaient trouvé asile en Ecosse.

Une autre version de la succession templière trouvait son origine dans un manuscrit hongrois, daté de 1761, et qui associait les Templiers à la Société des Argonautes.

Ces légendes furent exploitées par les loges maçonniques de la fin du XVIIIe siècle. Les alchimistes, de leur côté, créèrent aussi la légende templière qui, propagée par la Stricte Observance maçonnique, fut modifiée par les Chevaliers bienfaisants de la Cité Sainte.

La thèse de l'ésotérisme templier date du début du XIXe siècle. Elle fut soutenue et propagée par l'Allemand Schlegel, dans son « Histoire de la littérature ancienne et moderne » parue en 1829. Le Baphomet trouve son origine dans la publication de Joseph Hammer-Purgstall : *Mysterium Baphometi revelatum,* qui date de 1818. Il accusait les Templiers d'avoir été gnostiques, ophites, apostats, idolâtres. Sylvestre de Sacy, en 1819, ayant prouvé que le Baphomet n'était autre qu'un reliquaire, Narmer renchérit en 1832 dans son livre : « Mémoire sur les deux coffrets gnostiques du cabinet de Mgr le Duc de Blacas. »

Un autre groupe prit la défense de la légende maçonnique. Son chef de file fut Michaud, avec son « Histoire des Croisades » dont le premier volume parut en 1811.

Toute la littérature et la philosophie sur l'ésotérisme et le gnosticisme templier prit un départ assez rapide après la Révolution française, suite à certaines idées propagées dès le dernier tiers du XVIIIe siècle.

Que penser de cette renaissance de l'Ordre du Temple ? Les loges maçonniques actuelles savent très bien à quoi s'en tenir et on ne peut que leur rendre hommage.

Les ordres templiers prennent tous au mot le texte de la bulle disant que l'ordre était aboli par voie de provision et non par sentence définitive. Mais la suite du texte ne dit pas qu'il pourrait être rétabli par le pape ou ses successeurs. Seul un concile pourrait se prononcer sur son éventuelle culpabilité.

Les Templiers, fidèles à l'Eglise qu'ils défendaient, n'ont pu soutenir qu'ils n'avaient pas été abolis. Et les prétendus lignages templiers sont de pures inventions. Le Templier qui entrait dans l'Ordre ne se voyait pas octroyer automatiquement l'agrégation à l'Ordre. Comme dans tous les ordres monastiques, seule une agrégation spirituelle, prévue par le droit canon, et non par les statuts, était consentie. Car on était du Temple, on ne pouvait pas être en marge. Les donats, les confrères, ne pouvaient juridiquement, à l'intérieur même du droit templier, prétendre à remplacer le grand-Ordre.

Ce qu'il y a de navrant dans ces prétendues successions, c'est que pendant près de quatre siècles personne n'a dû, ou n'a cru pouvoir se dire Templier, et que depuis 1705, surtout avec Fabre-Palaprat, on se gargarise de ce mot.

Le plus vivace rejeton de ces descendances templières trouve son origine dans une association qui adopta les grades maçonniques et prit le nom d'Ordre d'Orient, avant de devenir l'Ordre Souverain et Militaire du Temple de Jérusalem.

Mais la plus singulière de ces « successions » templières n'en reste pas moins celle de Bernard-Raymond Fabre-Palaprat, docteur-pédicure, patriarche johanniste de l'Eglise catholique primitive et Grand Maître de l'Ordre Souverain et Militaire du Temple de Jérusalem.

Grâce à lui, nous avons une chronologie des Grands Maîtres par Larmenius, patriarche d'Orient pour les uns, ancien commandeur de Marseille pour les autres.

Cette pseudo-templerie prétendait descendre directement de Jacques de Molay par une suite de Grands Maîtres, tous de haut rang, mais n'ayant chacun rien à voir avec une maîtrise. Tout fut inventé par Palaprat, mais la généalogie, comme nous le verrons une autre fois, a une autre histoire plus rocambolesque encore.

Ces néo-templiers sortirent de « l'ombre » en 1808, au cours d'une messe célébrée en l'église Saint-Paul Saint-Antoine de Paris, le jour anniversaire de la mort de Jacques de Molay. A cette occasion, toute la panoplie du folklore et du canulard fut déployée. Elizée de Montagnac, dans son « Histoire des Templiers et de leurs prétendus successeurs », nous en fait une savoureuse description : « Leur manteau était doublé de la même fourrure que la chlamyde — c'est-à-dire d'hermine — et la croix rouge se trouvait sur l'épaule. Leur ceinture était garnie de frange d'or. Leur toque, en hermine, entourée d'une bandelette et surmontée d'une houppe à trois aigrettes d'or, était ceinte, pour le Grand Maître, d'un diadème de même métal. Les hauts-de-chausse étaient de soie brodée d'or. La poignée de l'épée en or massif garnie de rubis. »

La cérémonie carnavalesque eut lieu dans un cadre aussi pittoresque. L'église, toute tendue de noir, reçut un somptueux catafalque sur lequel on avait posé une couronne impériale, le spectre et la croix. Palaprat se contenta d'un trône dressé près du catafalque. La messe se déroula avec toute la pompe nécessaire. Le primat de l'Ordre, co-adjuteur général du Grand Maître, Pierre Romain de Rome, qui n'était autre que le chanoine de Notre-Dame, l'abbé Clouet, prononça l'oraison funèbre de Molay. Habillé du camail de l'Ordre, il portait une cordelière, tandis que les princes de l'Ordre Souverain avaient revêtu la chlamyde fourrée d'hermine et ornée de la croix pectorale en laine rouge. Ainsi accoutrés, l'Eglise ressemblait plus à une salle de carnaval qu'à un lieu de prière.

Le Grand Maître portait le bâton pastoral terminé par un globe surmonté de la Croix de l'Ordre. La quincaillerie ne faisait pas défaut. A son cou, Palaprat portait une chaîne de quatre-vingt-un chaînons au bout de laquelle pendait une croix pattée, émaillée rouge avec, au centre, un médaillon représentant à l'avers Hugues de Payens et au revers « Palaprat soi-même ». Noblesse, souveraineté et principauté obligeaient ! Autour de l'effigie d'Hugues de Payens on lisait la devise « Pro deo et Patria » tandis que Palaprat se voyait accorder celle de « Ferro, non auro muniunt ».

Un second collier, en forme de rosaire, complétait le premier. Composé de quatre-vingt-une perles ovales, émaillées rouge, à l'exception de chaque neuvième qui, plus grosse, était émaillée blanc. Ces dernières étaient surmontées des lettres I.H., la première noire et la seconde rouge, entourées de palmes vertes.

Un grand cordon de soie rouge bordé de blanc barrait la poitrine du Grand Maître de droite à gauche. Au bas de ce cordon, pendait la croix conventuelle qui n'était autre que la croix patriarcale. Lorsqu'on compare ces insignes avec le diplôme que nous donnons en figure, on comprend tout de suite d'où venait Palaprat.

Responsable d'un schisme à l'intérieur des Rose-Croix, il fut épaulé par Napoléon qui voulait en créer un au sein de l'Eglise catholique afin de contrôler les pouvoirs temporel et spirituel en France. Pour justifier son titre, Bernard-Raymond Fabre-Palaprat s'appuyait sur une charte de transmission remontant à 1324, dont il n'était accordé qu'à de rares privilégiés la faveur de voir l'original. Bien sûr, les paléographes auraient aussitôt compris. Que disait cette charte de transmission, conservée à Londres actuellement, et qui date, selon les experts du XVIIe siècle ?

D'où Palaprat sortait-il son ordre ? La supercherie est frappante. Nous avons pris la peine de tout regarder. Au fur et à mesure, les faux apparaissent suivant des critères bien établis.

Le premier établissement des futurs néo-templiers fut la Loge de la Croix qui reçut ses constitutions le 23 décembre 1805, du Grand Orient de France. Les recrues furent puisées dans la loge Sainte-Catherine et représentées par l'aristocratie : de Choiseul, de Chabrillan, de Vergennes, de Dillon, de Narbonne, de Béthune, de Montmorency, etc. A l'intérieur du système dont les grades étaient calqués sur ceux de la Rose-Croix, se trouvait une classe se réclamant de l'Ordre du Temple.

Cet Ordre Intérieur eut pour imprésarios trois maçons : Ledru, docteur en médecine, de Courchamp, clerc de notaire, et un inconnu prénommé Saintot. Ce trio prétendait avoir reçu les pouvoirs de la maîtrise suprême du Temple, le 10 juin 1804, par Radix de Chavillon qui les avait hérités lui-même, en 1792, du dernier Maître secret de l'Ordre du Temple, Louis, Hercule, Timoléon de Cossé, duc de Brissac. Les troubles révolutionnaires ne permirent pas à Chevillon de rencontrer les subordonnés, il nomma Ledru lieutenant-général d'Afrique, de Saintot lieutenant-général d'Asie, de Courchamp Grand Précepteur. Il leur remit alors les documents prouvant « l'authenticité » de l'Ordre du Temple :

— le registre des procès-verbaux des réunions secrètes,
— l'archétype des statuts révisés en 1707,
— la pièce primordiale : *charta transmissionis*, émanant du successeur immédiat de Jacques de Molay, portant le nom et les signatures des grands Maîtres qui se sont succédé depuis 1324 jusqu'à 1792.

Déjà à cette époque, Morisson de Greenfield, médecin militaire anglais, avait communiqué un mémoire dans lequel il mettait en évidence la supercherie de Ledru, à un autre membre de l'association nommé Clavel. Or, Ledru avait été médecin ordinaire du duc de Brissac et aurait acheté, au moment de la mise en vente des biens du duc, tous les documents qu'il produisit, en 1804, comme provenant de Radix de Chevillon.

Ces documents font état du véritable rénovateur de l'Ordre du Temple, qui aurait été Philippe d'Orléans. Se souvenant de la résurrection des Templiers à Versailles en 1692, il avait formé, en 1705, une association secrète « qui avait renoncé à son but primitif — mœurs très poussés à la Socrate — pour s'occuper de matières politiques ». Le Régent se nomma Grand Maître, et les statuts primitifs furent mis au goût du jour.

Cela paraît déjà plus que douteux. Or, il y a ce passage : « l'association entreprit dans l'origine de se faire reconnaître *en la qualité qu'elle prenait* par l'Ordre du Christ au Portugal. » La mèche est vendue par les fondateurs eux-mêmes qui ne croyaient en rien à une prétendue succession de Jacques de Molay.

Le jésuite Bonnani confectionna la Charte de Transmission et y apposa les fausses signatures des divers Grands Maîtres. Bien que l'on ait dit que cette Charte était originale, nous savons maintenant, par des examens scientifiques, que la Charte de Transmission, avec les signatures, est un faux du début du XVIIIe siècle : encre, calligraphie, paléographie, épaisseur du parchemin en témoignent.

Un registre des délibérations, sur lequel furent inscrits rétrospectivement les procès-verbaux fictifs des séances antérieures, fut ouvert par le Conseil. L'héritage se serait donc transmis, ensuite, et c'est pour cela que le secrétaire du dernier Grand Maître était en possession des documents.

Ledru est donc l'instigateur de l'affaire. Il mit en circulation toute une série de documents datés du XVIe siècle, mais sans prendre garde aux filigranes des papiers. On s'aperçoit facilement aujourd'hui que ces textes ne peuvent avoir été écrits en 1650 ou 1679 sur des feuilles dont les marques sont de la Révolution ou du Consulat.

Chevillon, l'homme de paille, fut déclaré Grand Maître. Refusant ce titre, il consentit à écrire son nom sur la charte avec le titre de Régent de l'Ordre. Ledru s'adjoignit Fabre-Palaprat, ancien séminariste, doué d'un complexe mitral excessif qui le fera patriarche, Leblond employé à la Bibliothèque Impériale, Arnal, ancien curé constitutionnel et Beuchot de Varenne.

Les huit acolytes réunirent, le 4 novembre 1804 un « Convent Général » qui élit Palaprat Grand Maître pour un an. Il signa aussitôt la charte de transmission. Déjà le mot « convent » veut tout dire. Le mot « chapitre » aurait mieux convenu.

Donc, le remplaçant de Jacques de Molay est un illustre inconnu : Jean-Marc Larmenius de Jérusalem. Les néo-templiers reconnaissent que le document lui transférant la maîtrise a été perdu. Mais la Charte de Larmenius va permettre à tous de choisir en toute quiétude. (Les majuscules et l'orthographe sont de la traduction néo-templière).

« Moi, Fr. Jean-Marc Larmenius, hiérosolimitain, par la grâce de Dieu, par le décret très secret du respectable et très saint martyr, le Grand Maître du Temple (auquel soit Honneur et Gloire) décret confirmé par le commun Concile des Frères. Moi, revêtu de la haute et Suprême Maîtrise sur l'ordre entier d'un temple. A tous ceux qui verront ces lettres décrétales

SALUT SALUT SALUT

Qu'il soit notifié à tous les frères, présens et avenir, que sentant à cause de mon Grand âge, défaillir mes forces, qui me mettent hors d'Etat de soutenir le poids du Gouvernail dans des malheureuses Circonstances où nous nous trouvons. Moi, humble Maître de la Milice du Temple, cidessus nommé, J'ai résolu pour la plus grande gloire de Dieu, pour la Conservation et Sureté de l'Ordre, de nos Frères et de nos Statuts, de déposer la Suprême Maîtrise en des mains plus fortes.

En conséquence, avec l'aide de Dieu et du consentement unanime du Suprême Convent des Chevaliers, J'ai conféré et Je confère pour la vie au très Eminent Commandeur et très cher frère Théobald Alexandrinum, la Suprême Maîtrise de L'Ordre du Temple, avec l'autorité et les Privilèges y attachés : je lui donne Pouvoir de les conférer à un autre Frère qui se Sera fait distinguer autant par la noblesse de son Esprit et de son instruction que par L'honnêteté de ses Mœurs. Et Ce pour Perpétuer la Maîtrise, pour donner une suite non Interrompue de Successeurs à cette dignité. Et pour mettre nos Statuts à l'abri de tout événement quelconque.

J'ordonne néantmoins que la Maîtrise ne puisse être transmise sans le consentement du Convent Général des Chevaliers du Temple, toutes les fois que ce Convent pourra être assemblé ; Les choses étant ainsi, le Successeur sera choisi d'après le consentement des Chevaliers. Mais afin que dorénavant les devoirs de la Suprême Dignité n'éprouvent aucune langueur, Qu'il y ait dès à présent et pour toujours quatre Lieutenants Généraux qui possèdent à vie avec le grand Maître La Souveraineté et L'autorité sur l'ordre entier Du Temple. Ces lieutenants Généraux seront choisis parmi les plus anciens profès : ce qui est Statué D'après le vœu de notre Vénérable Bienheureux Maître Martyr (A qui soit honneur et Gloire amen). Vœu qu'il m'a recommandé à moi et aux Frères.

Moi Enfin d'après le décret du Convent Suprême et d'après L'autorité qui m'a été commise, Prononçant sur les templiers Ecossais déserteurs de l'ordre et Sur les frères Saint Jean de Jérusalem, spoliateurs de nos domaines (que Dieu veuille regarder dans sa miséricorde) Je déclare les Premiers Frappés d'anathème et Je veux et J'ordonne qu'eux et lesdits frères de Saint Jean de Jérusalem soient pour le présent et pour toujours hors du Giron du Temple. C'est pourquoi J'ai établi des signes que ces faux frères ne doivent Jamais connaître et qui ne doivent être communiqués aux chevaliers qu'oralement et de la manière dont je les ai déjà donnés au Suprême Couvent : Ces Signes ne peuvent être donnés qu'après la profession et la consécration Equestre prescrites par les Statuts, les rits et les usages du Temple ; Lesquels rits, Statuts et usages ont été transmis par moi à l'Eminent Commandeur ci-dessus nommé, tels qu'ils ont été remis entre mes mains par notre Vénérable et très Saint maître Martyr (à qui Soit honneur et gloire) Qu'Il Soit fait ainsi que je l'ai dit, que cela soit fait, Amen.
Donné par moi Jean Marc Larmenius, le 13 février 1324. »

C'est là-dessus que se basèrent les Templiers du XIXe siècle. Ce document n'est qu'un faux de premier exploit. Tout l'ensemble prouve ce que nous avançons : la diplomatique, comme le fait de parler de la consécration Equestre, chose qui n'est pas templière puisqu'on n'armait pas dans le Temple, pas plus qu'on adoubait comme on voulait.

Les historiens de ce carnaval templier se font une gloire de n'avoir possédé, avant la Révolution, que des personnes illustres. On ne peut en dire autant à l'élection de Palaprat.

Palaprat et ses trois acolytes firent mieux encore en inventant un trésor dont la minute fut dressée le quatorzième jour de la lune de Tals, l'an de l'Ordre 692, du Magistère le dixième. Ce trésor possédait un reliquaire de cuivre en forme d'église gothique, une épée de fer à poignée en forme de croix surmontée d'une boule et « présumée avoir servi au G.M. Jacques Molay », un casque de fer à visière, armorié de dauphins et damasquiné d'or, « présumé être celui de Guy dauphin d'Auvergne », un ancien éperon de cuivre doré, une patène de bronze, une paix en bronze doré, trois sceaux gothiques en bronze de grandeur différente « désignée dans les statuts sous les noms de sceau du Grand Maître Jean, sceau du chevalier croisé et sceau de saint Jean », un haut de crosse d'ivoire et trois mitres d'étoffe, l'une en or et brodée de soie et deux en argent brodées de perles, le baucéant en laine blanche à la croix de l'ordre, le drapeau de guerre en laine blanche à quatre raies noires.

Lorsqu'on sait que les Templiers n'avaient rien de doré, qu'on lit dans les textes quelles étaient les couleurs du gonfanon baussant et que le Temple n'avait pas de drapeau de guerre sinon le gonfanon, on se rend compte de la supercherie. Néanmoins, nous devons encore prouver que ce trésor factice est une invention de Palaprat. Dans les trois bibliothèques où nous avons retrouvé les archives de cet ordre templier, nous avons pu lire toutes les factures adressées au Grand Maître, par des antiquaires pour les « achats de mitres, etc. », par des graveurs « pour les sceaux ». Que dire de plus !

Les quatre compères mirent au point leur organisation en 1806. Des statuts rédigés en latin étaient composés en quarante-trois secteurs ; l'un étant la Règle donnée par saint Bernard, version Palaprat.

L'Ordre se divisait en trois classes : Maisons d'Initiation, Maisons de Postulance et Convents.

Le document dont nous nous servons ne se trouve pas dans le fond néo-templier des archives nationales, mais dans un ensemble de documents concernant la franc-maçonnerie. C'est le premier inventaire des acolytes établi dans la hiérarchie des maisons.

Le Convent magistral, appelé « magistropolis », comprenait le Grand Maître, le lieutenant général d'Asie, celui d'Afrique, celui d'Europe et celui d'Amérique. Les ministres, sous la direction du suprême précepteur, étaient à la tête d'un demi-continent. Il y avait quatre primats, un Grand Sénéchal avec le titre de Vénérable doyen et le Secrétaire magistral.

Venaient ensuite les conseillers magistraux, affublés de tous les titres pompeux d'une armée, allant des grands connétables, maréchal, amiral, le vice-grand amiral, le grand prieur général, grand bailly, grand hospitalier, grand chancelier, grand trésorier, les vice de tous, les capitaines généraux d'infanterie, artillerie, etc. Enfin un total de vingt-cinq dignitaires.

Les conseillers du Palais se rassemblent à huit, tandis que les conseillers de langue n'étaient que quatre.

Le couvent de Paris était dirigé par un gouverneur, un prieur, un commandeur des novices, un sous-prieur, un connétable, un procureur, un maître des cérémonies, un conservateur et un chapelain. Avec soixante-dix-neuf membres, la communauté parisienne se complétait par les grands adeptes de l'Aigle Noir, avec comme supérieur un vénérable doyen, le ministre grand sénéchal Jean Pierre Joseph d'Egypte, qui n'était autre que Niel, habitant au 285 rue Saint-Honoré. La sous-marque de cette hiérarchie était fabriquée par les initiés.

Ces maisons d'initiation étaient présidées par le vénérable doyen, assisté du vénérable adjoint, du préfet des gardes, du censeur hospitalier, du chancelier, du questeur, du maître des cérémonies et du secrétaire. Ceux qui étaient ainsi « initiés » ne connaissaient le système Palaprat que sous le nom d'Ordre d'Orient.

Les maisons de Postulance n'acceptaient que les adeptes du Grand Aigle Noir de saint Jean l'apôtre et les adeptes du Pélican, sous la haute main d'un état-major plus carnavalesque encore, à la tête duquel se trouvait le Très Sage Emmanuel, président.

Palaprat n'avait pas la modestie de ceux dont il prétendait descendre. Il se faisait appeler d'un titre ronflant et pompeux : Son Altesse Eminentissime Très Grand, Très Puissant et Très Excellent Prince, Seigneur Sérénissime, Sacré Père et Pontife, Très Saint Patriarche.

L'habit était fait de costumes et insignes dignes des anciens fous du roi. Le chevalier avait une ceinture de toile autour des reins, une chlamyde et un pallium de laine blanche avec la croix de l'ordre en laine rouge, des chausses de laine blanche avec jambières de cuir bordées de rouge. Sur la tête, un bonnet de laine blanche à fond rouge et orné d'une plume rouge ; autour du front, un bandeau de soie blanche frangé de rouge avec la croix de l'Ordre. A l'index de la main droite, l'anneau avec la croix de l'Ordre en brillants, portant à l'intérieur les noms de famille et de religion, et la date de la profession ; aux pieds, des éperons dorés ; au côté, un sabre de cavalerie à poignée d'argent et cruciforme, suspendu à un baudrier de soie verte.

La description de ce costume n'est rien à côté de celui du Grand Maître. Imbu du goût puéril du déguisement, les néo-templiers avaient perdu tout sens du ridicule.

Le costume du Grand Maître était de splendeur, moitié chef de harem, moitié empereur, avec quelques morceaux de prélat ecclésiastique. Vêtu, coiffé, chaussé, attifé comme un prince, il portait sur la tête la barrette des chevaliers sur laquelle avait été posée la couronne d'or, à l'annulaire de la main droite l'anneau magistral avec l'escarboucle. Le glaive, suspendu à un baudrier d'or, avait une poignée d'or. Autour du cou, les colliers décrits plus haut. Il portait la chlamyde et le pallium fourrés et bordés d'hermine. Il tenait dans sa main gauche la crosse patriarcale, au sommet de laquelle se trouvait le globe surmonté de la Croix de l'Ordre.

C'était la discrétion même. Grâce à la propagande à l'intérieur de l'empire, le néo-temple recruta et reçut d'énormes finances, si bien qu'en 1808, il fut assez riche pour louer une salle de réunion au 16 de la rue Notre-Dame des Victoires.

Cet orgueil démesuré fut châtié par le despotisme de Palaprat. Elu en 1804, à titre provisoire, il voulut non seulement conserver sa place mais aussi exercer un pouvoir absolu. Réunissant en assemblée magistrale ses fidèles partisans, il fit abroger l'article de la Charte de Transmission qui rendait inamovibles les quatre vicaires magistraux. Il faut dire que ses quatre acolytes du début n'étaient plus. Devant cette modification arbitraire, des protestations s'élevèrent. Lançant une bulle d'interdiction contre les contestataires, il composa un nouveau magistère. Les opposants, qui voyaient leur rang grandir chaque jour, mirent le Grand Maître en état d'accusation et réclamèrent la réunion d'un convent général pour juger de son cas. Se voyant avec seulement une dizaine de chevaliers pour garde, il annonça, en avril 1812, qu'il se démettait de sa charge et convoqua, pour le 1er avril 1813, un convent général qui aurait à élire son successeur. Un traité fut conclu. Palaprat annula sa bulle d'interdiction, les anciens et les nouveaux vicaires donnèrent leur démission et un gouvernement provisoire, présidé par le Grand Maître lui-même fut constitué.

Fabre s'aperçut rapidement que sa réélection était menacée par la campagne faite en faveur du comte Lepeletier d'Aulnay. Les obus qui éclatèrent pendant cette période furent des plus pittoresques. Palaprat déclara, le 24 novembre 1812, dans une circulaire imprimée, qu'il déléguait ses pouvoirs à de Comchamp, lieutenant général d'Europe, avec mission de les transmettre au Grand Maître qui serait élu. Le 19 décembre, récusation du Grand Maître pseudo-templier ; dans une autre circulaire, il déclarait céder aux instances du Prince-délégué et reprendre le gouvernement de l'Ordre.

Le 1er février 1813, sous la présidence de Choiseul, que les néo-templiers cataloguent de Maître dissident, s'ouvrit le convent général, et le grand prieur Charles-Louis de Lorraine (Lepeletier) fut élu. Palaprat refusa de s'incliner. Le 1er mars suivant, il réunit, avec neuf chevaliers, un convent général qui le maintint dans ses fonctions.

Ce fut la guerre froide entre les deux Maîtres. L'obstination de Palaprat l'emporta, les chevaliers donnèrent leur démission les uns après les autres, ainsi que Lepeletier qui, le 14 mai 1814, déclara l'ordre en sommeil. La riposte de Palaprat fut terrible. Par bulle du 10 avril, il proclama l'anathème contre tous les chevaliers ralliés à Peletier. Deux décrets, datés des 5 et 6 mai, invitèrent les chevaliers à une fête de réconciliation générale, avec amnistie générale pour tous les dissidents qui se présenteraient. Quelques chevaliers rejoignirent les rangs, mais nombre d'entre eux s'abstinrent de paraître à nouveau.

Au début de l'année 1827, Charles-Louis de Lorraine abdiqua et un nouveau convent fut prévu pour le 27 mars de la même année. Mettant fin au schisme, cette assemblée réélut Fabre-Palaprat.

La folie des grandeurs de Palaprat se montra à nouveau. L'Angleterre se sépara totalement de Paris et seul le couvent de Liverpool resta dans l'obédience de Bernard-Raymond. Associé dans un mouvement tendant à détrôner Charles X, le néo-temple se dresse contre l'Eglise de Rome qui n'avait pas voulu, et c'est bien compréhensible, approuver ce pseudo-temple carnavalesque et sans autre idéologie que la mascarade.

Les prétentions du Maître du Temple le poussèrent à fonder une nouvelle religion. Il admit, en 1810, Mgr Guillaume Mauviel. Ce dernier, après avoir été évêque de Saint-Domingue en 1800, rentra en France en 1805, accepta l'Eglise concordataire et demanda la cure de Mantes, en Seine-et-Oise. Mort en 1814, il avait consacré évêque le Maître Fabre-Palaprat, le 29 juillet 1810. En moins de trois mois, Mauviel avait été nommé Primat de l'Ordre. Le Grand Maître l'invita à exercer publiquement les fonctions de son ministère. Mauviel, ou pour le Temple Guillaume des Antilles, noblesse oblige, confessa par écrit qu'il ne pouvait faire cela n'ayant pas reçu d'acte légal de sa communion avec Rome. Palaprat le destitua le 10 mars 1810, suivant l'article 18 des statuts, qui disait que tout ministre ecclésiastique de l'ordre doit faire profession de l'Eglise catholique, apostolique et romaine. Mais cela ne dura pas. Fabre-Palaprat, en février 1812, faisait savoir qu'en « sa qualité de souverain pontife et patriarche de l'Ordre il avait le pouvoir de conférer l'onction de la chevalerie ». En toute humilité !

En 1814, il acheta sur les quais, un manuscrit grec intitulé « Evangelicon ». C'était une version de l'évangile de saint Jean, précédée d'une introduction appelée « Léviticon ». Cette découverte fit connaître à Fabre-Palaprat la religion secrète johannite, qui avait un aspect différent de celui que connurent les Maçons des frères de l'Ecole du Nord. Cette trouvaille devait devenir le credo d'une nouvelle Eglise dont le maître du Temple serait le pape, le primat, le docteur, etc.

Il composa aussitôt une légende templière, combinant la tradition maçonnique sur l'origine égyptienne de la société secrète avec la thèse socinienne, l'anti-cléricalisme des Encyclopédistes. A en croire le Léviticon, l'Ordre d'Orient, né en Egypte, avait été fondé par des chefs pour assurer le pouvoir de la caste sacerdotale et du gouvernement théocratique. On est loin du système synarchique des véritables Templiers.

Dans le Léviticon, le Christ est un philosophe et un initié. Il est appelé « Fils de Dieu » uniquement parce qu'il « était doué d'un génie tout divin. » La vie du Christ, inventée de toute pièce, nous indique qu'Il a été élevé à l'école égyptienne et initié très jeune. Jésus conféra l'initiation à saint Jean l'Evangliste et aux autres apôtres, qu'Il avait divisé en plusieurs ordres. Le Christ disparu, l'ordre fut animé d'un autre esprit sous l'inspiration de saint Jean.

On retrouve ici l'origine de la théorie templière que certains devaient exploiter. Par l'intermédiaire des primats de l'Eglise johannite, la tradition primitive de l'Ordre fut altérée. Son premier chef, Hugues de Payens, fut « instruit dans la doctrine ésotérique et dans des formules initiatoires des chrétiens d'Orient, par le patriarche Théoclès, 66ᵉ successeur de saint Jean ». Les Templiers retombèrent dans les erreurs en s'alliant avec les sectes musulmanes dont les chefs les initièrent dans une caverne du Liban. Guillaume de Montbard aurait été le premier initié. Il transmit le message à quelques frères qui initièrent tous les Templiers au culte maçonnique. Les idées de Palaprat furent, non pas reprises, mais travaillées, par certaines sectes et surtout des hurluberlus qui, ne pouvant être admis dans la Franc-Maçonnerie, se séparèrent de cette dernière et gardèrent des cercles d'études « initiatiques » qui aboutirent à toutes les théories que nous connaissons aujourd'hui. Plusieurs membres du « Cercle d'Etudes initiatiques », épris d'un certain nationalisme, se séparèrent et redonnèrent une autre conception, en faisant des Templiers les héritiers directs des druides, principalement des Carnutes.

Les luttes intestines qui éclatèrent à travers cette Eglise dégradèrent toute idéologie. Les « évêques » que consacra Palaprat, avec comme co-consécrateur Mauviel, se liguèrent par clan contre leur patriarche. Cela se manifesta par la mythomanie historico-religieuse de certains de ces prélats et par le complexe du violet, de la crosse, que l'on retrouve de nos jours dans certaines églises dites libérale, gallicane et orthodoxe.

L'introduction de la doctrine johannite dans le Temple souleva une opposition si importante qu'en 1832, le Maître fut accusé de violer les statuts. Le 8 mars 1833, les frères parisiens envoyèrent leur démission collective. Palaprat tint bon encore deux ans. L'orage ne s'apaisa pas. En 1835, le maître convoqua un convent général pour le 1er octobre 1836. La circulaire précisait que seraient admis uniquement les chevaliers qui auraient, dans un délai fixé, « donné leur adhésion à l'unité du Temple en la personne du Grand Maître. »

La publicité, l'absurdité et le ridicule poussèrent le Temple de Palaprat vers une dissidence, sous la direction de Louis-Théodore Juge, maçon très zélé et éclairé par le Léviticon et l'ouvrage de l'abbé Grégoire. en 1836, il ne restait plus que quatre convents : Bordeaux, Lyon, Cran et Liverpool, groupant une quarantaine de membres lors de la réunion du convent général. Quarante-deux frères avaient renouvelé leur adhésion. Le Grand Maître à cause de son état de santé, se retira et confia ses pouvoirs au lieutenant général pour l'Afrique, Raoul Péri, avocat à la cour de Cassation. Il mourut à Paris le 18 février 1838.

Une commission exécutive, nommée par le convent central et primitif, refusa de reconnaître cette délégation de pouvoirs. Un autre convent général réuni le 13 janvier 1838, supprima des charges. Cette dissidence, en attendant l'élection d'un Maître, nomma un régent en la personne de Charles-Fortuné-Jules Guigneq, comte de Moreton et de Chabrillon.

Fabre-Palaprat, dans son testament, avait désigné un régent en la personne de l'amiral anglais William Sydney Smith. Il y eut donc, à nouveau, deux clans. Moreton de Chabrillon reprit en main la branche dissidente et procéda à des nominations parmi l'aristocratie et en 1840 les Grands Prieurés furent créés. C'est ainsi que Charles de Fréminville, à qui l'on doit la plus grande des élucubrations sur la Charte de Transmission, fut nommé Grand Prieur de Portugal.

La branche directe, sous la présidence de William Smith, fut sagement administrée, la simplicité primitive du vrai Temple fut reprise. A la mort du régent nommé par Palaprat, les Templiers de Moreton répondirent à un appel des rivaux. Le 12 mars 1841, une réunion fraternelle eut lieu pour l'élection de six lieutenants magistraux qui prirent en main les destinées de l'Ordre. Ce fut le dernier conseil de cet Ordre néo-templier.

En 1862, Louis-Théodore Juge écrivait une lettre à M. de Montagnac, dans laquelle il disait : « L'Ordre du Temple est mort depuis à peu près le temps où les documents vous font défaut. Il n'a pu traverser l'époque de 1848 et n'a guère eu alors que quelques séances. » Le Temple se mourait une nouvelle fois en 1846. Les chevaliers survivants ne se réunirent plus après 1848. Aucun régent ne fut nommé, et, en 1871, les archives, encombrantes pour un particulier,

A.G. Vernois, furent remises aux Archives Nationales. Elles ne vont pas plus loin que 1845. On n'entendit plus parler des Templiers, en dehors de certaines loges maçonniques. Après la guerre de 1914, la Grande Loge Nationale Indépendante et Régulière, grande rivale du Grand Orient de France, remit en valeur les anciens usages de la Maçonnerie spiritualiste. En 1925, elle représentait, en principe, le régime templier dans seize loges, parmi lesquelles se trouvaient plusieurs membres anglais.

Vers 1934, quatre anciens commissaires de police, épris d'ésotérisme, se réunirent à Bruxelles, Emile Briffaut, Alfred Nevuwth, Théodore Corrias et Emile-Isaac Vanderberg. Petit à petit, on reprit, dans cette affaire, les idées de Palaprat, mais avec un rituel maçonnique complet.

Cette mascarade mêla, à la fois, les trois coups de drapeau de salutation — ce drapeau appelé baucéant, et qui n'a rien de templier —, les trois coups d'épée, etc. Ce mélange de folklore et de spirituel se pratique aussi bien dans de simples salles que dans des églises ou chapelles privées.

Avant 1939, la confrérie s'agrandit de deux personnes qui jouèrent un grand rôle : un Portugais Antonio Campello Pinto de Souza Fontes, et, en France, de M. Guérardelle. Alors que la Belgique était occupée, le régent nommé par ce groupe, Emile Vandenberg, confia, en 1942, toutes les archives au frère portugais. En 1960, le régent portugais nommait son propre fils en qualité de régent, ce qui, dans le droit des véritables Templiers, au Moyen-Age, et des néo-templiers du XIXe siècle, allait contre toute légalité.

A la fin de la guerre, le nouveau Temple, le troisième, essaya de se restaurer. Les schismes, les inventions, la folie des grandeurs réapparaîtront. En 1958, Antonio de Souza Fontes, réunit à Barcelone, un convent qui devait élire un Maître. Voyant que lui-même ne serait pas élu, Il coupa court. Deux scissions se créèrent, l'une donna naissance à l'ordre dit du Temple catalan, et l'autre au prieuré général autonome de l'ordre souverain et militaire du Temple de Jérusalem. Pendant ce temps, la branche Fontes continuait.

En 1962, une véritable campagne de presse — la presse quotidienne en fit largement état — fut menée contre un usurpateur. La presse mensuelle mit en garde contre deux nouveaux ordres du Temple. L'un était l'ordre de la Milice de la Croix du Temple, sous la direction du pasteur Hans Heuer, que la presse interne de la branche portugaise et catalane déclarait anathème. L'autre fut créé par un ancien chevalier de Guérardelle, Gavillet, alias marquis de Vaux, alias duc d'Agueda, qui se proclama lui-même Grand Maître de l'Ordre souverain et œcuménique du Temple de Jérusalem.

En 1970, un convent général redivisa la branche portugaise lors de l'élection du Grand Maître. Des divisions internes eurent encore lieu, des anathèmes et des interdits furent échangés, tandis que l'Ordre de la Croix du Temple et la séparation de 1958, par le prieuré autonome, revenait sous la juridiction du nouveau Maître élu.

⁂

On compte actuellement quarante-sept groupements ou Ordres du Temple, allant du souverain au religieux, du militaire au plus civil. Certains ne dédaignent pas être Grand-Maître de deux ou trois.

Sur les cent quarante-neuf ordres militaires actuellement répertoriés en France, officiellement vingt-cinq sont du Temple et une bonne soixantaine de « spiritualité templière ». De quoi faire peur devant la masse de quincaillerie qui se vend, à des prix parfois élevés, et qui ne rime strictement à rien.

Aucun ordre du Temple actuel ne peut prétendre être le descendant des vaillants chevaliers du Moyen Age et le folklore d'armement, comme nous l'avons dit, n'est qu'une parodie d'une chose qui n'a jamais existé : car on n'armait pas chevalier dans l'Ordre du Temple, on entrait chevalier et tous les manuscrits que nous avons consultés témoignent de cela. La preuve en est donnée, encore actuellement, dans l'Ordre Souverain Militaire et Hospitalier de Saint-Jean de Jérusalem dit de Malte où l'armement est une chose rare et plus logique.

Actuellement, le seul et véritable successeur du Temple est l'Ordre espagnol de Montesa, reconnu par les divers Concordats passés depuis 1836 entre le gouvernement d'Espagne et le Saint-Siège. Il en est de même des Ordres de Santiago, Calatrava et Alcantara. Tous ces ordres sont des ordres dits nationaux. Parmi les ordres jadis internationaux, trois seulement peuvent et doivent prétendre à une succession légitime depuis le Moyen Age : Saint-Jean de Jérusalem, l'Ordre Equestre du Saint-Sépulcre et l'ordre religieux de Sainte-Marie des Teutoniques, ce dernier uniquement clérical et ayant à sa tête un abbé mitré.

Parmi les anciennes moniales ou chanoinesses des ordres militaires, nous pouvons citer les chanoinesses du Saint-Sépulcre, les Comendadoras de Malte, Santiago et Calatrava. Ces trois derniers ordres religieux sont encore vivants en Espagne et sont soumis, pour le premier aux évêques et au représentant de l'Ordre et pour les deux autres au Grand Prieur des ordres militaires, l'évêque nullius de Ciudad-Real, quoique les comendadoras de Calatrava soient intégrées dans les deux congrégations de moniales cisterciennes, l'une dépendant de l'abbé général de l'Ordre de Cîteaux et l'autre, plus connue sous le nom de *trap-*

pistes, de l'abbé général de la Stricte Observance de l'Ordre de Cîteaux.

Pour conclure cette histoire de l'Ordre du Temple, nous tenons à affirmer qu'actuellement, en dehors des ordres que nous venons de citer, aucun ne peut prétendre à une succession malgré des historiques que l'on ne peut contrôler par les documents. Nous maintenons notre position avec force et les deux seuls ordres que peuvent reconnaître les Chancelleries des Etats souverains sont Malte et le Saint-Sépulcre, qui sont des ordres internationaux. Les autres sont au gré des chanceliers divers, étant donné leur caractère purement national ou ecclésiastique.

Le premier Congrès International d'Histoire sur les ordres militaires, tenu à Madrid-Lisbonne, au mois de mars 1971, sous la présidence des ministres de l'Education Nationale et de la Recherche Scientifique des deux Etats, a confirmé cette position, à laquelle nous adhérons étroitement. Et nous faisons nôtre la parole citée par Monseigneur don Juan Hervas, évêque de Ciudad-Real et Grand Prieur des ordres militaires espagnols : « Devant la foison des ordres militaires actuels, que les véritables maintiennent leur véritable vocation en défendant leurs droits et prérogatives. » Cette parole, de plus en plus d'actualité devant les marchés de diplômes et de « décorations » fut reprise par plusieurs, quelquefois avec force.

FIN

TABLE DES MATIÈRES

collection tempus
Perrin

DÉJÀ PARU

1. *Histoire des femmes en Occident* (dir. Michelle Perrot, Georges Duby), *L'Antiquité* (dir. Pauline Schmitt Pantel).
2. *Histoire des femmes en Occident* (dir. Michelle Perrot, Georges Duby), *Le Moyen Âge* (dir. Christiane Klapisch-Zuber).
3. *Histoire des femmes en Occident* (dir. Michelle Perrot, Georges Duby), *XVIe-XVIIIe siècle* (dir. Natalie Zemon Davis, Arlette Farge).
4. *Histoire des femmes en Occident* (dir. Michelle Perrot, Georges Duby), *Le XIXe siècle* (dir. Michelle Perrot, Geneviève Fraisse).
5. *Histoire des femmes en Occident* (dir. Michelle Perrot, Georges Duby), *Le XXe siècle* (dir. Françoise Thébaud).
6. *L'épopée des croisades* – René Grousset.
7. *La bataille d'Alger* – Pierre Pellissier.
8. *Louis XIV* – Jean-Christian Petitfils.
9. *Les soldats de la Grande Armée* – Jean-Claude Damamme.
10. *Histoire de la Milice* – Pierre Giolitto.
11. *La régression démocratique* – Alain-Gérard Slama.
12. *La première croisade* – Jacques Heers.
13. *Histoire de l'armée française* – Philippe Masson.
14. *Histoire de Byzance* – John Julius Norwich.
15. *Les Chevaliers teutoniques* – Henry Bogdan.
16. *Mémoires, Les champs de braises* – Hélie de Saint Marc.
17. *Histoire des cathares* – Michel Roquebert.
18. *Franco* – Bartolomé Bennassar.
19. *Trois tentations dans l'Église* – Alain Besançon.
20. *Le monde d'Homère* – Pierre Vidal-Naquet.
21. *La guerre à l'Est* – August von Kageneck.
22. *Histoire du gaullisme* – Serge Berstein.
23. *Les Cent-Jours* – Dominique de Villepin.
24. *Nouvelle histoire de la France*, tome I – Jacques Marseille.
25. *Nouvelle histoire de la France*, tome II – Jacques Marseille.
26. *Histoire de la Restauration* – Emmanuel de Waresquiel et Benoît Yvert.
27. *La Grande Guerre des Français* – Jean-Baptiste Duroselle.
28. *Histoire de l'Italie* – Catherine Brice.
29. *La civilisation de l'Europe à la Renaissance* – John Hale.
30. *Histoire du Consulat et de l'Empire* – Jacques-Olivier Boudon.
31. *Les Templiers* – Laurent Daillez.

32. *Madame de Pompadour* – Évelyne Lever.
33. *La guerre en Indochine* – Georges Fleury.
34. *De Gaulle et Churchill* – François Kersaudy.
35. *Le passé d'une discorde* – Michel Abitbol.
36. *Louis XV* – François Bluche.
37. *Histoire de Vichy* – Jean-Paul Cointet.
38. *La bataille de Waterloo* – Jean-Claude Damamme.
39. *Pour comprendre la guerre d'Algérie* – Jacques Duquesne.
40. *Louis XI* – Jacques Heers.
41. *La bête du Gévaudan* – Michel Louis.
42. *Histoire de Versailles* – Jean-François Solnon.
43. *Voyager au Moyen Âge* – Jean Verdon.
44. *La Belle Époque* – Michel Winock.
45. *Les manuscrits de la mer Morte* – Michael Wise, Martin Abegg Jr. & Edward Cook.
46. *Histoire de l'éducation,* tome I – Michel Rouche.
47. *Histoire de l'éducation,* tome II – François Lebrun, Marc Venard, Jean Quéniart.
48. *Les derniers jours de Hitler* – Joachim Fest.
49. *Zita impératrice courage* – Jean Sévillia.
50. *Histoire de l'Allemagne* – Henry Bogdan.
51. *Lieutenant de panzers* – August von Kageneck.
52. *Les hommes de Dien Bien Phu* – Roger Bruge.
53. *Histoire des Français venus d'ailleurs* – Vincent Viet.
54. *La France qui tombe* – Nicolas Baverez.
55. *Histoire du climat* – Pascal Acot.
56. *Charles Quint* – Philippe Erlanger.
57. *Le terrorisme intellectuel* – Jean Sévillia.
58. *La place des bonnes* – Anne Martin-Fugier.
59. *Les grands jours de l'Europe* – Jean-Michel Gaillard.
60. *Georges Pompidou* – Éric Roussel.
61. *Les États-Unis d'aujourd'hui* – André Kaspi.
62. *Le masque de fer* – Jean-Christian Petitfils.
63. *Le voyage d'Italie* – Dominique Fernandez.
64. *1789, l'année sans pareille* – Michel Winock.
65. *Les Français du Jour J* – Georges Fleury.
66. *Padre Pio* – Yves Chiron.
67. *Naissance et mort des Empires.*
68. *Vichy 1940-1944* – Jean-Pierre Azéma, Olivier Wieviorka.
69. *L'Arabie Saoudite en guerre* – Antoine Basbous.
70. *Histoire de l'éducation,* tome III – Françoise Mayeur.
71. *Histoire de l'éducation,* tome IV – Antoine Prost.
72. *La bataille de la Marne* – Pierre Miquel.
73. *Les intellectuels en France* – Pascal Ory, Jean-François Sirinelli.

74. *Dictionnaire des pharaons* – Pascal Vernus, Jean Yoyotte.
75. *La Révolution américaine* – Bernard Cottret.
76. *Voyage dans l'Égypte des Pharaons* – Christian Jacq.
77. *Histoire de la Grande-Bretagne* – Roland Marx, Philippe Chassaigne.
78. *Histoire de la Hongrie* – Miklós Molnar.
79. *Chateaubriand* – Ghislain de Diesbach.
80. *La Libération de la France* – André Kaspi.
81. *L'empire des Plantagenêt* – Martin Aurell.
82. *La Révolution française* – Jean-Paul Bertaud.
83. *Les Vikings* – Régis Boyer.
84. *Examen de conscience* – August von Kageneck.
85. *1905, la séparation des Églises et de l'État.*
86. *Les femmes cathares* – Anne Brenon.
87. *L'Espagne musulmane* – André Clot.
88. *Verdi et son temps* – Pierre Milza.
89. *Sartre* – Denis Bertholet.
90. *L'avorton de Dieu* – Alain Decaux.
91. *La guerre des deux France* – Jacques Marseille.
92. *Honoré d'Estienne d'Orves* – Étienne de Montety.
93. *Gilles de Rais* – Jacques Heers.
94. *Laurent le Magnifique* – Jack Lang.
95. *Histoire de Venise* – Alvise Zorzi.
96. *Le malheur du siècle* – Alain Besançon.
97. *Fouquet* – Jean-Christian Petitfils.
98. *Sissi, impératrice d'Autriche* – Jean des Cars.
99. *Histoire des Tchèques et des Slovaques* – Antoine Marès.
100. *Marie Curie* – Laurent Lemire.
101. *Histoire des Espagnols,* tome I – Bartolomé Bennassar.
102. *Pie XII et la Seconde Guerre mondiale* – Pierre Blet.
103. *Histoire de Rome,* tome I – Marcel Le Glay.
104. *Histoire de Rome,* tome II – Marcel Le Glay.
105. *L'État bourguignon 1363-1477* – Bertrand Schnerb.
106. *L'Impératrice Joséphine* – Françoise Wagener.
107. *Histoire des Habsbourg* – Henry Bogdan.
108. *La Première Guerre mondiale* – John Keegan.
109. *Marguerite de Valois* – Éliane Viennot.
110. *La Bible arrachée aux sables* – Werner Keller.
111. *Le grand gaspillage* – Jacques Marseille.
112. *« Si je reviens comme je l'espère » : lettres du front et de l'Arrière, 1914-1918* – Marthe, Joseph, Lucien et Marcel Papillon.
113. *Le communisme* – Marc Lazar.
114. *La guerre et le vin* – Donald et Petie Kladstrup.
115. *Les chrétiens d'Allah* – Lucile et Bartolomé Bennassar.
116. *L'Égypte de Bonaparte* – Jean-Joël Brégeon.

117. *Les empires nomades* – Gérard Chaliand.
118. *La guerre de Trente Ans* – Henry Bogdan.
119. *La bataille de la Somme* – Alain Denizot.
120. *L'Église des premiers siècles* – Maurice Vallery-Radot.
121. *L'épopée cathare,* tome I, *L'invasion* – Michel Roquebert.
122. *L'homme européen* – Jorge Semprún, Dominique de Villepin.
123. *Mozart* – Pierre-Petit.
124. *La guerre de Crimée* – Alain Gouttman.
125. *Jésus et Marie-Madeleine* – Roland Hureaux.
126. *L'épopée cathare,* tome II, *Muret ou la dépossession* – Michel Roquebert.
127. *De la guerre* – Carl von Clausewitz.
128. *La fabrique d'une nation* – Claude Nicolet.
129. *Quand les catholiques étaient hors la loi* – Jean Sévillia.
130. *Dans le bunker de Hitler* – Bernd Freytag von Loringhoven et François d'Alançon.
131. *Marthe Robin* – Jean-Jacques Antier.
132. *Les empires normands d'Orient* – Pierre Aubé.
133. *La guerre d'Espagne* – Bartolomé Bennassar.
134. *Richelieu* – Philippe Erlanger.
135. *Les Mérovingiennes* – Roger-Xavier Lantéri.
136. *De Gaulle et Roosevelt* – François Kersaudy.
137. *Historiquement correct* – Jean Sévillia.
138. *L'actualité expliquée par l'Histoire.*
139. *Tuez-les tous! La guerre de religion à travers l'histoire* – Élie Barnavi, Anthony Rowley.
140. *Jean Moulin* – Jean-Pierre Azéma.
141. *Nouveau monde, vieille France* – Nicolas Baverez.
142. *L'Islam et la Raison* – Malek Chebel.
143. *La gauche en France* – Michel Winock.
144. *Malraux* – Curtis Cate.
145. *Une vie pour les autres. L'aventure du père Ceyrac* – Jérôme Cordelier.
146. *Albert Speer* – Joachim Fest.
147. *Du bon usage de la guerre civile en France* – Jacques Marseille.
148. *Raymond Aron* – Nicolas Baverez.
149. *Joyeux Noël* – Christian Carion.
150. *Frères de tranchées* – Marc Ferro.
151. *Histoire des croisades et du royaume franc de Jérusalem*, tome I, *1095-1130, L'anarchie musulmane* – René Grousset.
152. *Histoire des croisades et du royaume franc de Jérusalem*, tome II, *1131-1187, L'équilibre* – René Grousset.
153. *Histoire des croisades et du royaume franc de Jérusalem*, tome III, *1188-1291, L'anarchie franque* – René Grousset.

154. *Napoléon* – Luigi Mascilli Migliorini.
155. *Versailles, le chantier de Louis XIV* – Frédéric Tiberghien.
156. *Le siècle de saint Bernard et Abélard* – Jacques Verger, Jean Jolivet.
157. *Juifs et Arabes au XXe siècle* – Michel Abitbol.
158. *Par le sang versé. La Légion étrangère en Indochine* – Paul Bonnecarrère.
159. *Napoléon III* – Pierre Milza.
160. *Staline et son système* – Nicolas Werth.
161. *Que faire ?* – Nicolas Baverez.
162. *Stratégie* – B. H. Liddell Hart.
163. *Les populismes* (dir. Jean-Pierre Rioux).
164. *De Gaulle, 1890-1945*, tome I – Éric Roussel.
165. *De Gaulle, 1946-1970*, tome II – Éric Roussel.
166. *La Vendée et la Révolution* – Jean-Clément Martin.
167. *Aristocrates et grands bourgeois* – Éric Mension-Rigau.
168. *La campagne d'Italie* – Jean-Christophe Notin.
169. *Lawrence d'Arabie* – Jacques Benoist-Méchin.
170. *Les douze Césars* – Régis F. Martin.
171. *L'épopée cathare*, tome III, *Le lys et la croix* – Michel Roquebert.
172. *L'épopée cathare*, tome IV, *Mourir à Montségur* – Michel Roquebert.
173. *Henri III* – Jean-François Solnon.
174. *Histoires des Antilles françaises* – Paul Butel.
175. *Rodolphe et les secrets de Mayerling* – Jean des Cars.
176. *Oradour, 10 juin 1944* – Sarah Farmer.
177. *Volontaires français sous l'uniforme allemand* – Pierre Giolitto.
178. *Chute et mort de Constantinople* – Jacques Heers.
179. *Nouvelle histoire de l'Homme* – Pascal Picq.
180. *L'écriture. Des hiéroglyphes au numérique.*
181. *C'était Versailles* – Alain Decaux.
182. *De Raspoutine à Poutine* – Vladimir Fedorovski.
183. *Histoire de l'esclavage aux États-Unis* – Claude Fohlen.
184. *Ces papes qui ont fait l'histoire* – Henri Tincq.
185. *Classes laborieuses et classes dangereuses* – Louis Chevalier.
186. *Les enfants soldats* – Alain Louyot.
187. *Premiers ministres et présidents du Conseil* – Benoît Yvert.
188. *Le massacre de Katyn* – Victor Zaslavsky.
189. *Enquête sur les apparitions de la Vierge* – Yves Chiron.
190. *L'épopée cathare*, tome V, *La fin des Amis de Dieu* – Michel Roquebert.
191. *Histoire de la diplomatie française*, tome I.
192. *Histoire de la diplomatie française*, tome II.
193. *Histoire de l'émigration* – Ghislain de Diesbach.
194. *Le monde des Ramsès* – Claire Lalouette.

195. *Bernadette Soubirous* – Anne Bernet.
196. *Cosa Nostra. La mafia sicilienne de 1860 à nos jours* – John Dickie.
197. *Les mensonges de l'Histoire* – Pierre Miquel.
198. *Les négriers en terres d'islam* – Jacques Heers.
199. *Nelson Mandela* – Jack Lang.
200. *Un monde de ressources rares* – Le Cercle des économistes et Érik Orsenna.
201. *L'histoire de l'univers et le sens de la création* – Claude Tresmontant.
202. *Ils étaient sept hommes en guerre* – Marc Ferro.
203. *Précis de l'art de la guerre* – Antoine-Henri Jomini.
204. *Comprendre les États-unis d'aujourd'hui* – André Kaspi.
205. *Tsahal* – Pierre Razoux.
206. *Pop philosophie* – Mehdi Belahj Kacem, Philippe Nassif.
207. *Le roman de Vienne* – Jean des Cars.
208. *Hélie de Saint Marc* – Laurent Beccaria.
209. *La dénazification* (dir. Marie-Bénédicte Vincent).
210. *La vie mondaine sous le nazisme* – Fabrice d'Almeida.
211. *Comment naissent les révolutions.*
212. *Comprendre la Chine d'aujourd'hui* – Jean-Luc Domenach.
213. *Le second Empire* – Pierre Miquel.
214. *Les papes en Avignon* – Dominique Paladilhe.
215. *Jean Jaurès* – Jean-Pierre Rioux.
216. *La Rome des Flaviens* – Catherine Salles.
217. *6 juin 44* – Jean-Pierre Azéma, Philippe Burrin, Robert O. Paxton.
218. *Eugénie, la dernière impératrice* – Jean des Cars.
219. *L'homme Robespierre* – Max Gallo.
220. *Les Barbaresques* – Jacques Heers.
221. *L'élection présidentielle en France, 1958-2007* – Michel Winock.
222. *Histoire de la Légion étrangère* – Georges Blond.
223. *1 000 ans de jeux Olympiques* – Moses I. Finley, H. W. Pleket.
224. *Quand les Alliés bombardaient la France* – Eddy Florentin.
225. *La crise des années 30 est devant nous* – François Lenglet.
226. *Le royaume wisigoth d'Occitanie* – Joël Schmidt.
227. *L'épuration sauvage* – Philippe Bourdrel.
228. *La révolution de la Croix* – Alain Decaux.
229. *Frédéric de Hohenstaufen* – Jacques Benoist-Méchin.
230. *Savants sous l'Occupation* – Nicolas Chevassus-au-Louis.
231. *Moralement correct* – Jean Sévillia.
232. *Claude Lévi-Strauss, le passeur de sens* – Marcel Hénaff.
233. *Le voyage d'automne* – François Dufay.
234. *Erbo, pilote de chasse* – August von Kageneck.
235. *L'éducation des filles en France au XIXe siècle* – Françoise Mayeur.
236. *Histoire des pays de l'Est* – Henry Bogdan.

237. *Les Capétiens* – François Menant, Hervé Martin, Bernard Merdrignac, Monique Chauvin.
238. *Le roi, l'empereur et le tsar* – Catrine Clay.
239. *Neanderthal* – Marylène Patou-Mathis.
240. *Judas, de l'Évangile à l'Holocauste* – Pierre-Emmanuel Dauzat.
241. *Le roman vrai de la crise financière* – Olivier Pastré, Jean-Marc Sylvestre.
242. *Comment l'Algérie devint française* – Georges Fleury.
243. *Le Moyen Âge, une imposture* – Jacques Heers.
244. *L'île aux cannibales* – Nicolas Werth.
245. *Policiers français sous l'Occupation* – Jean-Marc Berlière.
246. *Histoire secrète de l'Inquisition* – Peter Godman.
247. *La guerre des capitalismes aura lieu* – Le Cercle des économistes (dir. Jean-Hervé Lorenzi).
248. *Les guerres bâtardes* – Arnaud de La Grange, Jean-Marc Balencie.
249. *De la croix de fer à la potence* – August von Kageneck.
250. *Nous voulions tuer Hitler* – Philipp Freiherr von Boeselager.
251. *Le soleil noir de la puissance, 1796-1807* – Dominique de Villepin.
252. *L'aventure des Normands, VIIIe- XIIIe siècle* – François Neveux.
253. *La spectaculaire histoire des rois des Belges* – Patrick Roegiers.
254. *L'islam expliqué par* – Malek Chebel.
255. *Pour en finir avec Dieu* – Richard Dawkins.
256. *La troisième révolution américaine* – Jacques Mistral.
257. *Les dernières heures du libéralisme* – Christian Chavagneux.
258. *La Chine m'inquiète* – Jean-Luc Domenach.
259. *La religion cathare* – Michel Roquebert.
260. *Histoire de la France,* tome I, *1900-1930* – Serge Berstein, Pierre Milza.
261. *Histoire de la France,* tome II, *1930-1958* – Serge Berstein, Pierre Milza.
262. *Histoire de la France,* tome III, *1958 à nos jours* – Serge Berstein, Pierre Milza.
263. *Les Grecs et nous* – Marcel Detienne.
264. *Deleuze* – Alberto Gualandi.
265. *Le réenchantement du monde* – Michel Maffesoli.
266. *Spinoza* – André Scala.
267. *Les Français au quotidien, 1939-1949* – Éric Alary, Bénédicte Vergez-Chaignon, Gilles Gauvin.
268. *Teilhard de Chardin* – Jacques Arnould.
269. *Jeanne d'Arc* – Colette Beaune.
270. *Crises, chaos et fins de monde.*
271. *Auguste* – Pierre Cosme.
272. *Histoire de l'Irlande* – Pierre Joannon.
273. *Les inconnus de Versailles* – Jacques Levron.

274. *Ils ont vécu sous le nazisme* – Laurence Rees.
275. *La nuit au Moyen Âge* – Jean Verdon.
276. *Ce que savaient les Alliés* – Christian Destremau.
277. *François Ier* – Jack Lang.
278. *Alexandre le Grand* – Jacques Benoist-Méchin.
279. *L'Égypte des Mamelouks* – André Clot.
280. *Les valets de chambre de Louis XIV* – Mathieu Da Vinha.
281. *Les grands sages de l'Égypte ancienne* – Christian Jacq.
282. *Armagnacs et Bourguignons* – Bertrand Schnerb.
283. *La révolution des Templiers* – Simonetta Cerrini.
284. *Les crises du capitalisme.*
285. *Communisme et totalitarisme* – Stéphane Courtois.
286. *Les chasseurs noirs* – Christian Ingrao.
287. *Averroès* – Ali Benmakhlouf.
288. *Les guerres préhistoriques* – Lawrence H. Keeley.
289. *Devenir de Gaulle* – Jean-Luc Barré.
290. *Lyautey* – Arnaud Teyssier.
291. *Fin de monde ou sortie de crise ?* – Le Cercle des économistes (dir. Pierre Dockès et Jean-Hervé Lorenzi).
292. *Madame de Montespan* – Jean-Christian Petitfils.
293. *L'extrême gauche plurielle* – Philippe Raynaud.
294. *La guerre d'indépendance des Algériens* (prés. Raphaëlle Branche).
295. *La France de la Renaissance* – Arlette Jouanna.
296. *Verdun 1916* – Malcolm Brown.
297. *Lyotard* – Alberto Gualandi.
298. *Catherine de Médicis* – Jean-François Solnon.

À PARAÎTRE

Le XXe siècle idéologique et politique – Michel Winock.
L'art nouveau en Europe – Roger-Henri Guerrand.
Les salons de la IIIe République – Anne Martin-Fugier.
Lutèce – Joël Schmidt.

Impression réalisée par

CPI
BRODARD & TAUPIN

La Flèche (Sarthe), le 10-09-2010
pour le compte des Éditions Perrin
76, rue Bonaparte
75006 Paris
N° d'édition : 1772 – N° d'impression : 60037
Dépôt légal : février 2003
Imprimé en France